プライバシーこそ力

なぜ、どのように、あなたは自分のデータを
巨大企業から取り戻すべきか

カリッサ・ヴェリツ 著

平田光美　平田完一郎 訳

花伝社

プライバシーこそ力――なぜ、どのように、あなたは自分のデータを巨大企業から取り戻すべきか◆目次凡例：訳文中の〔　〕は、訳者による補足・注記である。

序章

我々は監視されている。私がこの原稿を書いていることも、それをあなたが読んでいることも監視されている。政府や数多ある企業は、あなたや私をはじめとする全ての人を常時監視している。彼らは毎日分刻みで、私たちの位置情報、通信履歴、ネットの検索内容、生体情報、交友関係、購入履歴だけに止まらず、我々を追跡しながら、ありとあらゆる情報のすべてを記録している。我々が何者でどのように考え、何が弱点か。そして私たちの行動を予測し、その行動に影響を及ぼし介入したいのだ。彼らは途轍もないパワーを持っている。しかし、そのパワーは我々が与えたもので、我々のデータ、しかもあなたのデータがその根源にあるのだ。そろそろそのパワーの源を我々の手に取り戻す時ではなかろうか。プライバシーを取り戻してこそ、我々の人生や社会を取り戻すことができるのだ。

インターネットは、データ・エコノミー（データ経済）とも言われ、個人情報を中心としたデータの収集・分析およびその売買によって生み出される資金で維持運営され、成り立っている。特筆すべきは、データの大半が個人の、それもあなたのデータなのである。この個人データを売買するビジネスモデルは、社会の隅々にまで急速に行き渡り、監視社会、別名「監視資本主義」[1]がはびこり始めている。

あなたに本書を届ける為に、残念なことに[2]私も監視資本主義を利用する必要があった。あなたはどのようにして本書を知ったのだろうか？　本書のことを初めて聞いたときのこと、広告を見かけたときのことを覚えているだろうか？　もしかするとあなたは新しい知識や体験を求めている「パイオニア」として注目され、どこかのプラットフォームに紐づけられているかもしれない。あなたは哲学的な本が好きだったり、社会問題への関心が高く、政治に興味を持つ「活動家」かもしれない。当てはまるだろうか？　本書の大きな目的は、あなたのデータを活用しながら、あなた自身で考える力を取り戻すことだが、一方で活用の仕方によっては、あなたの考える力を削ぐことにもなろう。

本書を購入する前に監視システムがあなたを捕捉していなかったとしても、事後には捕捉している。本書をキンドル版、グーグルブックスまたはヌックで読んでいるなら、彼らはあなたの読む速度、どこで一息入れるか、何に興味を持っているかを逐一記録している。本屋でこの本を購入した場合には、あなたの持ち歩くスマホが本屋までの道のりと、そこでどれ位の時間を費やしたかを記録している[3]。本屋で流れている音楽が、スマホの所有者を特定するためにあなたのスマホ宛に超音波信号を送り、あなたの興味ある分野や購入履歴を覗いている可能性もある。デビットカードやクレジットカードで本を買ったなら、多分にそのデータはデータブローカーに売られ、ブローカーはさらに保険会社、将来の雇用主、政府機関、事業者、その他データに興味を持ちそうな相手に売った可能性が高い。また、あなた自身が支払いに用いたカードをポイントサービスに紐づけていれば、購入履歴をもとにアルゴリズムが選び出したその他の商品の購入を勧めてくるかもしれない。

データ経済と、それを使って遍く世の中を貪り食うユビキタス（どこでも）監視社会は、闇夜に紛れて不意にやってきた。IT企業は、私たちのデータを同意もなく無断で勝手に使い、ましてや当局にお伺いをたてることもしなかった。また、デジタル化が益々進む社会で、疑うことを知らない一般庶民が日々の生活の中で知らず知らずのうちに生み出すデータの足跡を規制する法律もなかった。何かが違う、と気づき始めた頃には、監視社会はすでに構築済みで、私たちのプライバシーの殆どが剥ぎ取られていた。コロナウィルスのパンデミック騒動を機に、プライバシーは新たな危機に直面している。

これまでオフラインで行なわれていた活動の多くがオンラインに切り替わり、公共の利益の名の下に個人はプライバシーの放棄を迫られている。今こそ、パンデミック後にどのような社会を構築すべきかを注意深く慎重に検討しなければならない。プライバシーのない社会ほど物騒で危ない社会はない。

プライバシーとは、一定の個人的なものを自分だけの秘密にしておけるという概念で、それらには個人の考え方や経験、おしゃべりの中身、将来の夢なども含まれる。人間は他人との関わりの中で生じる重荷から自分を解放し、リラックスするためにプライバシーを必要とする。そして、新しいことを自由に考えたり、自ら意思決定をするときに必要不可欠なものである。プライバシーは、個人を不要な強制や権力の濫用から守る。我々が個人として自立する為にも、また、民主主義をうまく機能させる為にも不可欠なものがプライバシーなのだ。

日々の営みは、データに変換され、監視経済の下で生の情報として利用されている。我々の期待や恐れ、読んでいるもの、書いているもの、人間関係や病気、失敗、購買履歴、弱点、顔の表情や声までもが、何でも漁るハゲタカたちにすべて記録、分析され、最高値を付けた輩(やから)に売り渡される。個人データを手に入れようとする輩の多くは、それを使って、例えば保険会社や雇用主、政府などに当該個人の秘密を不正に暴露する為に、我々に興味のない商品を売りつける為に、更には社会を内部から崩壊するよう互いを対立させたり、偽情報を流して民主主義を機能不全に陥れようとするなど、不正な目的の為に欲しがる。監視社会の到来は、市民を謂わば単なる利用者やデータ提供者に変質させてしまった。もう我慢の限界だ。我々のプライバシーを侵害してきた輩は、我々の信頼を裏切った。そろそろ彼らのパワーの源となっている私たち個人のデータの提供を止める時に来ている。

　データ経済そのものを止めるには既に遅すぎるが、我々のプライバシーを取り戻すことはまだ出来る。個人の自由が危機に瀕している今、これからの数年の間にプライバシーのあり方に関して我々の下す決断が、今後数十年に亘る人類の未来を決定づけることになる。プライバシーのあり方に関して社会がどのような選択をするかが、今後の政治のあり方、企業の経営方針、政府や企業が掌握しようとする権力、医学の進歩、公衆衛生向上の追求、個人情報漏洩の危険性、人間関係および社会との関わり方、そして最も大切な人権が日々の生活の中で尊重されるかどうか、に大きな影響を及ぼすことになるであろう。

　本書では、プライバシーの扱われ方の現状に加え、どのように監視経済が社会にはびこったか、そして個人のデータの売買を禁止する必要性に加え、どのようにすれば売買を止められるかを提示していく。第1章では監視資本主義の中で暮らす一市民の一日を追い、どれほどプライバシーが侵害されているのかを見ていく。第2章では、データ経済がどのように生まれ、発展してきたかを分析し、この厄介な構造に飲み込まれていった過程を理解することで、そこからの脱却法を探る。第3章では、プライバシーはパワー、即ち権力、支配権そのものであり、個人のデータを最も多く保有するものが社会を支配するであろうとの主張を裏付けていく。企業に個人情報を渡せば、金持ちが私たちを支配する。政府に渡せば、ある種の独裁政治体制を生み出す。自分のデータをきちんと自分で管理する社会が構築されてこそ自由を謳歌できる。プライバシーが大切なのは、それが人々に自主性、ひいてはパワーを与えるからだ。

監視経済が望ましくない理由は、起き上がり小法師のように左右が均衡せず、一方的に偏った権力構造を生み出し助長するだけでなく、有害な情報を蔓延させるからである。第4章では個人データがなぜ有害なのか、そしてそれがなぜ私たちの生活や企業、そして社会を脅かしているのかについて見ていく。我々が過去に、経済優先の活動を禁止したように、人々の権利の侵害を前提にして組み立てられた経済システムには待ったをかける必要がある。第5章では、どのようにすれば監視経済への依存を止められるのか、そして第6章では、あなた自身の個人情報と民主主義をいかに取り戻すかについて考察していく。

我々はプライバシーの終焉を座して見ようとしているわけではない。それが危機に瀕しているとはいえ、過去十年と比較すれば、今はもっとましな状態、と言っても良いだろう。このデジタル時代において個人情報を守るための闘いはまだ始まったばかりだ。プライバシーの侵害がもたらす悪影響は計り知れず、日常生活や生きがいそのものが危険に晒されている。

監視社会は自由や平等、民主主義、自立性、創造性や協調性など、これまで謳歌してきたもの全てを破壊する。我々は何度も騙され、個人情報を盗まれ、更にそれらを我々に不利な形で利用されてきた。もう我慢ならない。プライバシーが殆どなく、丸裸にされている社会は健全な社会ではない。監視資本主義とはおさらばしよう。時間と努力を要するが、プライバシーを取り戻すことは可能だし、その決意はできている。さあ、どうすべきか見ていこう。

第1章　データに飢えたハゲタカ

本書を読んで下さっている読者なら、自身のデータがすでに収集・保存・分析されていることをご存知だろう。しかし、我々の日常生活にまで入り込んでいるプライバシー侵害の実態までは具体的に把握できていないだろうから、最初から見ていくことにしよう。

朝、起きてあなたはまず何をするだろうか？　おそらくスマートフォン（以下スマホ）を見るだろう。まさにそこ！　その日の最初のデータを盗まれている。朝一番にスマホを確認するだけで、あなたはスマホのメーカーに始まり、スマホに入れた数々のアプリ、契約している携帯電話会社だけでなく、あなたが要注意人物であれば、諜報機関など多くの野次馬連中に、朝何時に起きて、どこで誰と寝ていたか（その相方も自身の携帯電話を近くに置いていれば）を知らせているのだ。

もしスマートウォッチを腕に装着していれば、就寝中の動きも、もちろん性的な活動も含め[1]全て追跡記録されているので、起きる前からすでにある程度のプライバシーを失っていることになる。雇い主が、保険料低減に繋がる従業員の健康増進のウエルネス制度の一環として、この腕時計を社員に配ったとしよう。あなたは果たしてそのデータが自分に不利な形で利用されない確信が持てるだろうか？　中身を雇い主に見られない保証などあるだろうか[2]？　覚えておくべきは、雇い主が従業員に何らかの機器（それがフィットネス・トラッカーであれ、ノートパソコンでもスマホでも）を供与したならば、その法的所有権は雇い主にあるので、彼らはあなたの同意なしに、いつでもそれら機器類からデータにアクセスできることである。[3]

朝、あなたは就寝中の心拍数をチェックして（拍動が早すぎるのでもっと運動すべきとの忠告）、そのデータをスマホに送ってからおもむろに起きて、電動歯ブラシで歯を磨いていると、あるアプリが、歯磨きの回数がいつもより少ないことを教えてくれる。

今朝は寝坊をしてしまい、夫はすでに出社している。台所でコーヒーを淹れながら、砂糖を切らしていることに気付く。お隣さんに少し分けてもらいに行くと、玄関前の様子がいつもと違うことに気付く――真新しいカメラが据え付けられている。出てきた彼女に尋ねると、新しいインターホン、スマートドアベルだと言う。もしもその呼び鈴がアマゾンの子会社のリング社のものならば、その企業の従業員は、あなたの画像を収集して様々なものとのタグ付けを手動で行ない、それを顔認証ソフトウェア開発の為に活用する可能性が高い。これらのビデオ画像は暗号化されることなく保存されるため、ハッキングに対してかなり脆弱である。[4] アマゾンは、インターホンに自社の顔認証ソフトを搭載するための特許を申請済みである。グーグル傘下のネストは、すでに自社のカメラに顔認証技術を搭載している。例えばワシントンDCなどでは、個人が設置した防犯カメラを警察が利用したり、設置に補助金までつけている。[5] インターホンに映った映像が誰の手に渡ってどのように使われるか、誰にも分からない。

お隣さんも砂糖を切らしていたのか、あるいは玄関の真新しいインターホンの前で浮かべたあなたの薄ら笑いを見て、あなたに何もしてあげたくなくなったのか。やむなく気分転換に、砂糖なしの苦いコーヒーを片手にテレビ（もちろんスマートテレビ）をつけると、他人には言えない、あなたの大好きな番組を流していた。

そこへ夫から電話がかかってきたので、テレビの音声を消す。

「まだ家にいたのか？」

「何で知ってるの？」

「俺のスマホが家のスマートメーターに紐づいているから、電気を使っていることがわかるんだ」

「寝坊したのよ」と返す。

夫は、あなたの言い訳に納得していない様子だったが、忙しいから、と言って電話を切った。

スマートメーターを介して監視されていたのはこれが初めてなのだろうか、とふと訝しむ。スマートメーターは、同居する人々の間のプライバシーを侵害するだけでなく、不正にアクセスされ得る信頼性のない装置として知れ渡っており[6]、犯罪者があなたの装置をハッキングして、留守であることを知れば、泥棒に入ることも出来る[7]。さらには、電力会社が保管しているスマートメーターのデータには、デリケートな情報も含まれ、そのデータ内容は細かく精密に保管・分析されているため、どのテレビ番組を見ているかまで分かるのだ[8]。そして、そのデータに関心を持つ第三者に売却、共有されることもある。

思春期の息子が突然部屋に入ってきたことで、あなたの思考は中断される。相談があるという。とてもデリケートな内容のようだ。薬物か、セックスのことか、あるいは学校でのいじめのことかもしれない。テレビをつけたまま、映像はそのまま流れているが、会話の邪魔にならないよう音声だけを消している。おそらくあなたのスマートテレビは、ACRと呼ばれる自動コンテンツ認識技術により、絶えず情報収集を行なっている。あなたが見ている全ての番組を特定し、そのデータをテレビメーカーまたは第三者、もしくは両者に送っている。サムスンのあるスマートテレビは、15分間つけていただけで、700以上もの異なったアドレスに接続していたことを研究者が突き止めた[9]。

しかし、これはまだ序の口だ。購入した商品のプライバシー規約を時間があれば読んでみるといい。あなたの購入したサムスンのテレビには次のような注意書きがあることに気づいたはずだ。それは、「もしもあなたの発言に個人的またはデリケートな情報が含まれていたとしても、それら情報はその他のデータと共に収集され、第三者に送信されることを認識しておいてください」とある[10]。スイッチを切ったつもりでもまだ電源が入っている可能性もある。CIAやMI5などの諜報機関は、テレビのスイッチが切れているように装うことが出来、その間にあなたの行動を記録、録画している[11]。

息子は非常に個人的な秘密をあなたに打ち明け、さらにそれをテレビのメーカー及び数百もの得体の知れない第三者とも共有したことに気づかぬまま、登校する。加えて、学校が導入している生徒のインターネット利用の監視システムを通じて、彼は自分のプライバシーをさらに丸裸にされることになるのだ[12]。一方、あなたがテレビのミュート（消音機能）を解除するとコマーシャルが流れている。やっと自分だけのプライベートな時間が取れると思ったら大違い。あなたの知らぬ間に、テレビ（とラジオ）のコマーシャルやお店で流れる音楽からは、人間の耳には聞こえない波長の音波が発信されていて、あなたのスマホがそれを拾っている。この音波は、音波版識別情報（クッキー）の機能を果たし、企業はその位置情報を通じてあなたの携帯電話と購買履歴を紐づけている。つまり、発信される音波を様々なデバイス（電子機器）と横断的に結びつけることで、企業はあなたを追跡し、それをビジネスに繋げているのだ。この超音波技術のお陰で、企業は、朝流した特別仕立てのテレビコマーシャルを見た人が、1時間後にノートパソコンでその商品を検索し、その後、近所のお店もしくはオンラインで注文したことが確認できる。[13]

また電話がかかってきた。今度は仕事の同僚からだ。

「あの〜、どうしてこんなことになったのかわからないけれど、ついさっき、君が息子さんと交わした、とてもプライベートな内容の録音メールが届いたんだ。おそらく君のデジタルアシスタント（電子機器）のアレクサが自動的に送ってきたのではないかな?」

教えてくれてありがとう、と彼にお礼を言い、電話を切ったものの、同じ内容のメールがアレクサによって、携帯電話に登録された他の友人にも送られていないか不安に駆られる。怒り心頭でアマゾンに電話をかける。「おそらくスマートスピーカーの『エコー』があなたの会話中のある言葉を『アレクサ』と認識し、その後メッセージを送信、と言われた、と思ったのではないか。『誰に送信?』と聞いたはずであるが、あなたの会話内容を人名と誤認識した可能性がある」[14]との説明だった。テレビ番組の中で話される単語が、スマートスピーカーが反応する言葉に似ていると、スイッチが入ることがある。家でテレビをつけっ放しならば、スイッチが入る言葉そのものでなくても、1日に1・5回から19回は誤作動でこのスイッチが入ることがある。[15]「アレクサ」のシステムが、オレゴン州ポートランド在住の個人のプライベートな会話内容を不特定の連絡先に送った為、その人は金輪際デバイスの電源を入れないと誓ったほどだ[16]。あなたの怒りはそれ以上で、腹立ち紛れに「エコー」を壁に投げつけた。夫が喜ぶはずはない。

すっかり出社が遅くなってしまった。車で職場まで向かう。この車は、知り合いから買い取ったものだ。あなたは想像だにしていないだろうが、実は前の所有者は、自身のスマホと車のアプリとの連携を解除していなかったため、未だにあなたのデータにもアクセスできるのだ[17]。加えて、自動車メーカーも、あなたの訪れる場所、速度、音楽の趣味、目の動き、ハンドルに手を置いて運転しているか、座席が感知するあなたの体重まで、ありとあらゆる情報を収集しており、最後にそれらはあなたの保険会社を含む第三者の手に渡る可能性がある[18]。

ロンドン在住のあなたは、ウェストミンスターにある職場に向かう。国会議事堂の脇を通過する際、あなたの携帯電話に保存されたデータがＩＭＳＩキャッチャー〔各携帯電話に個別に付される固有の番号 International Mobile Subscriber Identity を識別するもの〕に傍受され、盗まれる――これは電波塔を探す携帯電話が、騙されて接続するよう仕向けられる偽の電波塔である。携帯電話がこの偽電波塔に接続すると、ＩＭＳＩキャッチャーは電話機内の個人情報及び位置情報を集める。加えて、携帯電話の会話の盗聴だけでなく、メールの送受信やネット上の閲覧履歴まで傍受される[19]。この技術は、英国国会議事堂付近における平和的デモの参加者を監視するために、ロンドン警察によって使用されているという証拠もある[20]。このようなケースへの対処法の一つに、ネット上ではしばしば、プライバシーを守るためにデモに参加する際は携帯電話を家に置いてくるよう推奨するのが一般的になってきている。ＩＭＳＩキャッチャーは政府が主に利用しているが、一般の企業が販売している機器でも簡単に作れるので、実質的には誰でも利用できる。

スマホ内のデータが盗み取られている間に、会社に着いたあなたのことを同僚が「遅刻だ」と言わんばかりに腕時計を見る。パソコンの前に座って深呼吸をするが、何百通もの未読の電子メールを見てうんざりする。[21] そして、上司からのメールをまず開けた。「今朝はいなかったようだが、頼んでおいた報告書は間に合うんだろうね？」。もちろん間に合わせるが、そう逐一監視しなくても、と思う。

次のメールでは、同僚の査定・評価を匿名でするよう求められる。あなたの上司は仕事の管理監督は重要と固く信じているため、部下が会議やセミナーへ参加したかどうかのみならず、仕事帰りのプライベートな会食や飲み会など、部下の一挙手一投足までつぶさに追跡監視していることは分かっている。過去には政治的な投稿をしないよう注意されたこともあるので、あなたのソーシャルメディアの閲覧・投稿も監視されていることを知っている。同僚を評価し、同僚に評価されることを考えると落ち着かない。

次は大好きなブランド靴からのメールが届いている。電子メールを受け取るだけならプライバシーへの脅威にはならないと考えてしまいがちだが、広告メールのおよそ70％、そして全てのメールの40％にトラッカー（携帯電話の位置情報や閲覧履歴などをリアルタイムに近い形で監視するシステム）が仕込まれている。[22] その電子メールを開けることで第三者はウェブ上であなたを追跡し、あなたが様々な機器を使っていたとしてもあなたを特定することができる。トラッカーは色彩やフォント（書体）、ピクセル（画素）またはリンクに埋め込むこともできる。一般の人でさえも、自分の送ったメールがいつ、どこで読んでもらえているかを把握するためにトラッカーを利用している。またトラッカーが位置情報をも明かすことができることを考えると、ストーカーに居場所がバレる恐れもある。

　次のメールは弟からだ。職場に私的メールを送ってこないよう頼んでおいたにも拘らずである。実際に大学を含む職場の上司は、あなたのメールにアクセスできるので[23]、他にも理由はあるが、個人的な目的のために職場のメールは使わない方が賢明だ。そのメールで彼は誕生日プレゼントとして、消費者向け直販の遺伝子検査キットを受け取ったので、実際に検査をしてみた、というのだ。そしてこう続けた。「知って嬉しいと思うが、うちの家系はイタリア人の遺伝子を4分の1受け継いでいる。ただ、残念なことに、心臓病を発症する確率が3割ある」というのだ。彼は弟であるから、多分あなたにも当てはまる。あなたはこう返信した。「私及び私の子どもの遺伝子でもあるのだから、私の同意を得てからにして欲しかったわ。おばあちゃんがイタリア人だったって知らなかったの？　家族についてもっと知りたいなら、今後は私に聞いてちょうだい。」

　遺伝子情報の扱い方が心配になって、弟が検査を依頼した会社のプライバシー・ポリシー（規約）を読む。心配な点が多い。この種の検査会社は、検査のために送られた遺伝子サンプルの所有権を主張できるようで、会社の方針で如何様にも活用する場合があるようだ[24]。遺伝子検査を請け負う会社の個人情報保護方針を定めた規約には、大抵は顧客を安心させるために情報の匿名化または偽名の使用について言及している。しかし、遺伝子情報の実質的な匿名化は容易ではない。遺伝子情報という特性ゆえ、個人及びその親族関係を間違いなく特定することができる。名前を不特定の個人番号で置き換えても、個人の特定を完全には防止できない。２０００年にコンピュータ・サイエンティストのブラッドリー・マリンとラターニャ・スィーニーは、公開されている医療データ及び特定の疾病の特徴を用いて、「匿名化」された遺伝子データベースの非匿名化に98~100%の確率で成功した[25]。

弟の遺伝子情報がどのように使われるのか不安になる。例えば将来、あなたもしくはあなたの息子が職探しや保険申請をする際に、それが不利に作用しないとも限らない。一番問題なのは、自宅用検査キットで行なう遺伝子検査はとても不正確で、およそ40%が誤った判定結果を出す[26]。弟は、いい加減な検査と引き換えに、一族の遺伝子情報を提供し、そのいい加減な検査結果が保険会社や他の企業に、事実として扱われるであろう状況を生み出した可能性がある。

顧客とのビデオ会議の時間だ。最近頻繁に使われているズーム（Zoom）でやりたいとの要望が来ているが、パンデミック前は、ほとんど誰もこのアプリのことを知らなかった。過去にこのアプリで苦い経験をしたことがある。その時は、顧客の服装をからかう「プライベート」チャットを同僚に送ったら、会議の最後に、テキストメッセージも含めた全ての会話が議事録として顧客にまで送られていたことがわかった。今ではチャットはしない。パンデミックの間に明らかになったのは、Zoom経由の会議で話された一言一句及び共有された資料は、全てZoomのデータとして集積されており、それを知って背筋が寒くなった[27]。あれ以来、Zoom側としてもプライバシー及びセキュリティ条項を改善しているであろうことは感じられるが、そもそもエンド・ツー・エンド暗号化を行なっています、と宣言しながら実際にはしていなかったような企業を今更信用できるだろうか[28]？

会議が終わり、息抜きにちょっとだけ、と自分に言い聞かせて、フェイスブックにログインする。友人らと過ごした楽しかった時の写真が元気付けてくれるかもしれない（しかし元気が出ない）。パソコン上での作業を上司に監視されていることを疑っているので、自分のスマホを使う。

フェイスブックは幾度となく私たちのプライバシーを侵害してきており、それらを全て網羅しようとすると本一冊になるだろうから、ここでは主な例に絞って見ていこう。

フェイスブック上のあなたの全ての行動、例えばマウスの動きから[29]、投稿の下書き及び投稿前の添削（自己検閲）まで含めた全てがトラッキングされている。[30]「知り合いかも」という項目をブラウジングし始める。この機能は、フェイスブックがソーシャルネットワークを拡げるのに大きな役割を果たし、２００８年に初登場した時に1億人だったユーザーを、２０１８年には20億人超にまで増やしたのだ。知り合いに列挙された人々の中には、遠い親戚や昔の同級生などもいるだろう。それだけならそれほど悪い話とは思えないが、それ以上深入りして別世界に行かない方が賢明だ。別世界に深入りすればフェイスブックが、あなたが繋がりたくない人とも繋げようとしていることに気づくだろう。

他人との色々な関係が、問題を引き起こすこともある。例えば、セックスワーカー（性産業従事者）の個人情報が顧客に漏れた場合[31]や、医療情報の機密性が守られず、精神科を受診した患者同士の情報が数珠つなぎになった場合等である。ある精神科医のケースでは、患者とフェイスブック上で友達ではなかったが、患者のアドレス帳に入っていたためにつながってしまった。[32]多々ある不運なケースの中には、ストーカーの被害者（それまでは加害者に名前を知られていなかった）に、ストーカー本人を友達として推薦したり、夫を妻の愛人に、そして車上狙いの被害者をその加害者に友達推薦したこともあるのだ。[33]

フェイスブックの現在のミッションは、「人々に新しいコミュニティを構築するパワーを与えて、世界中を身近に感じよう」というものだ。それならば、有害な、そして好ましくない人間関係を断つパワーも与えてはどうか？「世界中を身近に」という表現は、聞こえこそいいが、恐怖を抱き、嫌いで、職業上、又は個人的な理由から、距離を置きたい人との関係の親密化を強制される場合はどうだろうか。

これまでにもフェイスブックは、プライバシー尊重に対する配慮を欠いていたことが多くのケースで証明されている。およそ８７００万人もの利用者のデータが、データ分析会社ケンブリッジ・アナリティカによって政治的目的のために分析調査された。[34] ２０１８年には１４００万ものアカウントがハッキングされ、個人情報が盗まれた。[35] フェイスブックは、何年にも亘り、マイクロソフトビング（Bing）という検索エンジンがフェイスブックの利用者の同意なしにその友達を調べたり、ネットフリックスやスポティファイが、フェイスブック利用者のプライベートメッセージを読み、それらを勝手に削除することまで許していたのだ。[36] ２０１５年には、アンドロイドシステムの利用者の同意なしにテキストメッセージや通話の全てを記録（ログ）し始めた。[37]

おそらくフェイスブックはあなたからの正式な同意を得ることなく、あなたの写真を使って顔認証も行なっている。フェイスブックのタグ付け機能（Tag Suggestions）が「これはジャック？」と問いかけてきた時、「イエス」と答えたならば、あなたはフェイスブックが顔認証技術開発の為の最適手法、アルゴリズムを見つけ出す実験のため、タダの労働奉仕をしたことになる。フェイスブックは既に、店舗で買い物をする顧客の顔を自社のプロフィールに結びつけるシステムの特許を申請している。[38] そして、驚くべきことに、フェイスブックはセキュリティ強化策と称して利用者に電話番号を要求し、その情報を、個人に対する個別広告や、彼らのメッセージアプリ、ワッツアップ（WhatsApp）

の情報と一元化する等の目的の為に都合よく利用した[39]。２０１９年には、数億人分のフェイスブック利用者の電話番号がオンラインデータベース上に公開されてしまったが、その理由はパスワードで保護されていなかったサーバーを使用していたからである[40]。これらは直近のお粗末でひどい状況の一部でしかなく、全てを列挙すればキリがないほどある。ただ、これらを通してはっきりしていることは、フェイスブックによる私たちのプライバシー侵害が止まることはあり得ない、ということだけだ[41]。

一見すると、フェイスブックはソーシャルネットワーク会社のように見えるかもしれないが、その業務実態は、個人のデータを使って得た支配力、影響力を行使してビジネスを行なっている。その実像は、ソーシャル媒体というよりは個人向け広告を行なうプラットフォームであり、できるだけ気づかれないよう個人情報を最大限掻き集める為にはどんなことでもするし、あなたが興味を持つ分野に広告を打ちたい業者や広告主にその情報を売ることである。これまでの彼らの行動から判断するに、お咎め無しで許されるなら――今まではそうだった――フェイスブックはあなたのデータを誰が取得し、どのように利用しているかなどについて貴方の同意を得ようともしないだろうし、その内容の調査を行なう努力もしないだろう。彼らは進んで約束を破る[42]。個人のプライバシー保護は、彼らにとっては達成すべきリストの最下位にくるようだ。そして、もっと厄介なことに、このデータに飢えた怪物からは誰も逃れられない。何故ならフェイスブックの利用者でない人も、いつの間にか影のプロフィールを握られているからだ。「いいね」ボタンを押しても押さなくても、この皆が使う「いいね」ボタンは、ネット上のあらゆる場所まであなたを追跡する[43]。英政府の報告書が、ここ数年のフェイスブックの態度はあたかも「デジタル・ギャング」のようであると示唆したのは不思議ではない[44]。

しばらくフェイスブックを拾い読みするうち、知り合いかもとの示唆や、広告の波に「気味悪さ」を感じたところで、見るのをやめて仕事に真面目に取り組もうとする。しかし、上司があなたのパソコン上の動きのひとつひとつを細かくチェックしていると思うと、集中できない。幸いお昼休みになったが、お腹が空いていない。そこで落ち込んだ息子が喜びそうなものを近くの店で買うことにする。

衣料品店に入り、息子のためにシャツを探す。先んじて膨大なデータを顧客から集めることに成功したオンラインショップに比べて、従来型の小売店は遅れをとっていると自覚しているので追いつくのに必死である。ある技術を用いるこのお店では、あなたのスマホが出すWi-Fi信号を通してあなたのことを常連客と判断している。携帯電話は、通信ネットワークを探す際、固有のID番号（メディア・アクセス・コントロール――またはMAC――などのアドレス）を出している。それらの情報をもとに、店はあなたの消費行動を分析している[45]。

それ以上の情報が欲しい店は、カメラを用いてあなたのデータを集めることもある。カメラは、店内での顧客の動線の分析や興味を惹かれる商品、どのように商品を探すかなどの分析に役立つこともある。カメラの性能向上により、顧客が何を見ているか、また表情や態度から喜怒哀楽まで解析できるようになってきた[46]。この店では顔認証システムも使っているかもしれない。とりわけ、この顔認証システムによって、店は、あなたの顔が万引き常習犯や指名手配者と符合する部分があるかどうかをその種データベースにアクセスして照合しているかもしれない[47]。

店を出てスマホを見ると、医者の予約があることを知らせてくれている。数週間前から気になる症状に悩まされていて、治療法をオンラインで調べたり、そのうちに症状が消えることを期待したが、これまでのところ改善していない。家族に心配をかけたくないので、まだ誰にも話していない。しかし、私たちは検索エンジンに嘘をついたり心配事を隠したりはしないため、検索エンジンの方が配偶者よりも私たちのことを知り尽くしている。

医者の待合室でいるときにメッセージが届く。妹の可愛い赤ちゃんの直近の写真だ。ぽっちゃりした手があなたの笑顔を誘う。と同時に、妹に子どもの写真をアップすることの危険性を注意しようと記憶に留める。そして、オンライン上の私たちの写真が、顔認証の最適手法、いわゆるアルゴリズムを開発・改良するために使われていることも教えてあげなければと思う。これらは具体的には、独裁政権下の弱い立場にある国民の監視に始まり、ポルノ俳優の暴露、そしてロシアの地下鉄での不審者のあぶり出しなどの悪辣な目的のためにも利用されている。[49] しかし、姪のたまらない程可愛い笑顔があなたの警戒心を緩める。このような可愛い写真のデータこそ、まさに飢えたハゲタカが喉から手が出るほど欲しい情報であることを知りながらも、その種の写真があなたの一日を明るくしてくれることを思いながら、データ経済を渋々ながら受け入れている。

診察室に入るよう看護師が呼びに来た。医者が貴方にデリケートな質問をして、その答えをパソコンに入力し、必要な検査の日程を調整している最中に、このデータは果たしてどこに行き着くのだろうか、と心配になる。あなたの医療データは多くの場合売られている。データ・ブローカー[49]——いわゆる個人情報を売買する業者——は、薬局や病院、医院、健康管理アプリ業者やネット検索履歴等、色々なソースから医療情報を取得できる。それだけでなく、あなたの病歴は研究機関や保険会社、または将来の雇用主の手に渡るかもしれない。[50] またＮＨＳ（英国の国民保健サービス）があなたの症例データをグーグルの親会社であるアルファベット（Alphabet）が所有するディープマインド（DeepMind）などの企業に無償で提供することを決めるかもしれない。データの提供は、貴方の同意を得ることも、又プライバシーの侵害に対する対価を支払うこともなく、加えてDeepMindがあなたのデータをあなたのGoogleアカウントに紐づけないとの法的保障もなく行なわれるかもしれない。そうなれば、貴方はさらなるプライバシー侵害を受けることになる。[51]

あなた自身が情報漏洩の餌食となる可能性もある。２０１５年には、米国だけで1億１２００万超もの医療データが漏洩された。[52] それにより、誰でも恐喝される可能性が出てきた。２０１７年には、犯罪者があるクリニックのデータを入手し、患者を脅迫、最終的にヌード写真やパスポートの写し、国民保険番号カードなど数千ものプライベートな情報が公開されてしまった。[53]

このようなことを色々と考えているうちに、医者には正確な診断に必要でないと思われるデリケートな情報については嘘をついた方がよいかもしれない、と思うようになる。また、たとえあなたに必要な検査ですら受けたくなくなってくる。

診察後、自宅に戻って米国出張の準備を始める。今日も一日中携帯電話のアプリに追い回された。地元のニュースや天気予報など諸々の情報を受け取れるよう位置情報の設定を有効にしていれば、あなたの位置情報は数十社に伝送される。場合によっては、アプリが定期的に情報を更新するため、あなたの位置情報は一日に1万４０００回もどこかに伝送されており、これら位置情報を利用した広告の市場規模はおよそ２１０億ドルにもなると推計されている。[54]

あなたの位置情報を至るところで売買する業者の中には通信会社も含まれる。シリコンバレーのビジネスの成功に嫉妬した彼らは、これを真似てデータ売買の市場拡大を熱心に推進している。[55] 携帯電話は絶え間なく、最も近い中継基地局のアンテナを探して繋がろうとする。それがゆえにあなたの携帯の通信会社は、利用者の位置情報を常に把握している。通信会社は個人の位置情報だけを売却しているのではない。少なくともいくつかの携帯電話会社は、個人情報までも闇市場で売却している、と数人のジャーナリストが報じている。ということは、携帯電話を持つ誰もが、ストーカーや犯罪者、捜査令状を所持していない信頼度の低い警察官に加えて、デリケートな個人データにアクセス権限のない、いかがわしい意図を持った覗き見趣味的監視に無防備だということだ。米国では、携帯電話のリアルタイムの位置情報を買う場合の費用は、1台当たり約12・95ドルである。[56] Tモバイル、スプリントおよびAT&Tが位置情報を売買する闇市場に関わっていることは、米国では確認されているが、他の通信会社も関わっている可能性があり、米国以外にも闇市場が存在していると思われる。

自動車会社、データ・ブローカー、通信会社、小売店や巨大IT企業等は全てあなたがどこにいるかを知りたがっている。貴方は、たとえ自身の膨大なデータが彼らに収集されていることが事実だとしても個人を特定できないように匿名化されていると考えて、安心しようとしていることだろう。残念ながら、匿名化されたデータから個人を特定することは大抵は簡単にできる。1996年にマサチューセッツ団体保険委員会が州職員の病歴のデータを匿名化の上公開した際、ラターニャ・スィーニーがその匿名の解読に成功し、最初の警鐘を鳴らした。当時のウィリアム・ウェルド知事は、患者のプライバシーは守られていると強調したが、スィーニーは知事の病歴をそのデータの中から探し出して彼のオフィスにメールを送り、彼が間違っていたことを証明した。その後、彼女はアメリカ人の87%が、誕生日、性別および郵便番号の3つのデータを用いれば、個人を特定できることを証明した。[57]

個人を特定できるもう一つの方法が位置情報である。誰もが特定の足跡を残すので、たとえあなたの名前がデータベースに記載されていなくても、あなたを特定することは簡単である。ある住所に住み、特定の職場で働く人物は一人しかいないことを考えると、個人の位置情報の特異性は特段驚くことでもないだろう。インペリアル・カレッジ・ロンドンのコンピュテーショナル・プライバシー・グループ(Computational Privacy Group)の代表イヴ＝アレクサンドル・ド・モントイエは、150万人分の位置情報を15ヶ月に亘って追跡調査した。そして、彼が同僚と導き出した結論は、人々の位置情報のうち、携帯電話と基地局が交信する際に1時間ごとに記録・提供される空間解像度にほぼ近いデータベースのうちの4点のデータさえあれば、95%の個人を特定できることを突き止めた。[58] 同様に1００万人超のクレジットカードの記録3ヶ月分を調査した研究でも、空間分解能データ4点さえあれば、90%の個人を特定できることも分かった。

データベースは多くの場合、公開された情報と突き合わせれば個人を特定できる。２００6年にネットフリックスは、自社コンテンツを推薦するためのアルゴリズムを改善する試みの一つとして、50万人のユーザーが選んだ1０００万本の映画のランキングを全て公開した。データは匿名化されていたはずであったが、オースティンにあるテキサス大学の研究者は、ランキングとタイムスタンプ(日時の刻印)などインターネット・ムービー・データベース(ＩＭＤｂ)上での公の情報と比較・照合することにより、ユーザー個人を特定できることを証明した。映画の嗜好はデリケートな情報で、それにより政治的、性的指向までも暴くことができる。あるレスビアンの母親は、自分の性的指向が暴露(アウティング)されるリスクに晒されたことを理由に、ネットフリックスを訴えた。[60]

データ・ブローカーは、データを匿名化している、と主張することで大衆に誤解を与えている。[61] 彼らの生業(なりわい)は個人情報の売買である。彼らはありとあらゆるデリケートな情報を集め、それらを編集・加工して、銀行や保険会社、小売店、通信会社、メディア業界、政府、そして時には犯罪者にまで売っている。[62] 彼らはあなたの収入、妊娠しているか、離婚しているか、または減量しようとしているかなどの情報を売買する。加えて、レイプ被害者のリストやＡＩＤＳ患者、議論を呼びそうな分野の情報も売買していると言われている。[63]

個人向けオンライン広告業者も、議論を呼び起こしそうな議題を中心に、個人に的を絞って広告を打っている。商習慣の規範を策定する双方向広告業界団体――（訳注：多くは米英企業が参加）――のインターラクティブ・アドバタイジング・ビューロー（Interactive Advertising Bureau）ですら近親相姦や虐待サポート、薬物濫用やＡＩＤＳ／ＨＩＶなどの問題分野を含む広告を認めている。同様にグーグルが許容している広告分野には、薬物濫用や性病、性的不能や政治信条なども含まれている。[64] これらの分野を見れば、データのハゲタカが何に興味を持っているのか、そして私たちの最も触れて欲しくない部分を肉食獣のように嗅ぎ出し、利用しようとしていることが分かるだろう。

米国出張の準備中だったあなたに話を戻そう。ヒースロー空港に到着すると、セキュリティおよび搭乗口で搭乗券の提示を求められないかもしれない。今やあなたを特定するために顔認証システムが採用されている。[65]

目的地に到着すると、米国運輸保安庁（ＴＳＡ）担当官がノートパソコンとスマホを渡すよう指示してくる。抵抗しようとするあなたに、もし拒否すれば、入国が認められないことを告げる。しかし、これから仕事の予定もあり、入国審査官に逆らったために入国を拒否され、約束のミーティングに出席できなかったことを上司が知ったら、贔屓目に見てもいい顔はされないだろう。いや、クビになるかもしれない。失業するかもしれない恐怖心から、最もプライベートなデータを提出してしまう。すると、今度はデータの中身が心配になる。そこには、配偶者と撮った裸の写真、子ども達の写真や全ての金融資産の情報なども入っている。

更に、雇用主の非常に個人的な情報も含まれていることに気づく。巨額の仕事上の機密も含まれているかもしれない。それらが米国側の競争相手に渡らない保証などあるだろうか？　過去にコンサルタントとして働いていた時に作成または取得した自国政府に関する機密情報も入っているかもしれない。２０１７年に米航空宇宙局（ＮＡＳＡ）の技術者が、機密情報が含まれていたにも拘らず、国境でスマホのロック解除を強制されたことがある[66]。医者であれば、患者の病歴などのデリケートな情報が、弁護士なら顧客の弁護方針が、ジャーナリストなら明らかにできない情報源が、ノートパソコンに含まれているかも知れない。

あなたはＴＳＡ担当官に、あなたの職務上の義務として、機密情報を保護する義務があること、その義務を履行しなければ法的制裁を受ける可能性もあることを伝えるが、相手は意に介しない。そして、過去に読んだ記事の中で、どこかの国では国外退去させられた場合、５～10年間は再入国できないことを思い出す。そうなると仕事ができなくなる。しかし、「入国が拒否される」ことが国外退去と同じかどうかはわからないので、弁護士を呼んで欲しいと頼む。すると、TSA担当官は、弁護士を要求するならあなたは犯罪者に違いない、隠し立てしたいものでもあるのか、とたたみかけてくる。疲労と恐怖心からパソコンとスマホを手渡してしまう。担当官はそれらを持って15分以上どこかに姿を消す。その間に彼は中身をダウンロードする。(67)

スマートボーダー〔監視による国境管理〕は、その利便性やリスク、法的・倫理的影響を十分に検証することなく導入されており、今や一般市民の自由、権利の脅威になりつつある。(68) 人権侵害的な技術の中でも、ドローンやセンサー、顔認証技術の登場は、私たちのプライバシーと引き換えに、安価でもっと効果的な国境警備を可能にしている。トランプ政権は、メキシコとの国境に物理的な巨大なレンガの壁を作ることに失敗した結果、今度は入国監視の為のバーチャルな壁を作ったのだ。センサーの設置は、実際の国境線のみならず、国境沿いの自治体にまで及んでいる。(69) そして、これと似たようなことが世界中で実施され始めている。ハンガリー、ラトビアおよびギリシャでは国境の4カ所に自動化された嘘発見器が導入された。「iBorderCtrl」（アイ・ボーダー・コントロール）と呼ばれるこのシステムは、旅行者に「スーツケースの中身は？」と問いかける「嘘発見器」として利用されている。(70)

プライバシーを侵害されたことに怒り、屈辱を味わい、憔悴しきってホテルに到着する。今後起こり得る権利の侵害に対して、それを回避し、最小限にとどめる何らかの策を講じようと決心する。入国管理専門の弁護士にメールを書いて、法律上当然に認められる権利に関する情報を得ておこうとも考える。しかし、TSA、NSAや他の機関がそのメールを盗み読んで、それが故に、各空港で要注意人物としてマークされるかもしれないとの恐怖心に駆られる。国境でいつも足止めされ、何時間も尋問される対象にはなりたくない。法的助言を求めることも怖くて出来ない。ならばスマホやパソコンが集めるあなたの情報を減らせばいいのではないか。まずはそこから始めよう。

没収されたスマホとパソコンから、どのようなデータが抜き取られたか確認しようとする。グーグルやフェイスブックがあなたに関して保有している情報をダウンロードしてみて[71]、その侵害の程度（グーグルはあなたがすでに削除したと思っているデータさえも持っている）にギョッとする。すぐさま、プライバシー設定を最小限のデータ収集に留めるよう変更する。設定画面を開いてみると、初期設定では全てプライバシーが侵害されるようになっていることに気づくだろう[72]。いくつかの初期設定は変更可能だが、ものによっては、データ収集に同意しなければ、グーグルやフェイスブックの提供するサービスを利用できない[73]。これら規約条項には交渉の余地はなく、加えて規約条項はあなたの知らないうちに勝手に変更され得る[74]。あなたはやられっ放しだ[75]。

あなたは色々な意味で犯罪の容疑者扱いをされていることに気づき始める。プライバシーの侵害度合いたるや、あたかも電子の足環を強制的に嵌められているかのようで、位置情報を含めた一挙手一投足までもが監視されている。ある意味、犯罪被疑者より酷い扱いかもしれない。少なくとも、警察があなたを犯人として逮捕するとき、あなたには黙秘権が与えられ、あなたの発言は、あなたに不利に働くこともあることを告げられる。しかし、巨大ＩＴ企業の支配下にあるあなたには、黙秘権もなく――トラッカーはあなたが拒否したとしても強制的に情報収集をする――その収集された情報があなたに不利に働くことがあることすら警告されない。現実の社会では、少なくとも裁判中は自己に不利益な供述（自己負罪）を強制されることはない。しかし、監視社会では、あなたのデータは常にあなたに不利になるよう使われ続けているのだ。

夫からの電話で思考が中断する。彼はスマートスピーカーのEchoが壊れてしまったことにイラついている。最近、夫との関係はギクシャクしている。落ち着いた状態で何が起きたのかを説明したいが、疲労と挫折感で言葉も出ない。あなたの沈黙が夫の気分をさらに害し、逆撫でする。「悪いが、もうこれ以上この状態には耐えられない。大事なことなので会って話したいとも思うが、離婚してくれ。詳細については君が帰国してからだ」と電話を切られた。

唖然としたあなたは、パソコンでスポティファイ〔世界最大手の音楽配信サービス〕を立ち上げ、気分を落ち着かせようと音楽を聴くことにする。そこに最初に表示された広告は離婚専門の弁護士だ。偶然だろうか？　おそらく違う。でも彼らはどうしてこの現状を知っているのだろう？　一体「彼ら」は誰？　もしかすると夫が離婚に関する検索をしたのかもしれない。または、夫婦喧嘩が録音・分析された結果かもしれない。もしくは、最近のあなたが家族と過ごす時間の少なさを元に割り出した予告的アルゴリズムが、来るべき離婚を予想しただけかもしれない。または、スポティファイが、あなたの選んだ曲調からあなたの気持ちやムードを察知したのかもしれない。銀行ですら、スポティファイからのデータを元に大衆の感情を判断しているのが現状だ[76]。そうであるなら、一体誰が、そして何人があなたの離婚話を知っているのか、またどのようにして知ったのか、そしてあなたが知るよりも前から知っていたのか、などの疑問について一生知り得ないかもしれないが、不気味に感じる。何れにせよ、このようなことがあっていいはずはない。あなたはこのことをまだ誰にも話していないし、最も近しい人間関係を彼らが盗聴する権利などないのだ。

私たちが目覚めて、プライバシー侵害にストップをかけるまでに、一体どこまで侵害が進むのだろうか？　これまでも技術の進歩はプライバシーの概念を狭めてきた。最初は写真だったが、今はネットだ。ナイキが初のスマートシューズを売り始めたニュースを思い出すと身がすくむ。[77] もし研究者が「スマートダスト」なるもの——ほとんど目に見えないほど小さな電池不要のどこでも（ユビキタス）センサー[78]——を開発すれば、プライバシーの保護はほぼ不可能になるだろう。

そう考えると、いつかこのようなゴロツキだらけの新世界（A・ハクスリーの『すばらしい新世界』を彷彿とさせる）を離れたい誘惑に駆られるかもしれない。そして、息子が若いうちからこのようなプライバシー問題に取り組まなければならず、あなたよりも長くこの問題に直面することを気の毒に思う。死んだ後はどうなるのだろうと考えながら、ハタと気付く。あなたのプライバシー侵害はあなたの死で終わりではないのだ。あなたは永遠にオンラインで生き続ける。ハゲタカのような腐蝕獣はあなたの残したデータの軌跡に寄生し続ける。そのデータが息子や子孫にも影響を及ぼすかもしれない。また、他人から見たあなたの人生——あなたの死後の名誉——にも影響するかもしれない。

手遅れになる前に、自分のデジタル足跡を綺麗に消せないものかと思案する。解決策はある。毎日秒刻みでプライバシーを侵害され続けているからといって、絶望の淵に落ちる前に続きを読んで頂きたい。次の3つの章で説明する内容は、楽観視できるバラ色の話ではないものの、データ経済の内幕の不気味でゾッとするような恐ろしい実態を理解することで、どうしてこうなったのか、そしてどのようにすればこの抑圧的な混沌状態から抜け出せるかの道標となるはずだ。

第2章　プライバシー喪失への道

　1990年代と今日のプライバシーに対する考え方、そしてそれを取り巻く環境には、明らかな違いがある。20世紀の終わり、車は単なる車であり、それ以上のものではなかった。車があなた好みの音楽に興味を持ったり、あなたの会話を聞いたりはしなかった。あなたの体重を記録したり、行き来を監視することもなかった。車は、あなたの行きたいところに連れて行ってくれる乗り物だった。あなたの役に立つ存在であり、あなたが車の役に立っていた訳ではない。このデジタル時代の監視社会に気がついた私たちの幾人かは、ある晩、眠りについて翌朝目が覚めると、あたかも違う世界――それも特にプライバシーや、身の回りの諸々の事象に対する自己決定権や自治権について、希望の持てない寒々とした暗い社会――に一歩足を踏み入れてしまったかのように感じるのではないか。どのようにしてこのようなところにまで来てしまったのだろうか？　監視社会が根を張る環境を何故受け入れてしまったのだろうか？　プライバシー権の侵害が始まった背景には、少なくとも次の3つの要因があったと思われる。それは私たちのデジタル生活から得られる個人情報が、結果として収集した側に大きな利益を生むという発見、2001年9月11日に起きたテロ攻撃、そしてプライバシー権には何の価値もない時代遅れのもの、という刷り込みを信用してしまったことである。

〈データの軌跡・記録を砂金に変える錬金術〉

あなたの日々の営みや行動はいつからデータになったのだろうか？　パソコン操作を通じて、コンピュータのデータ処理機能は副産物としてデータを排出する。あなたがデジタル技術を活用して、もしくはデジタル技術があなたを利用することによって、あなたが何を、いつ、どこで行なったかのデータの記録が作られる。デジタル時代の初期には、このデータには商業的価値はなかった為、それらは一切利用されなかったか、利用されたとしてもユーザーである利用者のためにシステムを改良すべくフィードバックされる程度であった。このデータの記録を砂金（ゴールド・ダスト・データ）に変換する物語の主役として躍り出たのがグーグルである[1]。

ラリー・ペイジとセルゲイ・ブリンは、まだ学生だった１９９５年にスタンフォード大学で知り合い、１９９６年にグーグルの核となるページランク（PageRank）のアルゴリズムを開発した[2]。これはウェブサイトの注目度・重要度を評価するために、当該ページが引用されるリンク数とその内容の信頼度を測るシステムで、その結果に応じて順位付けを行なうものだった。このアルゴリズムでは、信頼度の高い他のウェブサイトから最も多いリンク数を得られたものをより重要度が高い、と推定する。他の検索エンジンは、文書内容（文字データ）にのみ重点を置き、それ以外の種々の情報ソースに対する評価の比重を変えていなかったため、調べたい内容とは無関係な検索結果を表示していた。これに対し、ペイジとブリンのアルゴリズムは、検索リストの上位に、例えば無名のブログよりも新聞記事などを取り上げて、注目度を上げるようなこともした。

ページランクの発想は、学術論文の引用手法にヒントを得ている。学者は、自分の論文に引用した他者の論文に上積みする形で自分の論文を書き上げる。引用されるケースが多ければ多いほど、その引用された論文は重要と考えられている。学術論文の世界を真似て作られたページランクは、ネット上の、個別単体では意味を為さない情報の中から何とかルール（秩序）を生み出し、検索手法を有用かつ価値あるものに様変わりさせる素晴らしいアイディアだった。加えて、アルゴリズムの性能は、ネット世界が急速に成長するのに伴い更に向上し、ネットの飛躍的な規模拡大にも予想外に上手く対応した。[3]

しかし、残念なことに、私たちにとっての問題は、ペイジとブリンが、このグーグル検索を素晴らしい検索ツールから、お金を生む道具に転換したがったことだ。1999年の初頭、彼らは同じような検索エンジン会社エキサイトにグーグルを売却しようとしたがうまくいかなかった。またアルタビスタとヤフーにも売却しようとしたと報じられている。[4]起業2年目の2000年、グーグルは人気が高まっていたにも拘らず、未だ持続可能なビジネスモデルを構築できないでいた。その意味では、一般的な利益の出ないスタートアップのネット企業の一つでしかなかった。投資家の我慢もそろそろ限界に近づいていた。ある投資家は、自分が提供した数百万ドルの投資に対して受け取ったのは、世界一高価なTシャツだったと冗談を言ったほどだ。[5]早々に利益を出し始めなければ、投資家が資金を引き上げる恐れがあった。資金が底を尽きそうで、もうあとがなかった。

潮目は突然変わった。2000年に1900万ドルだったグーグルの収入は、2001年に8600万ドルに増え、2002年にはいきなり4億4000万ドルに、2003年には15億ドルに、そして2004年には32億ドルに飛躍的に増えた。2001〜2004年までの4年間でその収益は35

90%も増大したことになる[6]。彼らは一体何をしたのか？　銀行強盗をしたわけでも、足元から石油が湧き出たわけでもなかった。実は、ウェブ広告で収入を得るために、利用者（ユーザー）の個人情報を利用したのだ。結果として「監視資本主義」時代の扉を開けてしまったのである、とは社会心理学者ショシャナ・ズボフの的を射た上手い表現である。

広告の世界で大御所になるまで、グーグルで働く人々は広告で金儲けをしようとは考えていなかった。少なくとも彼らはそう主張する。ブリンとペイジの2人は1998年に執筆した論文の中で、広告収入に依存する経営について次のような懸念を示している。「広告収入に依存する検索エンジンは、本質的に資金提供者側に好意的な内容に傾斜しがちで、消費者の要望からは外れる傾向にある」と指摘しており、そこには、グーグルを純粋に学術的に役に立つツール（道具）として守っていきたい、という思いが窺える。そして「広告を取り巻く問題点は、様々な動機、利害関係を生む。従って我々としては、透明性を確保し、学術分野における競争力のある検索エンジンを作り上げることが極めて重要であると信じている」[7]。しかし、残念なことに今起きていることは、彼らの掲げた理想とはかけ離れている。利益を上げる為に広告収入に頼らなかったページランクは、それまでのいずれの検索エンジンよりも明らかに信頼されたので、検索結果に広告主に配慮するようなバイアスをかける必要もなかった。彼らの論文を読む限り、ブリンとペイジはネットを広告が主体の市場に作り変えようとした人物のようではなかった。

今日の広告主体のグーグルに仕立て上げたのは、エリック・ヴィーチである。彼もブリン、ペイジと同意見で「広告は大嫌いだ」と言う[8]。彼らの肩を持つならば、当時の標準的な広告よりも良いものを作ろうとしていたのだろう。アドワーズ（AdWords――現グーグル広告）と名付けられたこの広告システムは、理論上は三方良しに見え、グーグルも広告主も利用者も満足させられるはずだった。グーグルにはカネが入り、広告主は自社商品を展示販売でき、利用者は、興味を惹かれる商品の紹介広告を見る一方、高機能の検索エンジンを使うことができる。それほど悪い話ではない。

AdWordsの特徴の一つは、広告主がお金でベストポジションを買えるわけではなく、最も多くのクリックを得た広告が優先されるよう、即ち利用者に有用な広告が確実に提供されることを意図したことだ。しかし、このシステムは割と簡単に意のままに操作できた。例えば、広告主は自らの広告をクリックして閲覧数を水増しできた。そこで、グーグルは広告の掲載場所を、広告主がクリック数に応じた金額を支払うオークション方式に変更することにした。すなわち、自社広告がクリックされる度に支払う金額の入札を実施し、1円でも多く支払った広告主が入札を制して、掲載場所の権利を獲得する。とても巧妙に考案されたこのシステムが、大変革をもたらした。クリック毎の請求に変更したことで、広告主も効果的に機能している広告に対してのみ支払えばよくなった。さらに、グーグルがより効果的な広告については値段を下げることで、より良い広告への制作意欲を刺激し、イノベーションを促進した。

他社と比べてもグーグルに掲載される広告は好評だった。地味であまり目立たないが、「スポンサー付き」とはっきり表示され、利用者の「オーガニック検索」（いわゆる自然検索。有料広告を含まないもの）とは異なる一方、品質向上に対するインセンティブはあった。しかし、このシステムには問題もあった。その一つが、広告主にとって、自社広告の掲載のされ方及びその理由の全容が知ら

され ず、従って、グーグルの判断を無条件に信頼せざるを得ない「ブラックボックス」化の出現である。[9] それ以上にグーグルの広告掲載システムのもっと大きなマイナス面は、同社のビジネスモデルを完全に別の物に転換してしまったことだ。グーグルの利用者はもはや顧客ではなくなり、広告主が彼らの顧客となってしまった。そして、顧客であったはずの私たち利用者は、商品と化してしまった。グーグルの起業時の理念と信念は、大きな方向転換をしたのだ。

今日まで、グーグルの収入の主軸は広告である。2019年には広告収入だけで、およそ1350億ドルを稼ぎ、グーグルの親会社アルファベットは、同年およそ1620億ドルの収入を得た。言い換えれば、アルファベット社の収入のおよそ80%超はグーグルの広告収入から得られたものだ。[10] 今でもAdWordsがグーグルの広告分野での稼ぎ頭である。[11]

そして、グーグルの広告戦略の成功の陰で最も大きな被害を受けたのが、私たちのプライバシーである。それまでグーグルの検索エンジンの改良のためだけに利用されてきた私たちの個人情報は、特定個人向けの(ターゲティング)広告に利用され始めた。個々人の検索を通じてグーグルは私たちの心の奥底にある考え方の詳細な心象、イメージを、網羅的且つ個別に作り上げていった。

大多数の人は、自分の知りたいことを検索しようとする。例えば、2001年2月28日にシアトル近郊で午前10時54分に地震が発生したが、その付近で地震に関する検索が急増したことから、グーグルは10時56分には地震のことを知った。[12] 同様に、グーグルは各時間帯で最も人気のあるテレビ番組が何かまでも知っている。そして、あなたのプライベートな情報も入手できる。例えば、あなたが薬物に手を出そうとしているとか、中絶することを考えているとか、健康状態やローンが返済できるのかを心配している、などについてもだ。グーグルでは、ライブ・クエリ（Live Query）の画面を通して、これらの検索の実例がリアルタイムで実演された。ニューヨーク・タイムズのある記者は、このライブ・クエリの画面を見せられて「世界の集合意識・大衆心理の流れを見ているようだった」と感想を述べている。[13]

これら全てのデータは、広告販促のために活用され得る。そして、このコンセプトは2003年頃には十分に開発、実用化されたため、グーグルのコンピュータ技師らは「Generating User Information for Use in Targeted Advertising（ユーザー情報を個人向け広告に活用する方法）」に関する特許を申請した。[14] 特許は、企業が目指している方向性を知る為の重要な手段の一つとなる。この特許では、利用者がグーグルを使って検索する際に残すデータを如何に広告のために活用するかに加え、利用者が「自発的に」提供しようとしないであろうデータの推論方法までも詳述していた。とりわけ、特許内容の分析から見えてくるものは、グーグルが、利用者が検索の際に残したデータ足跡を蓄積し、それを自社サービス向上のために使うことから転じて、ターゲット広告を打つという明確な目的を持って、あらゆる利用者データを広範に集め、それらを都合よく作り直していたことだ。

欲しいものや心配事、興味を掻き立てるものを検索する利用者のデータをすでに大量に集めていたグーグルだったが、利用者が検索結果をクリックして別のサイトに移動した瞬間、その足跡はグーグルが捕捉できる領域から外れてしまった。しかし、それすらもIT技術を誇るグーグルがAdWordsを補完するために開発したアドセンス（AdSense）〔クリック報酬型広告、コンテンツ連動型広告配信サービス〕が登場するまでの話である。コンテンツ連動型広告のAdSenseは、インターネットをあたかも真っ白なキャンバスに見立てて、そこに広告を自動配信するサービスで、ウェブ上の広告の大半を占めている。そして、例えばオンラインショップや新聞のウェブサイトなど、グーグルに無関係な（又は関係のなかった）独立系のサイト内にも広告を掲載している。AdWords と AdSense の両輪を得たグーグルは、監視経済を生み出してしまった。

グーグルの登場する前、一部の個人情報はそこかしこで売買されていたし、その一部は広告のためにも使われていたが、ここまで大規模かつ広範囲に行なわれてはいなかった。少なくとも個人情報がこれほど詳細に分析、研究されてはおらず、特定の個人向けに何かを作る目的でも、ネットの維持管理のための主たる資金調達（ファンディング・スキーム）の為でもなかった。ところがグーグルは、データの足跡を見事、砂金に変え、史上初めて監視経済を最も儲かるビジネスモデルとして構築することに成功した。いわば、現存する全ての材料を投入し掻き混ぜて、多少の独自性を加えて、ケーキを焼くように作り上げたのだ。他の企業もその流れに乗り遅れまいと便乗し、それぞれのやり方で私たちの個人情報を何としてでも手に入れようとする、倫理感を失ったどん底への競争が始まった。グーグルは利用者を商品に変えることに成功し、次々と参入する企業が増えていった

監視経済下での優位性を維持するために、グーグルは2007年に広告会社ダブルクリックを買収した。この会社は、ウェブサイトを訪れた個人を特定する為に使われる小さなデータ、「クッキー」を用いて、利用者が広告をクリックしなくても、ブラウジング履歴までも含めた個人情報を収集していた。また、ダブルクリックのディスプレイ広告（グラフィック・バナー）（ホームページ上の特定の位置に表示される画像を中心とした広告）を導入したことで、グーグルはこれまでの方針だった派

手な広告は作らない、という基本姿勢から更に乖離していった。グーグルはダブルクリックのお陰で、もはや利用者が広告をクリックしなくても、彼らのオンライン上のほとんどの行動を追跡できるようになった。[15] これ以降、グーグルはさらに多様な情報源からより多くの情報を得るのに役立つ商品を矢継ぎ早に創っていった。Chrome、Maps、Pixel、Nestやその他多くの商品は、私たちからより多くの情報を得るために設計されたものだった。

私たちがITのヒーローだと思っていた企業の好ましくない行動やグレーな手法に気がついたのは、事態がかなり進んでからだった。グーグルや他の企業は、利用者の承諾を、そして政府の許可も得ないまま、私たちの個人情報を収集、分析、売買しては大きな利益を上げ始めた。「何が起こるか見てみよう」というスタンスで彼らは計画をスタートさせた。そして何も起こらなかった。私たちもビッグテックが提供する新奇な「タダ」のサービスに目がくらみ、それと引き換えに自分たちの手放すものが何かを十分に理解することなく、いい取引条件だと思って受け入れてしまった。

初めて電子メールのアカウントを開設した時、おそらく、あなたは自分の個人情報を提供しているなどとは思ってもいなかっただろう。少なくとも私はそれに気づかなかったし、今振り返ってみれば、公平でオープンな取引ではなかった。IT巨人は、私たちの個人情報をしっかりと手にし、私たちがその不公平な取引を解消するのは不可能と感じるようになってから、何年にもわたり封印してきた主張、「利用者は自分の個人情報を、ITサービスと引き換えに自覚して提供してきた」と強調し始めている。

私たちがデジタル技術を自発的に進んで使っているわけではないことがより明白になった時期は、

コロナウィルスによるロックダウンの時だった。人々は、例えばズーム（Zoom）のようなプライバシーを蔑ろにする技術を仕事のため、そして子どもを学校で預かってもらうため、家族と連絡を取り合うために使わざるを得なかった。一旦、デジタル・プラットフォーム（環境）が我々にとって必要不可欠なものとなり、そして、それが社会の一員として活動するための必需品となってしまった現在、データ収集からもはや逃れる術はなくなってしまった。

実は私たちが監視資本主義について知ることになったのは、それが主流となってかなり時間が経ってからだったことは偶然ではない。それはグーグルが個人情報を収集する企み、およびそのビジネスモデルについて口を固く閉ざしていたからである。[16]当時のCEOエリック・シュミットはこれを「隠蔽戦略」と呼んでいる。[17]この隠蔽戦略は、彼らの競争優位性をできるだけ長く維持するためだった。

加えて、個人のデータが何に使われているのかを利用者から隠しておく戦略でもあった。グーグルの元役員ダグラス・エドワーズの言葉を借りれば、「ラリー（・ペイジ）は、自社の技術の機密情報を公開する如何なる選択肢にも、またプライバシーに関する議論を掻き立て、個人情報の収集を妨げる如何なる方針にも反対した。人々は、我々がどれほどの情報を収集しているかも知らなかったし、我々も特段その情報を不正なことに使っていたわけではないので、皆を心配させたり混乱させる話をなぜわざわざする必要があるのだろうか？[18]」。後述するが、仮に上記のように現時点で誰もデータを悪用していないとしても、将来、データは頻繁に悪用、濫用されるリスクがあるため、個人データの収集に関しては十分に警戒しておかねばならない。さらに厄介なことに、何が悪用、濫用かは、なかなかはっきりせず、ましてやデータがシステムの一部になっていればなおさらである。振り返ればデータ経済は、何年もかけて平等や公正、民主主義を徐々に侵食していった。プライバシー権というのは正当で大切な権利ゆえ、悪影響が直ちに明らかにならなくても、守らなければならないものなのである。

グーグルは、私たちの最もプライベートな部分を、私たちの同意なしに勝手に収集し、自分たちおよび広告主の利益のためだけに活用するビジネスモデルを追求していたため、そのビジネスモデルについては黙秘していた[19]。また、何が行なわれているのか誰も知らなかったため、それを止める者もいなかった。しかし、もしかすると状況は大きく変わっていたかもしれない。監視資本主義は回避し得ないものではなかった。例えばブリンとペイジは大学の教授に就任したかもしれないし、グーグル検索はウィキペディアのように、非営利の学術分野で主導的役割を果たしたかもしれない。もしくは、全く別のビジネスモデルを打ち立てるか、規制当局が私たちの個人情報の扱い方を制限できたかもしれないのだ。実はデータ経済が規制されようとした時、大きな事件が勃発した。

〈突然襲った災厄〉

1990年代後半に入ると、規制当局はクッキーに対する懸念を強め始めた。1996年および1997年の米連邦取引委員会（FTC）主催のワークショップでは、人々に自分自身の情報についての管理権限を付与することを議論し始めた。同委員会の最初の試みとしては、まず企業側に自主規制を導入させようとしたが、企業は聞く耳を持たなかった。例えば、ダブルクリック社は1999年に、おそらく利用者個人を特定する試みと推察されるが、データブローカーのアバカスとの合併を強行した。それに対し、プライバシー尊重の支持者たちがＦＴＣに調査をするよう申し入れ、ダブルクリックはアバカスを売却するよう圧力をかけられた[20]。

自主規制だけでは利用者のプライバシーを守るには不十分であると理解したＦＴＣは、さらに踏み込んだ対応に出た。そして、２０００年に米下院議会に対して、次のような法規制をかけるよう勧告する報告書を提出した。その報告書の内容は、（１）ウェブサイト側は、サイトのプライバシーへの取り組み内容を利用者に通知すること、（２）利用者に自らの個人情報の扱い方について選択肢を提供すること、（３）どのような個人情報が集積されているか、各個人がチェックできるようにすること、そして、（４）サイトが収集する個人情報を安全に保護すること、を要求するものであった。報告書では、「当該委員会は、業界におけるネット上の公平な情報管理の実施がある程度の成果しか上げていない中で、利用者のネット上のプライバシーに対する懸念が高まっている今こそ、法規制を導入する最適な時期であると判断する」としていた[21]。もしもこの時点において米国でオンライン上の個人情報の収集を法的に規制できていたならば、今日の状況も全く違ったものになっていただろう。グーグルもこれほどの巨大な広告会社に成長していなかっただろうし、今の社会で普通に行なわれている監視活動も、これほどまでには進展拡大しなかっただろうと思われる。

残念ながら、現実はかなり違う方向へと舵が切られた。ＦＴＣ報告書が発表されてから一年ほど後の２００１年９月、旅客機４機がテロリストにハイジャックされた。２機はニューヨークのツインタワーに突っ込み、１機はペンタゴン、そして４機目は明らかにホワイトハウスに向かっていたようだが、機内の乗客がハイジャック犯と取っ組みあった結果、ペンシルベニアで墜落した。この事件は、およそ3000人の命を奪っただけでなく、戦争を引き起こし、平時ではあり得ない厳しい法律が成立することを正当化し、国内的にも国際的にも心に残る傷を負わせ、その計り知れない影響は今日まで続いている。悲劇的ではあるがテロリストの攻撃は、自由な民主主義社会を大きく傷つけることに成功し、その被害の一部は我々が選任した議員によって引き起こされた。

9・11の後に当時のジョージ・W・ブッシュ大統領によって出された大統領令と共に、米国社会で何年にも亘り唱えられたのが、「二度と起こさせない」だった。そこには、この攻撃を防げなかった悔しさと共に、二度と9・11のような事件を起こさせないために如何なることも厭わない決意がみなぎり、米政府は直ちにセキュリティ対策の強化に焦点を移した。結果として、プライバシーに関する規制はお蔵入りになってしまった[22]。その理由は、政府がセキュリティ対策に手を取られ、忙しすぎてプライバシーがおろそかになったということだけではない。諜報機関はこの事件を好機と捉え、企業が収集していた個人情報のコピーを全て手に入れ、監視機能の強化に乗り出した[23]。政府が国民の個人情報に興味を持った時点から、政府にとってプライバシーを保護する何のインセンティブも見当たらなくなった。それどころか、産業界の集めるデータが増えれば増えるほど、政府の監視体制はより強大になり、これでテロリストの攻撃は未然に防げる——理論上そうなるはずだった。

米下院議会はパトリオット法（米国愛国者法）を可決し、テロリスト・スクリーニング・プログラムを実行に移し、その他にも令状なしでの監視手段を増やすいくつかの手法を編み出した。そして、秘密法、秘密裁判、秘密政策など、多くの戦略が秘密裏に実行された。9・11から十年以上経っても、社会を統治するルールが明確に公表されず、それゆえ、米国一般市民にとって、国の監視と市民の自由の位置付けがどうなっているのか把握することすら不可能になってしまった[24]。今日の私たちが知っている、米国における大量監視の実態の多くについては、実は元NSAの契約社員で、後に内部告発者となったエドワード・スノーデンが2013年に暴露してくれたことによるところが大きい[25]。

9・11後の米国政府による大量監視の権限の及ぶ範囲の広さには驚かされる。その詳細を書けば一冊の本になるが、ここでは要点だけを挙げておこう。NSAはデータをマイクロソフト、ヤフー、グーグル、フェイスブック、ユーチューブ、スカイプ、アップル他の企業から、プリズム（PRISM）というプログラム経由で収集していた。その中には電子メール、写真、ビデオやオーディオ・チャット、検索（ブラウジング）履歴の他、クラウド上に保存された全てのデータが含まれていた。それでも飽き足らず、NSAは上流（アップストリーム）のデータ――いわゆるルーターから光ファイバーまでも含む民間部門に属するネットインフラのデータ――まで直接収集し始めたのだ[26]。

その次にNSAはエックスキースコア（XKEYSCORE）を用いて、収集した全ての情報を整理・体系化した。このXKEYSCOREとは、サーチ・エンジン（検索ソフト）の一種で、分析官が調査したい対象者の住所や電話番号、またはIPアドレスを入力すれば、その人の直近のオンライン活動を調査できるようにするものだった。全ての人の通信履歴がここに捕捉されている。加えて、分析官は、人々がインターネットに接続し入力する一字一句を生で監視することもできた[27]。

世界中の殆どのネット通信は、米国の管理監督下にある通信インフラまたは科学技術を使う必要がある[28]。ということは、NSAは世界中のほぼ全てのインターネットの利用者を監視できることを意味している。もしもあなたがNSAに興味を持たれた一人なら、彼らは個人のデジタル生活の細部にまで介入して、それを意のままに操ることもできるプログラムを備えているので、その監視方法はもっと踏み込んだ侵害的な形をとることになるだろう。[29] それが彼らの目的に適うならば、NSAはその収集した情報を他の同盟国の諜報機関と共有することもあり得る。NSAは全ての情報を収集し、それら全てを永遠に保存したいと考えている。[30] 諜報機関の関係者らは、このプライバシー侵害の手法を、「大量監視」という分かりやすい表現を意図的に避けて、「データの大量収集」と呼びたがる。

プライバシーを失ったことで最も残念な点は、それがテロを防げなかったことである。個人情報をより多く収集できればテロなどの悪事を未然に防げるという考え方は、直感的に理解しやすいものでしかない。その主張は理解できるが、それは間違っている。我々が米国における大量監視について検証したいずれの証拠も、テロ防止には全く役立たなかったことを示唆している。例えば、大統領の情報通信技術に関する諮問委員会(President's Review Group on Intelligence and Communications Technologies)は、電話の通話記録の大量収集がテロ攻撃を阻止したことは一度もなかった、と結論づけている。[31]

2004年に、ステラーウィンド(STELLARWIND)と呼ばれる監視プログラムから得られた、捜査令状なしで密かに収集された大量の電話および電子メールの履歴情報をFBIが分析し、それらがテロリストを特定したり、容疑者を国外追放したり、テロリストに関する情報提供者との関係構築に「重要な役割を果たした」かどうかの評価を行なった。2001年から2004年までの内部情報のうち、有用だったのはたったの1・2%だった。加えてFBIがその種データの2004年から2006年までを分析したところ、有用な情報は一件もなかった。[32] NSAがFBIに送った伏線情報があまりにも多すぎて、時間の無駄になった。[33] NSAがFBIに対して、提供した情報を活用していない、と不満をぶつけると、FBIの幹部は現場の声として、「それはゴミ情報だったからだ」と反論したという。[34]

テロというのは滅多に起きない。それは山積みされた藁(わら)の中に紛れ込んだ針を見つけようとするようなものだ。藁の山に藁をさらに積み上げれば、針を探し易くするどころか、更に難しくするだけだ。関係ある情報よりも無関係な情報を集めれば集めるほど、大量監視は有用な警告よりも、不要な雑音、情報だけを増やすことになる。[35] そして仮に、大量監視がテロ攻撃を防げたとしても、監視によって私たちの被る損害やリスクがゼロにならないことだけは念頭に置いておく必要がある。

テロリストによる攻撃のリスクについては、市民生活に対する自由の侵害に加え、大量のデータが誤用されるリスクをも併せて天秤にかけて考慮しなければならない。後ほど考察するが、プライバシーを失うことは死ぬほどの苦しみに匹敵するのだ。

大量監視が始まって以来およそ20年間、この種の監視がテロを未然に防いだようには見えないが、一方で、全てのネットユーザーのプライバシーを効果的に剥(は)ぎ取ることに成功した。監視活動は経済的および国際的スパイ活動の手段として活用されてきたが、同盟国や支援団体もその対象とされてい る。[36] デジタル版大量監視が果たした主要な貢献は、すでに力を備えた連中——例えばビッグテックに成長したIT企業や政府——にさらに強大な権限を与え、一般市民から力を奪ったことである。

この陰鬱な歴史から我々が知っておくべきことは、まず監視社会が公の組織と私企業の官民両陣営の協働から生まれたものだということである。政府が企業にデータの収集を許可したのは、政府自らその情報を入手したかったからであり、データ経済が規制されずに好き勝手にできたのも、それが政府の権限強化の源泉となることが明らかになったからである。その代わりに、企業は政府の監視体制強化を支援した。例えば、AT&TはNSAの要請に基づき、米国内における自社の少なくとも17のインターネットハブに監視設備を設置しただけでなく、同社の顧客である国連本部のネット通信の全てを盗聴できる技術面からの支援を行なった*(37)。

監視資本主義の本質を物語る最適例は、官民に跨るベンチャーであるパランティール（Palantir）かもしれない。J・R・R・トールキンの『指輪物語』に登場する全てを知る水晶玉にちなんで名付けられたパランティールは、2004年にピーター・ティール**(38)が創業し、CIAが出資して諜報機関と協働する目的で作られた会社で、大量のデータの中から本質的で有用なものを見つけることを専門にしている、秘密主義で、謎に包まれた巨大なデータ分析会社である。

検索エンジンのような役割を果たすNSAのプログラム、XKEYSCOREの問題点の一つが、多すぎるデータ量であった。例えば、特定の時間にスカイプ通話をした全てのIPアドレスを検索した場合、ヒットする数が多すぎる事がある。自分のメールを調べる際のことを想像するとわかりやすいと思うが、得られる結果は世界中からのものになってしまう。それをNSAにとって処理しやすいよう手助けするのがパランティールである(39)。

* 全ての企業が大量監視に協力することに前向きではなかったものの、従わざるを得なかった。
** ピーター・ティールは、億万長者の起業家兼ベンチャーキャピタリストで、とてつもなく非リベラルな立場をとることで有名である。過去に「自由と民主主義は相容れないと考える」と書いている。彼が、自由は「より良い状況に到達するための前提条件」と考える以上、とても民主主義の支持者とは言えないだろう。

このような官民に跨る協働歩調は今も続いている。大半の国々は監視やハッキングを行なう手段を開発する技術を持っていないため、それらをサイバー武器等の製作業者から購入する。[40] そして、世界中の国々は、監視を行なうために大手ＩＴ企業を活用する。例えば、パランティール、アマゾンそしてマイクロソフトは、移民の監視、拘留、強制送還のために必要な技術支援をトランプ政権に提供してきた[41]——しかし、これらの政策は、多くの子どもを両親から引き離したとして、大きな論争を引き起こした。[42] アマゾンの新しい本部の一つがペンタゴン近くにあるのも偶然ではないだろう。彼らの密な関係を考えれば、政府による監視か私企業による監視かを区別する意味はなく、我々は両者に対応しなければならないのだ。

政府の監視だけを念頭に自分を守ろうとしても、私企業が私たちを監視し、その情報を政府にそのまま横流しする。２０１８年にジョン・ロバーツ米最高裁判所判事は、米政府が携帯電話の電波塔から得られる位置情報を令状なしに取得することは認められない旨の判決の多数意見書を書いた。彼の論拠は、「政府が特定の携帯電話の位置情報を取得した場合、それはあたかも携帯電話の利用者の足首に監視装置を装着しているようなもので、完全監視が実現し得るから」であった。この判決によってアメリカ国民は、９・11以降およそ20年ぶりにプライバシーを一部なりとも取り戻すことができた。しかし、監視経済社会の中では、情報を収集する手段は数限りなく多い。トランプ政権は、携帯電話会社にその保有する情報を提供するよう要請するのではなく、米国における数百万台の携帯電話の移動経路を地図上に表示する商業用データベースの利用権を購入した。このようなデータがデータブローカーによって売買されている現状では、その情報を取得するのに政府は令状など必要としない。

ということは、私企業に監視をアウトソースすることで、政府は最高裁の判決に抵触しない方法を見つけたのだ[43]。

一方、仮に私企業の監視から自分を守れたとしても、政府は自らが収集したデータを私企業に横流しするだろう。情報は双方向に流れているのだ。例えば、イギリスの国民保健サービス（ＮＨＳ）の数百万人分の患者のデータが製薬会社に売られていた[44]。巨大ＩＴ企業は、世界各国の政府に対し、スマホのアプリを通じてコロナウィルスのパンデミックに対処するよう提案するのが素早かった。９・11による監視強化社会以降に私たちが学んだ２つ目の教訓は、パンデミックへの対応の仕方である。危機（クライシス）は、市民の自由にとって大変危険である、ということだ。

危機が存続している限り、その対応についての賛否や根拠となる証拠、取り得る他の選択肢が十分に吟味、検証されることはない。極端な制約を課す政策の提案に対する僅（わず）かな抵抗や反論すらも、「人命第一」の一言で抑え込まれる。自らの行動が実は多くの救命に資するという確証がない限り、誰も人命救助の邪魔をしていると非難されたくはない。政府機関と企業は、権力掌握に躍起であり、不当に犠牲にされた市民の自由は、危機が去った後も、元通りの状態に戻る保証などない。パニック下で緊急導入された極端な政策は、危機が去っても長期に亘ってそのまま残ることが多い。

９・11のテロ攻撃後の合言葉は、非現実的な「もう二度と起こさせない」だった。十年以上に亘って真っ当な政策議論を歪めてきたのが、この単純で不条理なキャッチフレーズだった[45]。テロ攻撃を100％回避することなどできるわけがない。ゼロリスクを約束する政策など信用できるはずもない。それが保証される唯一の場所は、およそ地下２メートル、息絶えた後の話だ。生きることはリスクと隣り合わせで、上手に生きるということは、良い人生を送るために、妥協することなくリスクをうまく管理することに尽きる。世の中、生きていれば、非情なテロ攻撃に遭ったり、パンデミックが発生することもあるだろうし、発生し続けるだろう。それらを防ぐために自身の自由やプライバシーを放棄すれば平和な日常が実現する、と信じることはお伽話を信じるようなものだ。そのような甘い考えは、将来到来するであろう耐え難い大惨事の一つに、独裁政治体制を加えるようなものだ。皮肉なことに、独裁政治は私たちの意志で避け得る惨事の一つだが、その実現には自らの手で市民の自由を守り抜かなければならない。それには、自分の個人情報を保護することが不可欠だ。あまりにも危険回避行動を取り続けていると、逆説的だが、将来、より大きな危機に自らを追い込むことになる。

しかし、危機の真っ只中にいるときにプライバシーの価値の重要性を自覚することは難しい。命が危険に晒された時、最後に思い出すのが個人情報だ。テロや感染症の脅威は五感で感じることができるが、プライバシーの侵害は、五感では捉えられない。テロ攻撃は一瞬にして死体の山を築き、残された者に悲しみと警鐘を鳴らす。感染症はそれと比較すれば、例えば2020年のコロナウィルスの場合、感染して病院送りとなるまでに1~3週間を要した為、直ちに差し迫った恐怖は感じさせなかったが、時間の経過とともに増加した死亡者数は、社会全体に恐怖心を植え付けるには十分であった。プライバシーを失うことは、テロや感染症と同様に、文字通り様々な形でこれまで価値あるもの、大切に守ってきた生活を破壊してしまうことを意味する。ただ、その被害が具体化するまでにかなりの時間がかかるというだけのことなのだ。

データ収集が、私たちの肉体を切りつけたり、血だらけにするわけでも、肺を侵して呼吸困難を引き起こす訳でもない。しかし、データ収集は私たち個々人の生活や企業活動、そして社会に毒を撒き散らし、その結果が現れるまでに時間を要するだけなのだ。個人データは毒薬であり、それも徐々に効く毒薬なのだ。

プライバシーが如何に大切かを常に念頭に置いておけば、仮令(たとえ)危機の最中でも、自分の個人情報を適切に管理することができるだろう。

〈何が大切か、そしてなぜ大切なのかを忘れる愚〉

2010年にフェイスブックの創業者マーク・ザッカーバーグは、もはやプライバシーは守るべき「社会通念」ではなく、我々一般大衆がそれを超えたレベルにまで「進化発展」したのだという。そして「人々はより多くの様々な情報を一部の人と共有するだけでは飽き足らず、それを公然と不特定多数の人々と共有することを心地よく感じるようになり、それに慣れてしまったのだ」[46]と述べた。一方で、自宅を囲む4軒の家を買い占め、自分のプライバシーを守ろうとするその行動から察するに、彼の言葉は、本心ではないだろう。[47]加えて、フェイスブックの収入の全てが、私たちの個人情報を搾取の上、利活用したビジネスから得られたものであることを忘れてはならない。そして、ザッカーバーグがプライバシーはもはや死に体である、と宣言したその一ヶ月前、フェイスブックは、後に論争を引き起こすことになった自社プラットフォームのデフォルト（初期）設定を変更して、利用者がより多くの情報を互いに共有するよう強要していたのだ。[48]私たち自身がプライバシーはもはや時代遅れの過去の遺物である、と信じ込むことは、巨大ＩＴ企業にとって最も都合が良く、思う壺なのである。しかし、そうなってはならない。

過去の遺物とは、別の時代に存在したものを指し、もはや現代に通用しない廃れたもののことだ。私たちはしばしば、古い時代の物や社会通念、法律など、現代には通用しない、全く別の目的のために作られたものを受け継ぐことがある。中には単に面白いだけのものもある。例えば、私が以前在籍していたオックスフォード大学クライストチャーチ・カレッジでは、門番（ポーター）にだけ犬を飼うことを許可していた。1990年代に入ると、この時代遅れの規則を回避するために、学部長の犬が猫とされたのだ[49]。他にも、英国会議員は、国会議事堂内で鎧を身につけることは許されていない[50]。過去の遺物の全てがこのように笑えるものばかりでもなく、中には有害かつ致命的なものもある。

国には、それこそ数え切れないほどの法律や規則が存在し、その全てを把握することは容易ではない。仮令時代遅れで、もはや現代社会に適用するには古すぎる法律であっても、必ずしも無効とされ、廃止されているわけではない。このような過去の遺物の類の法律は、いかがわしい形で使われることもあるため、注意が必要だ。例えば、1845年に制定された世間で殆ど知られていないニューヨーク州の法律に、マスクを着用してはならない、というものがあったが、2011年に「オキュパイ・ウォールストリート（ウォール街を占拠せよ）」と抗議する者らを逮捕するために適用された。これは、ハロウィーンや感染症などの際にマスクを着用する人々が逮捕されないことと比べれば対照的である。

過去の遺物と化した法律や慣習は、不公平感を助長し、進歩を妨げるため、私たちにはこれらを廃止するに十二分な理由がある。だからこそ、ザッカーバーグの、プライバシーはもはや時代遅れの役に立たない廃れた通念になってしまった、と仄めかす発言は重大な意味を持っていた。以来、利用者に安心感を与えようとする一方、プライバシーをより重視する競合相手に遅れを取らないようにするために、ザッカーバーグは2019年に前言を翻し、「未来は個人の秘密が守られている世界だ」と述べ、言い回しを変えている。[51] しかし、その一ヶ月後、フェイスブックの弁護士は法廷で、利用者が同社のプラットフォームを使う行為そのものが、「プライバシーへの合理的な期待を放棄しており」それゆえ利用者は「プライバシーに関心すらない」と主張していた。[52] もしもザッカーバーグの言う通り、未来において個人の秘密が保障され、一方、同社の弁護士が述べたように同プラットフォーム上では利用者のプライバシー保護が期待できないという主張が正しければ、その論理的な帰結は、フェイスブックのない、従ってプライバシーは保護される未来の実現である。

ザッカーバーグが前言を翻したにも拘らず、未だにプライバシーが種々の発展、進歩の障害になっているとして、定期的に非難されている。2001年以降、プライバシーは、当局による市民の安全確保の妨げになっているとして、繰り返し非難されてきた。また、医療の面でも難題に直面している。個人情報に飢えた医者やIT企業が、プライバシーは個々人仕様に特化した医療・投薬の推進やビッグデータを活用した解析に対する妨げになっている、と主張しているのだ。

コロナウィルスによるパンデミックの間、コロナ拡散を抑え込むためにプライバシー保護基準をどの程度緩和するかが大きな議論となっていた。世界中の国々は、感染が疑われる人々を特定するために様々な接触アプリを活用した。各国の専門家は、自国のプライバシー規制に対する緩和策が、パンデミックなどの際にどこまで例外的に許容されるのかを調査研究した。Tony Blair Institute for

Global Change の報告書の中で、技術活用による監視の大幅な拡充は、「これらの感染症対策に十分な効果はないとしても」コロナウィルスに対処するためには、「必要な代償である」としている。[53]

廃れた規範をいつまでも引きずるのと同様に危険なのが、絶対守るべき規範を廃れたものと間違えることだ。プライバシーには長い歴史があり、これまで研究されてきた殆ど全ての社会には、何らかの形でプライバシーが存在した証拠が見つかっている。プライバシーはもはや死に体である、と主張する輩には、電子メールを見るためのパスワードを聞いてみるといいだろう。それ以上にもっと良い方法は、彼らがトイレに入っているときに、隣の間仕切りの上から顔を覗かせて声をかけてあげれば良い。驚くなかれ、プライバシーは間違いなく、まだ健在である。

プライバシーが様々な文化に根差しながら、長年に亘って存続し得たということは、逆に言えば、私たちがあまりにも当たり前に思っていたがために、その重要性を見失うリスクもはらんでいることを意味している。プライバシーから受ける恩恵は、これまであまりにも長い間、安定的に続いてきた為、それがどれほど大切で、また何故守るべきなのかを忘れてしまいがちなことである。似た現象に公衆衛生が挙げられる。もしも、感染症の拡大を成功裏に防止し、又は短期間に封じ込めることに成功した場合、次回また同じような感染症に見舞われた時、前回講じた対策を過小評価しがちになる。何故なら講じなかった場合に起こったかもしれない惨事を経験しなかったからである。プライバシーについても同様で、失って初めて気付く価値なのだ。ドイツが他国よりもプライバシーに敏感なのは偶然ではない。まだ、旧東ドイツの秘密警察シュタージの記憶が鮮明に残っているのだ。

オフラインのリアルな世界では、プライバシーが侵害されたと感じた時、大抵は私たちに容易に気付かせてくれる明白なサインが現れる。例えば、見られたくないと思った時に、誰かにじーっと凝視されると居心地が悪いと感じたり、日記が盗まれたりすれば、無くなった形跡が残るものだ。デジタル時代においては、プライバシーの重要性を思い起こさせるきっかけの大部分が私たちの五感から切り離されてしまった為、プライバシーの重要性に対する私たちの意識が薄れてしまった。仮令デジタル情報が盗まれたとしても、それは私たちの感覚に訴えかける痛みや目に見える痕跡を残さない。オンライン上でのプライバシーの侵害は、実害が発生した——例えばローンや保険の申し込みや就職を拒否された時、恥をかかされたり、ハラスメントを受けたり、国外退去を命じられたり、銀行口座からお金が消えたり、民主主義が侵害された——時に、初めてその痛みを感じるのだ。

続く2つの章では、おそらく私たちより、親や祖父母世代がよく理解していたであろう2つの重要な教訓について、すなわちプライバシーを守る戦いとは謂わば権力闘争であり、個人情報は致命的な毒薬なのだ、ということについて見ていくことにしよう。

第3章　プライバシーこそパワー

あなたが、自分の人生のマスターキーを持っていると仮定しよう。その鍵またはパスワードさえあれば、自宅の玄関や寝室の扉が開き、日記やパソコン、スマホ、車、金庫、健康履歴の全てにアクセスできる。それほど大切な鍵なのに、果たしてその複製をいくつも作って、あなたは見知らぬ人に配って歩くだろうか？　答えはおそらく「ノー」だろう。それなら、何故あなたは自分の個人情報を聞き出そうとする連中に、それを進んで提供してしまうのだろうか？

プライバシーとは、あなたをあなたたらしめているあなたの本質、即ち最も個人的な内面を晒け出すことを容認する鍵のようなものだ。プライバシーとは丸裸のあなたのことで、あなたのこれまでの性遍歴や夢想、過去や現在、そして将来罹る可能性のある病気、恐怖や失ったものや失敗談、そして人生で犯した最大のミスに加え、失言や見解・意見、欠点や過ち、トラウマ、人生最大の恥辱の瞬間、知られたくない家族関係、酔い潰れた夜など、全てを包含している。

あなたを愛する人にあなたのプライバシーを打ち明けたなら、その人との間には親密さが増し、その人はあなたにとってきっと好ましい形でそれを使ってくれるに違いない。誰かと親密になるということは、あなたと苦楽を共にし、あなたを傷つける権利を与え、それを手にした人が、親密さゆえに与えられた特権的立場を濫用しないと信じている証しなのだ。あなたを愛している人なら、あなたの誕生日の情報を、サプライズの誕生会開催のために活用したり、あなたにぴったりのプレゼントを選ぶためにあなたの好みを覚えておいてくれることもあるだろう。また、あなたに嫌な想いをさせないために、あなたの怖がるものに触れないように配慮するだろう。

しかし、残念ながら全ての人があなたのことを好意的に想って、あなたのプライバシーを活用してくれるわけではない。詐欺師は、あなたになりすまして犯罪を犯すためにあなたの生年月日を使うかもしれない。企業なら、あなたの好みを活用してあなたを損な取引に誘い込もうとするだろう。あなたにとって危険な連中は、あなたの潜在的恐怖心を煽って脅したりゆすったりするだろう。あなたの為に最善を尽くしたいと心から想わない連中は、自らの目的追求のためにあなたの個人情報を利用するだろうし、あなたが関わる大半の人や企業は、あなたのことを最優先に考えてはいない。プライバシーを失うということは、あなたに対する支配力を他人に与えることになる。だからこそ、プライバシーは守らなければならないのだ。

一方で、自分は隠すことなど何もない、怖いものなどない、と考えるかもしれないが、現実にはそのような人はほとんどいない。もっともあなたが個人情報盗用の被害に遭ったり、差別を受けたり、失職したり、公共の場で恥をかかされたり、全体主義体制下や他の不運に見舞われて苦しんでいることと等を大っぴらに宣伝したいマゾキストなら別だが。ともかく、普通の人なら、他人に知られたくないことや怖いことは沢山あり、その証拠に、貴方はパスワードを不特定多数の人に開示したり、合鍵を作って渡そうとはしない。

あなたは、自分を取るに足らない、誰の興味も惹かない普通の人間だから自分のプライバシーは安全である、と考えるかもしれない。しかし、卑下して自分を過小評価してはいけない。もしあなたが重要な人間でないのなら、企業や政府が多大の労力を費やしてまであなたを監視したりはしないはずだ。

あなたの関心事には人々を惹きつけるパワーがあり、多くの人がそれ欲しさに日々闘いを繰り広げている[1]。ＩＴ技術者は皆、自分の開発したアプリやプラットフォーム、広告に注目して欲しいのだ。彼らは、あなたが家族との大切な時間や貴重な睡眠時間を削ることになっても、あなたの注目を惹くためにあなたのことをもっと知りたいと考えている[2]。沢山ではないかもしれないが、あなたはお金を持っている。企業はあなたの収入を自分たちの商品購入に使って欲しいと考え、常に強奪することを考えているハッカーは、あなたの秘密の個人情報やイメージを手に入れようと狙っている[3]。保険会社も、収益を上げる為にリスクの少ない被保険者を探しており、その審査の為にあなたの個人情報を必要としている[4]。そして、例えばあなたが社会人であるなら、雇用者は、あなたが権利の主張に熱心な人なのか等、その全てを知りたいと考えるだろう[5]。

あなたには肉体がある。官民揃（そろ）ってあなたの身体の健康状態について、もっと多くのことを知り、実験し、さらに似た体質の人についても研究したいと思っているはずだ。あなたにはあなただけの個性がある。犯罪者はその個性を使ってあなたになりすまし、あなたにお金を支払わせたいと思っている[6]。あなたにはあなたの人間関係があり、あなたを中心とした一つのネットワークを構築している。あなたは誰かの子どもであり、誰かの隣人であり、誰かの師であり、弁護士、いや散髪屋かもしれない。あなたを通して誰かに連絡がつくのだ。だからこそ、アプリはあなたに、そしてあなたの連絡先へのアクセスを要求するのだ。あなたには影響力がある。様々なエージェントがＳＮＳ上だけにとどまらない広範囲に及ぶ自分たちの代弁者としてあなたを活用したいのだ。そして、あなたには投票権がある。国内外の様々な勢力が、自分たちの利権を守る候補者に投票してもらおうと躍起になっている。このように、あなたはとてつもなく重要な人物であり、力（パワー）を有する存在なのだ。

　ここまでくれば、大抵の人は自分の個人情報が十分な経済価値を持っていることに気付くだろう。しかし、あなたの個人情報は単に売買できるから価値がある、というものではない。例えば、フェイスブックはただ単に個人情報を売っているわけではない[7]。それはグーグルも同様だ[8]。彼らは、あなたに影響力を行使できる力（パワー）を第三者に売っている。彼らが個人情報を蓄積している理由は、あなたが広告を見るよう仕向けるパワーを、又あなたの行動を予測し得るパワーを第三者に売っているのだ。グーグルもフェイスブックも、データビジネスに関与しているように見えるのはうわべだけで、実際にはパワービジネスを展開している。金銭的な利益もさることながら、個人情報はそれを収集・分析する者にパワー（力）を与える。だからこそ、皆がパワーを渇望（かつぼう）するのだ。

〈パワー〉

　お金以上に重要なのが力、すなわちパワーである。それさえあれば、何でも、いや全てが手に入る。パワーさえあれば、お金が手に入るだけでなく、もはや怖いものは何もない。十分なパワーがあれば、法律の上に君臨することさえ可能なのだ。

実はパワーには2つの側面がある。1つ目が、哲学者レイナー・フォーストの定義で、「B一人では思いつかなかったこと、行動しなかったことを、Aの影響力でBに考えさせ、行動させること」とある。[9]影響力のある人達や企業ならば、あなたを彼らの思い通りに考えさせたり行動させたりできるが、その手法が多岐に亘っている。それは時には、心揺さぶられるスピーチだったり、お勧めだったり、理想的な世界の物語だったり、誘惑や現実味のある脅しだったりする。デジタルの世界でもパワーを行使する手法は多岐に亘るが、中でもアルゴリズム、アプリ、広告、フェイクニュース、フェイクグループや偽アカウントの活用など、私たちの直面する様々な課題にIT技術がさも唯一の解決策であるかのような話を作り上げては、それを繰り返し刷り込む手法が使われている。これをソフト・パワーと呼ぶことにしよう。

フォーストは、物理的力ずくの実力行使や暴力は、その対象者が何らかの被害を受けるだけで、被害者は何も「行動しない」ので、パワーの行使には当たらないと主張するが、私はこれには賛成できない。物理的力ずくの実力行使は、明らかにパワーの行使である。私たちを暴力で従わせようとする者をパワーを持たない者と捉えるのは、直感に反し常識的に無理があろう。国民を弾圧する軍隊やあなたを絞め殺そうとする悪党・暴漢を想像すれば分かりやすい。社会学を創設した一人マックス・ウェーバーは、この2つ目の側面を、人や企業が「抵抗に遭っても自身の意志を押し通す力」と表現している。[10]これをハード・パワーと呼ぶことにしよう。

要約すれば、パワーを持つ人や企業というのは、その影響力がなければ取らなかったであろう行動や思考を私たちに取らせるよう誘導できるのだ。それに失敗すれば、次に実力行使が待っている。彼らは、我々が自分からは取らない行動を我々にやらせることができる。

パワーには、経済的、政治的、軍事的なものなど、種々ある。しかし、パワーは一つの形から別の形へと姿を変えるエネルギーのようなものに例えた方が理解しやすいだろう[11]。例えば、経済的影響力を有する企業は、その潤沢な資金を活用してロビー活動を行ない、政治的パワーを獲得し得るし、政治的パワーを持つ個人ならば、その政治力を駆使して民間企業と融通を利かせ合いながら儲けることも可能だろう。

フェイスブックやグーグルのような巨大IT企業が強大な力を有していることは、もはや誰でも知っている。しかし、プライバシーとパワーの相関関係を掘り下げて見ていけば、如何に企業がデジタル時代においてパワーを蓄積、行使し、そして変容させてきているのかをよりよく理解できるだろう。同時にその理解を元に、プライバシー侵害から始まったこの種の支配に歯止めをかけ、より効果的にそれに対抗するための手段を我々も手にすることが可能になる。そこで、企業がデジタル時代にどのようにしてパワーの蓄積と行使を行なってきたかを十分に理解する為に、まずパワーと知識の関係を分析していくことにしよう。

〈パワーと知識（情報）〉

パワーと知識（情報）は、切っても切れない関係にある。少なくとも知識はパワーを獲得するための手段といえよう。英哲学者で政治家だったフランシス・ベーコンも、知識それ自体がパワーであることを理解していた。その3世紀以上後に、仏思想史家のミシェル・フーコーが、それよりさらに踏み込んで、知識がパワーを生み出すのと同じく、パワーが知識を生み出す、と主張した。[12] 知ること自体がパワーを生み、パワーが知識の源となる。パワーが知識を創り出し、何を知識と見做すべきかを決める。グーグルは、あなたを含めた個人の情報を収集し、その詳細を把握分析する中で、より大きなパワーを獲得してきた。そのパワーを使ってあなたにとって何が必要な知識と見做されるべきかを、収集したあなたの個人情報を基に決定することができるようになってきている。逆に、私たちが自らのプライバシーを守れれば、私たちの情報を私たちにとって不利益になるよう利用する者が強大になることを阻止できるようになる。それが私たちのパワーを強化し、それを以って何が必要な知識とされるべきかについての決定権を取り戻すことができるようになる。

誰かが私たちのことをより詳しく知れば知る程、それだけ私たちの一挙手一投足を予測出来、影響力も行使しやすくなる。私たちが、パワーについての理解を深めることになったフーコーの最大の功績の一つは、パワーが人間に対して影響力を行使するだけでなく、従属する管理されたい人間を生み出している、という鋭い洞察である。[13] パワーは特定の思考法を構築し、感受性を変質させ、社会との関わり方や生き方をも変えてしまう。その延長線上にあるのが、政治社会学者スティーヴン・ルークスの主張する、パワーは、国民が自分に不利に作用する状況を求める社会システムをも作り出すことが出来る、というものだ。[14]

人々の欲求や望み自体がパワーの行使された結果であることも多く、それが目に見えない手段によればよるほど、その影響も大きい。例えば、ドーパミンが如何に人々を特定のアプリに依存するよう仕向けるか、という研究をIT企業が活用して、人々の嗜好を操作しているケースがある。ドーパミンは、自分の欲求が満たされた充足感を再度味わいたいと、同様の行動を促す作用のある脳神経伝達物質である。ＩＴ企業は、不規則に報奨を与える技術（だからこそスロットマシンは依存性が高い）を用い、又できるだけ長く自社プラットフォーム上に留まらせ、時間を費やしてもらえるよう派手な色使いなどの技術も駆使してあなたの気を惹こうとしている。ＳＮＳ上の投稿への「いいね」やコメントも「多少なりともドーパミン刺激をあなたに与えている」[15]。あなたが習慣的に毎日のように使わずにはいられないと思うアプリは、そのアプリをどうしても使いたいとか、価値があると考えているからではない。例えば、誰しもが朝目覚めた時、「よし、今日はフェイスブックが提供する延々と続くニュース一覧に、頭を使わない3時間を費やすぞ」と考えるわけではない。あなたのその行動は、ＩＴ企業のパワーによってその気にさせられたもの故、その意味では、あなた自身の意思では全くない。他にも例を挙げれば、政治活動家は、自分たちに都合の良い投票行動を取るよう誘導する広告をあなたに見せる為にあなたの信念や感情、考え方を調査しているのだ。

知識・情報から得たパワー及びパワーによって定義された知識を得た場合で、二者の間で知識の格差（非対称性）が存在する時には、情報を有する側に特に支配力が圧倒的に増すことになろう。例えば、フェイスブックがあなたの全てを知っているにも拘らず、あなたがフェイスブックのことを何も知らない場合、互いのことを同程度知っている場合に比べて、フェイスブックはより強大なパワーをあなたに対して持つことになる。これ以上にまずい状況は、例えばフェイスブックがあなたの全てを知りながら、あなた自身はフェイスブックが自分のことを何も知らないと思っているか、もしくは、自分のどのような情報を把握されているのかを知らない場合、その情報の格差は、更に大きくなる。

あなたは無自覚のうちに幾重にも何も知らない、知らされない状況に陥れられる。

誰かの個人情報を知り得た結果獲得したパワーは、特別なパワーであり、それを有する者はそれを経済的、政治的そして種々のパワーとして濫用する可能性をはらんでいる。

〈デジタル時代のパワーとは〉

デジタル時代において、個人のデータを基に予測を立て、影響力を行使するパワーは、まさしく魔法のようなパワーと言えるだろう。

政府は、かつてないほど国民のことを詳しく把握している。例えばシュタージ〔旧東ドイツの秘密警察〕は、東ドイツの全人口のあらゆる情報の把握を目指していたが、それは叶わず、人口のおよそ3分の1についての情報ファイルを作成するにとどまった。[16] 今日の諜報機関は、全人口の殆どの情報を把握している。まず以って、相当数の人がソーシャルネットワーク上でプライベートな情報を自主的に発信している。映画監督ローラ・ポイトラスの言葉を借りれば、「フェイスブックは諜報機関への贈り物である」。[17] とりわけ、そのような情報は政府に抗議デモを予測させ、対処すること並びに、機先を制して彼らを逮捕する可能性を与えることになる。[18] 組織的なレジスタンス運動を事前に察知し、それを絶妙なタイミングで潰すことは、独裁者の最も望むところである。

IT企業のパワーの源は、我々のデータを独占的に管理することに加え、個人の一挙手一投足を予測する力を持つことで成り立ち、その結果、彼らは個人に対して影響力を行使する機会を手に入れ、更にその影響力を、政府を含めた第三者に売ることまでも可能にしている。

知らぬ間に忍び寄り影響力を増大した巨大ＩＴ企業のこのような手口が、独占禁止法の番人である公正取引委員会のレーダーに引っかからなかったことは、大きな驚きである。我々は今まで企業のパワーを、利用者に請求する金額の多寡から判断してきたが、実は巨大ＩＴ企業のパワーは、我々に対価として請求する金額ではなく、我々の個人情報から得られる利用価値なのである。多くの場合、伝統的に公正取引委員会が規制対象として注目してきた企業とは、顧客を失うことなく価格を引き上げることができる企業であるかどうか、という基準であった。グーグルやフェイスブックの場合、「タダ」のサービスを提供しているので、この基準には当てはまらず、公正取引委員会のレーダーに引っかからない。しかし、伝来の方法で白黒をつけるには、もっと一般的な原理原則から判断する必要があろう。つまり、企業が顧客に不利益を与える場合（公正な価格よりも高い値段、データの濫用、セキュリティの不備、その他の侵害的な条件等）でも顧客を失うことなく事業を継続できるのであれば、その状態は独占状態である、と言えるのではないだろうか。

広告を通じて収益の大半を稼ぐ企業は、私たちのデータをいわば外敵の侵入を阻む堀のように活用してきた。即ち、私たちのデータはＩＴ巨人に、彼らに戦いを挑む他業種からの新規参入をほぼ不可能にする程の競争優位性を与えているのだ。[19] 例えば、グーグルの検索エンジンは、そのアルゴリズムの参照可能なデータ量が競争相手よりも豊富なため、その意味では最高のものである。加えて、その豊富なデータを使って、グーグルは競争相手からの挑戦を退け、自身のアルゴリズムをより改良するだけに留まらず、あなたを夜更かしさせるものは何か、そしてあなたの最も欲しいものや次に何をするつもりか、何に悩み決断しかねているのかなどを知り得ることとなり、その上、彼らはその情報をあなたに広告を打ちたいハゲタカ企業に密かに渡している。

データのハゲタカは、次に議論していくパワーの表裏とも言える2つの側面を硬軟織り交ぜながら信じられない程巧妙に使い分けている。即ち、私たちに個人情報を自然な形で提供するよう巧妙に仕向け、私たちが抵抗した場合には、上手く盗み出すのだ。

〈IT巨人のハードパワー〉

IT巨人のハードパワーとは、私たちが抵抗してもデータを強制的に取り上げることを指す。例えば、グーグルに位置情報を保存しないようあなたが指示したとしても、グーグルはそれを保存している。2018年にAP通信の調査によって明らかになったのは、利用者が位置情報の履歴の設定をオフにしていたにも拘らず、グーグルは全ての位置履歴を保存していた。グーグルの当該設定に関するサポートページには、「いつでも位置履歴をオフに変更できる。位置履歴がオフの状態では、以後あなたの訪れる場所の位置情報は保存されない」とある。しかし、それは嘘だった。例えば、あなたがグーグルマップのアプリを開いた瞬間、位置履歴の設定がオフになっていたとしても、アプリが経緯度情報のスナップショットを自動的に保存していた。また、位置情報とは無関係の、例えば「チョコチップクッキー」などと検索をした場合でも、あなたのグーグルアカウントにその時点の位置情報が記録されていた。位置情報を完全に無効化するには、位置情報とは無関係に見える「ウェブとアプリのアクティビティ」という見つけにくい設定をオフにしなければならない。しかし、当然ながらこのデフォルト（初期）設定はオンになっており、グーグルのアプリやウェブサイトの情報はあなたのアカウントに保存されていた[20]。

ＩＴ巨人のハードパワーは、時にはソフトパワーと混同されることもある。それは戦車や力技のように暴力的なものではないからだろうが、あなたの「ノー」に対して有無を言わせず強制してくるものは、ハードパワー以外の何ものでもなく、強引な手法による私たちの権利の侵害なのである。

ＩＴ企業が個人のデータを同意もなしに得ていたという事実は、そのハードパワーが当初から存在していたことを物語っているが、今やその手法は曖昧で消極的なものから、明らかに権威主義的になってきている。その好例が中国である。中国政府はＩＴ企業と協働しながら、何年もかけてソーシャル・クレジット（社会信用システム）という制度を設計・改良し続けている。この制度は、信用力という評価基準を作り、それをビッグデータを活用しながら社会生活のあらゆる場面に適用しようとするものだ。全市民のあらゆる情報が、その人の信用力の評価手段として使用され、「良い」行ないにはポイントが加算され、「悪い」行ないは減点されるシステムである。オムツを買えばポイントがもらえる一方、ビデオゲームで遊んだり、お酒を購入する行為、または「フェイクニュース」を拡散する行為は減点対象となる。

全体主義社会における特徴とは、パワーが社会生活のあらゆる面まで支配していることである。その意味ではパワーが「全て」なのである。リベラルな民主主義社会においては、（それが最も健全に機能している場合には）特定の小さな違法行為によって、社会生活の全てを台無しにするような罰則を受けることはない。例えば音楽を大音量でかけた場合、隣近所に嫌われたり、警察が来て音量を下げるよう要請されるかもしれないが、（お隣さんが上司や銀行家だったりすれば話は別だが）それが原因で仕事に影響したり、金融クレジットのスコアが下がることはない。しかし、中国では、大音量で音楽をかける行為や交通規則を無視した道路横断などの違反行為、またビデオゲームでズルをするとスコアが減らされ、社会生活に関わる様々な分野で得点に応じてできないことが増える可能性がある。

高得点の人は時には公に表彰されるだけでなく、順番待ちの時間が短かったり、ホテル代や公共料金、ローンの金利・金額など様々な商品やサービス料の割引を受けられる特権を享受できる。加えて、車を借りるときに前金が不要だったり、縁結びサイトなどでネット上の優先度がアップするなどメリットが供されている。その一方で得点が低い人は、公に屈辱を加えられたり、就職、ローンの申し込み、不動産購入が難しかったり、時には不可能であったりする。又、高級ホテルや飛行機、電車を使う場合、要注意人物としてマークされ、利用を拒否されることもある。

中国は2018年に「極端にスコアの低い者」169人の名前と悪行を公表した。その中には、空港のセキュリティチェックをライターを持って通過しようとしたとか、高速鉄道でタバコを吸った等まで含まれていた[21]。このポイント制の規約によれば、「信用できる人はどこへでも自由に移動できる一方、信用できない人は勝手に行動することを一歩たりとも困難にする」ことを目指している[22]。中国政府は2019年6月末までに、2700万人に対し航空券の購入、そしておよそ600万人に対し高速鉄道の利用を禁じた[23]。また、コロナウィルスのパンデミックの最中、中国政府は隔離政策に従わせるために、監視カメラを人々の自宅内や玄関に強制的に設置するまでの強硬手段に出た[24]。

中国の社会規律遵守システムに関する西洋人の批判に対するよくある反論は、西洋でも同じように人々に点数をつけており、その結果、罰則を受けている人がいる、西洋の社会信用システムは中国に比べて曖昧模糊としているだけである、などがある。このような反論は、ある程度正しい。私たち自身、自分の社会信用力の点数がどのように算出され、活用されているのか、全く自覚すらしていない。他にも点数化されている分野はあるが、殆どの人はその存在すら知らない。例えば、あなたには消費者として、点数が秘密裡に付けられており、それに応じて企業に電話をかけたときに何分待たされるか、商品の返品を認められるか、どのような質のサービスを受けられるのか、等が決められている。消費者として点数をつけられないようにする術はなく、好むと好まざるとにかかわらず、それは避けられないものとなっている。

カシミール・ヒル記者は、消費者に評価点をつける米国の格付け会社Siftに対し、自分のファイルの開示を要求した。彼女のファイルは、数年に亘るイェルプ（Yelp）経由の配達の注文履歴、エアビーアンドビー（Airbnb）上で送信したメッセージ、使用するデバイスの詳細な情報等々400ページに及んでいた。Siftは彼女の要請に応じて自社で保有していた彼女の個人情報を開示したものの、そのデータをどのように分析して彼女の消費者スコアを算出したのか、またそのスコアで彼女の生活にどのような影響を及ぼしたのかなどについての説明は行なわなかった[25]。

秘密裡かつ不明瞭なスコアリングシステムは受け入れることはできない。自分の人生に影響を与えることになる規則なら、一市民としてその内容を知る権利がある。そうは言っても一般的に西欧の方が、管理（ガバナンス）面での弱点を抱えているとはいえ（それを改善するために闘っていかなければならないが）、中国と比較して、より高い自由度と透明性に恵まれている。従って、自分を含めた我々の認識不足や失敗を教訓としつつ、我々の周りに溢れるハードパワーの拡張に歯止めを掛けていこうではないか。

ＩＴ企業がハードパワーを行使するもう一つの手段に、我々の日常生活上のルールを作り、それを破らせないようにすることがある。これまでのルールは文字で書かれたものだったが、最近では記号（コード）化され、コンピュータを介して自動的に強制力を持って適用される。[26] バスやタクシーの専用レーンを自由に走り、見つかったら罰金を払う危険を冒す現状とは異なり、将来の車は、走行不可とされたところを走ること自体がそもそも拒否されるような設定になるだろう。[27]

自由な社会では、法律と実際の取り締まり対象となる行為の間に、ある程度の自由裁量の幅がある。うまく機能している社会では、人々は大概、大方のルールに従うことを良しとするため、時々は小さな違反なら見逃してもらえる。[28] 一定程度の自由裁量を認めることで、例えば急病人を病院に搬送するためにやむなくバスレーンを走行するなど、ルール化できない例外行為に幅を持たせられる。また、時代遅れのルールが廃止されるまで、それを無視する自由裁量も与えてくれる。しかし、ＩＴ技術を背景とした法執行は、一切の例外も許さない。官民における記号化された細かい規則や規約の下での生活を強いられるなら、このようなＩＴ技術を用いたハードパワーによって、我々は想像し難いほどの自由を奪われることになる。

しかし、ＩＴ企業は私たちに影響力を行使するためにハードパワーのみを用いている訳ではない。彼らはソフトパワーも活用する天才でもある。

〈ＩＴ企業のソフトパワー〉

ある意味でソフトパワーの方がハードパワーよりも強制力がなさそうな点では受け入れやすい面がある。それは抑圧的でないように感じられるものの、ハードパワーと同様に権力者が欲するものを獲得するには十分な効果を発揮し、加えてあなたのためと装いながら、実は他者の利益になるようあなたの行動に影響を与える点で、人を操る（マニピュレーション）効果的な手段でもある。即ち、私たちは自らの意志に反する方向に操られ、ソフトパワーの影響下では、自分の利益を損なう行動を取らされることもある。

巧みに我々を誘導するソフトパワーは、我々自らが犠牲を払うよう仕向ける。[29] ニュース一覧を見ながら画面をスクロールしているのはあなたの指であり、あなたは自らの貴重な時間を浪費した上で、頭痛の種を招いている。もちろん、フェイスブック等の企業が自社のプラットフォーム上でスワイプして時間を過ごしていないと大切な機会を失うよ、と説得し続けない限り、あなたがそれに釘付けになることはないだろうが、その誘惑に抵抗しようとすると、あなたの為にならない情報を使ってでも、あなたの気を惹こうと他のＩＴ軍団までもが躍起になって食らいついてくる。

ポイントカードは、ソフトパワーの一つの好例である。地元のスーパーでポイントカードを作りませんか、と聞かれたら、それはその企業にあなたの行動を監視させる機会を与え、普段なら買わない商品を割引などの特典を提供して購入するよう、さり気なく説得してあなたの行動に影響を与えることに同意するよう勧誘されていることなのだ。そしてもっとその気にさせる巧妙なソフトパワーがある。ＩＴ企業は、ユーチューブのビデオに夢中にさせることから始まって、頭を使わないゲームをやらせたり、スマホを一日に何百回も確認させたり、と今までなら取らなかった行動を我々に取らせるよう誘惑している。「人参」に誘われて、このデジタル時代の我々は、人生を必ずしも豊かにはしない新しい生き方に引きずり込まれている。

このように、ソフトパワーの行使を計画的に行なっていることに加えて、IT企業のパワーの大部分は、彼らが作り上げた物語、即ち我々の個人データに対する価値観を否定し、彼らの一方的な主張を都合よく我々に信じ込ませる物語にある。データ経済は、人々の考え方を一定方向に誘導し、企業の主張を信じ込ませることに成功したと言える。即ち、その本質は、あなたにやましいことがなければ、IT企業があなたのデータを保有することに異論を唱える理由はない、というものである。グーグルの当時のCEOエリック・シュミットがあるインタビューで、利用者はグーグルを「信頼できる友人」として情報を共有すべきか、と問われた際、「誰にも知られたくない秘密があるなら、初めからそのような行為自体を行なうべきでないのでは?」と回答したことは有名な話である[30](この話ほど有名ではないものに、彼がグーグルに対して、同社が保有する検索候補一覧から彼に関する情報の一部を削除するよう要請したことがあったが、その要請は拒否された[31]。IT企業の連中は、自分たちのプライバシーは守るのに、他者のそれは守らないというパターンが見えてこないだろうか?)。

シュミットがしようとしたのは、プライバシーについて真面目に心配している人々を貶めることだった。彼の発言からは、プライバシーが心配な人は、何か隠し事があり、隠し通したい何か悪いことをしたはずだ、というニュアンスが伝わってくる。しかし、そもそもプライバシーとは、深刻な悪事を隠すことではない[32]。逆に、泥棒などの犯罪者から自分を守ることなのだ。そして権力を持つ者に制限を加え、私たちの個人情報を利用してより強大な権力を掌握できないようにすることなのだ。

企業はデジタル技術が発展する為には、個人情報の商品化が「必要」であり、それこそが進歩なのだ、と人々に思い込ませようと躍起になっている（仮令それが、時には大幅な社会的・政治的進歩に逆行するように見えたとしても）[33]。もっと重要なのは、企業が市場にもたらすイノベーションは、「避けて通れない」ものであると我々に信じ込ませたい[34]。そして、それこそが技術の進歩であり、止められない流れなのだ、と。

技術進歩の必要性と、それは避けられないもの、という筋書きは、独善的で大衆を騙そうとする欺瞞に満ちている。パワーは、それを維持し、持続させるのに都合の良い情報や筋書き、合理性を上手く作り上げる[35]。IT企業は、技術が有用且つ必須のものとして話を作ってきたが、過去数十年を振り返れば、その技術が世の中を改善したとは言い難いものも含まれ、かえって性差別や人種差別を永続させる結果ともなっている[36]。

グーグル翻訳が、ニュース記事をスペイン語から英語に翻訳すると、大抵「彼女」は「彼」に変換される。アルゴリズム（コンピュータプログラムにおいて計算や問題に対する解を導き出すための手順・計算方法）には、これまで変換を行なう際に、医者やコンピュータプログラマーなら「男性」、看護師や主婦／主夫なら「女性」、という具合に性差別主義的な類推を行なうことがよく知られていた[37]。映像のアルゴリズムでは、白人の花嫁の写真には「花嫁」、「女性」、「結婚式」などのキーワードを表示する一方、北インドの花嫁のそれは、「パフォーマンスアート」、「コスチューム」などとラベリングする。世界銀行もシリコンバレーが所得格差を助長していると警告している[38]。これらのトレンドは進歩革新的と呼ぶには程遠く、社会や政治を後退させる技術については、積極的に奨励すべきではない。技術開発の全てが進歩的ではないことを念頭に置くべきだろう。

さらに、如何なる技術革新も避けては通れない、ということはない。例えば歴史上、その自然な流れからしてガソリン車の登場が必然だった根拠はない。米国で膨大な石油埋蔵量が発見されていなければ、そしてヘンリー・フォードが安価なTモデルを生み出していなければ、電気自動車の方がガソリン車よりも人気が出て普及していたかも知れない[39]。又、数十年前から空飛ぶ車が話題になっているが、実現し得ないかも知れない。ある技術が登場し、その後発展して市場で日の目を見るかどうかは、価格、実現可能性や我々の選択等、いくつもの変動要因によって変わってくる。技術発展の歴史を振り返れば、見捨てられたガラクタ同然の技術で満載なのだ。

2013年に登場したグーグルグラス（Google Glass）を覚えているだろうか？　ビデオカメラがついた極小のコンピュータを搭載した試作品（プロトタイプ）のメガネで、2014年5月から一般向けに販売が開始され、マスコミが大々的に宣伝した商品の一つだった。『タイム』誌は「その年に生み出された最も優秀な発明」と評し、名だたる有名人がそのメガネを試した。『ザ・ニューヨーカー』はこれを題材に長い記事を掲載し、ホームコメディのアニメシリーズの『ザ・シンプソンズ』もグーグルグラスを中心話題にした特番を組んだが、主人公のホーマーはこれを「ウーグル・ゴーグル」〔Oogle はいやらしい目つきでジロジロ見る〕と呼んで揶揄した。から騒ぎだけ残して、2015年1月までに当該商品は市場から消えた[40]（しかし、グーグルは敗北を認めずに、グラスは社内の一部門から他部門へ「格上げ」になったと強がった）。

グーグルグラスが完全な失敗に終わったのには、少なくとも2つの要因があった。まず、見た目のデザインが悪すぎた。そして、より重要な2つ目の理由は、人々を不快な気分にさせるものだったからだ。そのメガネをかけている人を見かける前から、バーや映画館、カジノをはじめとする施設からは、着用しての入場が禁止された。周囲を録画することに嫌悪感を持つ人々から総スカンを食らった格好だ。[41]その逆風の中でもこの商品を試した数少ない人たちは、この不自然な人工物を受け入れられない大衆の心理を代弁する「グラス野郎（Glassholes〔Glass メガネとバカ asshole の合成語〕）」と呼ばれ、馬鹿にされた。

グーグルグラスが売れなかったのは、一般大衆に嫌悪されたからだが、グーグルは執拗だった。2017年に今度は仕様を変えて企業を対象に、製造業などの労働者向けにこのプロジェクトを再始動させた。グーグルや他のIT企業群が2013年以降、一貫して意図的に我々のプライバシーを徐々に侵害し、同時に彼らの侵害からプライバシーを守ろうと抵抗する我々の動きを確実にひとつひとつ封じ込めてきたことを考えれば、近い将来、グラスを一般向けにまた導入しようとしても驚くことではない。しかし、忘れてはならないのは、他の社会的慣習同様、技術の進歩およびその成功は、我々の協力があってこそ達成できるということだ。従ってIT企業にとってのパワーの究極の源は、我々なのである。

技術の進歩は、引力の発見や生物の進化のような自然現象とは全く異なるものである。技術革新は我々に受身的に起こるのではなく、我々がそれを生み出すのだ。[42]例えばグーグルグラスという商品が、自らを考案発明し、市場を生み出して自分を売り込むことはない。突然変異のように、たまたま、そして突然起きる現象でもない[43]。技術革新の内容が我々の価値観に合い、我々自身の幸せに資するかどうかの判断は我々が行なう。技術的な変化は常に起るので、技術の進歩は避けられないという言い方は、まことしやかに聞こえる。しかし、「特定の」技術が必然ということでもなければ、技術変化が常に進歩を意味するとも限らない。新技術が発明されたとしても、それらをどのように利活用し、規制するのかは我々が行なう。

IT企業の賛同は得られないだろうが、技術進歩のもたらす悪影響がそのプラスの影響を上回る場合には、その技術開発は止めなければならないし、止めることができるはずである。特に今、我々が問題視しているプライバシーに関して言えば、IT企業は儲ける為だけに個人情報を商品化しており、より良い製品作りに活かしていないだけでなく、データの蓄積・囲い込みを自らのパワーを強化する手段として使っている。IT企業の果たすべき役割は、人々の幸福に貢献するオンラインの世界を設計構築することだが、それをしない彼らによるデータの収集および活用法に、我々は異議を申し立て、拒否する十分な理由がある。

その理由の中には、企業などが我々の個人的、社会的自主性や自治権を尊重していないことがある[44]。より強権的なパワーの側面がここに顔を出す。デジタル時代の到来後これまでのところ、企業が個人データを当人の同意なく無節操に、そしてお咎めなしにいつでも好き勝手に利用し、我々を彼らの意のままに操ることが常態化してきた。このような行動は、オフラインの世界では、窃盗罪および強要罪に該当するが、IT企業の主張がまかり通るオンラインの世界では不問に付されており、そのパワーの大きさが窺(うかが)い知れるというものだ。

もしも、Gmailや他のアプリ開発会社が個人のメールを精読するのと同じように、郵便局員が郵便物の中身を読んだなら、彼らは監獄行きだ。[45] リアルタイムの位置情報の把握は、かつては有罪判決を受けた囚人のみに対して実施されてきたが、今や皆が持ち歩くスマホによって普通に行なわれている。[46] これまでＩＴ企業による技術の悪用（バッドテック）が処罰を免れてきた理由は、彼らがその受け入れられる説明を見つけたからである。技術の悪用は、個人データの利己的利活用であり、我々の意識を乗っ取り、民主主義を破壊する。しかし、そのやり口を「ユーザー体験の最適化」という言葉で、さも利用者の為になる素晴らしいもののように装う。「個人仕様」という表現は、特別なＶＩＰ扱いのように聞こえるが、それが個人の思考を操り弄ぶために開発された技術を指すと知れば、誰しも夢から覚めるだろう。

　ＩＴ企業は、私たちを取り巻くデジタル環境にその機能に応じた直截的な名前をつける代わりに、婉曲表現で我々を騙し、満足させてきた。[47] ジョージ・オーウェルの言葉を借りれば、政治的表現（ＩＴの表現は実に政治的）は、「さも嘘が真実のように聞こえ、殺人が賞賛され、風を硬い物体であるかの如く表現する[48]」。デジタル業界における特殊な表現では、私企業が運営する広告および監視ネットワークを「コミュニティ」と呼び、利用者たる一般市民は「ユーザー」、スクリーンに釘付けとなる依存症は「エンゲージメント」、私たちの最も重要でセンシティブな情報は「不要なデータ」（data exhaust）または「パンくずデータ」、スパイウェアは「クッキー」、私たちのプライバシーが十分に保障・保護されていない規約は「プライバシー・ポリシー」との名称が付けられ、かつて盗聴と考えられていた行為は、今やインターネット経済を支える当たり前のものとなっている。

ＩＴ企業は、自然界の言葉を、その意味をすり替えて使ってまで、私たちを巧みに誘導してきた。[49] かつてはりんご（アップル）の甘さを味わい、夜明けと共に鳴く鳥のさえずり（ツィート）を聴き、小川（ストリーム）の流れに足を浸し、空に浮かぶ様々な形の雲（クラウド）を眺めては楽しむことが出来たものだ。それらの殆どが今や自然界とは正反対のものを表現するために使われている。

企業の振りかざすデタラメ（ブルシット）な論理を質（ただ）し、正しい表現と分かりやすい言葉使いを取り戻す闘いに挑むことは、思想家や物書きの重要な仕事である。物事をそれらの正しい名前で呼ぶことが、現状を理解し、より良い世界を構築するための闘いの第一歩であろう。その上で、自分の意見を述べ、ＩＴ企業が曖昧模糊とし、避けてきた表現を敢えて使っていく必要があろう。また、ＩＴ企業が我々に話題にして欲しくないことについて、例えば悪どいＩＴ企業が我々を一般市民としてではなく、参加を希望していないゲームの手先、歩兵として扱っていること等を議論していこうではないか。私たちは、ＩＴを活用している以上に、彼らに利用されているのだ。

〈手先、歩兵（ポーン）〉

例えるならあなたは、データ科学者がスクリーン上で楽しむゲームの中の駒のひとつで、彼らはこれを「人工実現社会」と呼ぶことがある。データアナリストは、あなたのあらゆる情報――ソーシャルメディアを通じた繋がりやそこへの投稿、投票履歴、購買履歴、車の車種、住宅ローン情報、閲覧履歴、健康診断情報等々――を集め、様々なパターンを試しながら、どのようにすればあなたの選択や行動を変えられるかを見極めようとする。

そう、私がここではっきりと指摘しておきたいのは、彼らは「あなた」をピンポイントで狙っているということ。あなたが誰であっても構わない――社会は誰でもない名もなき人々の集合体であり、それこそがデータに飢えた企業が最も興味を持つ対象なのだ。データ科学者になるための研修を受けていた友人が秘密裡に打ち明けてくれた話では、彼の直近の課題は、地球の反対側の人々の中から無作為に選び出した個人についてあらゆることを調べ上げることだった。その結果、詳細な調査の対象として白羽の矢が立ったのが、ヴァージニア州に住む糖尿病を患う浮気中のある男性だった。この男性は、自分がデータ科学者の調査対象になっていることなど露ほども知らなかった。今まさに、本書を読んでいるあなたが、データ科学者の分析対象かもしれない。

見方を変えれば、データ科学者のパソコンの中には、数え切れない程大量の我々のデータの複製（クローン）があり、科学者はその個人情報を組み合わせながら実験を繰り返している。彼らはブードゥー人形〔日本でいう藁人形〕のように、私たちの仮想の分身、複製（バーチャル・アバター）を色々といじくりまわしては研究を重ねている。新しいことを試しては、結果を確かめる。彼らは、何が私たちを動かし、クリックさせ、ものを買わせ、投稿や投票させるのかを知りたいのだ。一旦私たちのデジタル上の複製の操縦法を会得したら、今度は操り人形を扱うかのように生身の人間に対し、それを試していく。このようにして我々の仮想の世界のゾンビたちが我々につきまとい始める。

ＩＴギークは、ある社会の反応を知るために、その構成員全員の特徴を個別に捉えたいと考えている。各個人の個性、性格を十二分に熟知すれば、その人の複製のゾンビをオンライン上で作り出すことができ、それに対し様々な介入や分析を行ない、反応を試してみることができる。すると彼らがどのような政治的発信や主張に反応するかが分かる。一旦、ＩＴギークが自分の発信や主張が思い通りの結果を生み出すことに自信が持てるようになったら、その主張をそろりと世の中に発信し拡散させていく。このように情報操作を通じて選挙結果を左右し、暴動や反乱を誘発し、ジェノサイドを起こし、人々を対立させ、何が真実なのか説明ができなくなるほど真実を歪めることができる。

これこそがまさにケンブリッジ・アナリティカ社が選挙運動を支援した手法だった。まず、データ科学者は This Is Your Digital Life というアプリを開発し、フェイスブックの利用者27万人にこれをダウンロードさせ、各人に1～2ドルずつを支払って、各利用者の個性をデータアナリストが確実に把握するための心理分析アンケートに答えてもらった。その上で当該アプリは、全ての利用者のフェイスブック上にあるデータをダウンロードし、個人の特質と「いいね」との間の関連性などについて分析を行なった。日頃、フェイスブック上で利用者がスクロールしたり、いいね、と答えたり、コメントを書くときには、自分がどこまで監視されているか自覚がない分、より「自然」に行動するため、社会研究の材料としてフェイスブックから得られる情報はとても有用である。データ科学者は、我々の行動をつぶさに観察する人類学者のようでありながら、人類学者との違いは、小さな事象に至るまで、全てを簡単に数値化できることである。[50]

呆れたことに、ケンブリッジ・アナリティカ社のアプリは、プログラム参加者の友達のデータまでも、当該友人の知らないうちに、当然彼らの同意も得ないままダウンロードしていた。[51] 当該友人はアンケートに答えていないので、データ科学者は彼らの特質の分析は行なえなかったが、これまでアンケートに答えた参加者のデータの分析を基に、彼らの「いいね」を使って友人の特質を推測することができた。

端的に言えば、ケンブリッジ・アナリティカ社は27万人をまんまとペテンにかけ、彼らに友人を裏切らせ、加えて世界中の民主主義社会をもたった1ドル程で同様に裏切るよう仕向けたということだ。参加者は積極的にアンケートに答えたのかもしれないが、大半の人はおそらく規約を隅から隅まで読んでいたとは考えにくく、仮に読んでいたとしても、当該データが選挙介入などの用途に使われるとの警告は、規約には書かれていなかったはずである。利用者の持つネット上の交友関係を活用して、できるだけ多くのデータをダウンロードした同社は、およそ8700万人分のフェイスブック利用者のデータを得た。追加の情報は、国勢調査やデータブローカー等からも入手した。ケンブリッジ・アナリティカ社はこれらの情報を基に、知識は力なり、というまさに教科書通りのやり方で、世界中の政治に影響を及ぼす心理的駆け引きを行なう手段を構築したのだ。

ケンブリッジ・アナリティカ社は、人々の日常生活や考え方の深奥まで掘り起こした。彼らが盗用した個人データは、「プライベート」メッセージなども含むとてもセンシティブなもので、それらをデータ科学者は特定個人ごとに綿密に分析した。「数百万人分のデータ」と聞けば、特定の個人とは無縁の抽象的なデータとの印象を受けるが、そのひとりひとりは、あなたと同じ生身の人間であり、その数百万の中にあなたのデータも含まれているかもしれないのだ。

データコンサルタントのクリストファー・ワイリーは、元ケンブリッジ・アナリティカの社員だったが、内部通報者に転じた。彼は自身の著書『マインドハッキング』の中で、後にドナルド・トランプの選挙陣営の最高責任者となるスティーヴ・バノンに同社が手渡したプログラムの使い方について説明している。[52] データ科学者は、バノンに人名と米国のある州を選んでもらい、入力する。その単純な検索だけで誰かの生涯がスクリーン上に映し出される。もしもそれがあなただったら（そしてそうであったかも知れない）、科学者はあなたの生涯を虫眼鏡を通して詳細に観察・監視していたことになる。あなたの外見をはじめ、どこに住んでいて、仲の良い友人関係や、職場、所有する車、直近の選挙で誰に投票し、ローンはいくら抱えているか、健康状態、仕事が大嫌い、特定の政治課題について過度に心配し、パートナーと別れようと考えている、などである。

得られた情報の全てが正しいことを確認するために、データ科学者はスクリーン上に曝け出されたその人物に直接電話をかけた。研究のためにアンケートをとっているケンブリッジ大学の研究者を装い、何も知らない被害者に氏名や思想信条、ライフスタイル等について質問をした。電話での会話を通じて、すでに彼らが得ていた情報が確かに正しいものであることの確証が得られた。このように世界中のほとんどの人の思考に入り込めるツールを開発したのだ。彼らは政治システムをハッキングすることに成功し、それも個人的でセンシティブなデータを集めて分析できる方法を見つけたことで、歴史上今までになかった特定個人向け政治キャンペーンを展開する手法を編み出し、それが破壊的・破滅的な結果をもたらすことになった。

ケンブリッジ・アナリティカ社のデータ科学者があなたに関するあらゆる情報を得た後、まず性格の特性ごとに分類し、性格別に点数をつけて大きく5つに振り分けた：新しい経験をどの程度受け入れるか、行き当たりばったりよりも計画・立案するのが好きか、社交的か内向的か、どの程度の社会性を有するか、そして怒りや恐れなどのマイナス感情に反応する度合い等についての分類である。

次に行なったのは、あなたのプロフィールに彼らの予測アルゴリズムを当てはめ、あなたが投票に行く確率や、ある問題にあなたが政治的に関わる可能性を0～100％の範囲で推測・測定することだった。

3つ目は、あなたに接触を試みるために、あなたの行動パターンを把握することだった。テレビをよく見ていたか？　それともユーチューブが好きか？　多くの時間を費やすソーシャル・メディア・プラットフォームはどこか？　そして、次にケンブリッジ・アナリティカ社は、あなたのような人向けに作ったコンテンツをあなたに見せて、あなたに影響を与え得るかを注意深く観察する。果たして、彼らの提供するコンテンツに興味を示したか？　そうでないなら、多少の変更を加えて、再度挑戦する。[53]

さらに、ケンブリッジ・アナリティカ社のデータ科学者は、人々の人生に対する満足度を調査した。ハッカーの手口を参考に、我々の心の隙や弱点を探し出し、疑心暗鬼になりやすいなど影響を受けやすい人を特定した。特に心理学でいう「ダークトライアド（dark triad）」の性向を有するナルシスト（自己愛症）、マキャベリズム（極端な利己心、権謀術数主義）や精神病質の特性を持つ人を選んで、彼らの怒りを買う明確な意図を持って働きかけを行なった。科学者たちはエサを撒いて彼らを煽った。例えば、彼らを嘲笑うようなブログを見せて、彼らが攻撃されていると思い込ませたり、ソーシャルメディア上に偽アカウントを作成して、果ては皆で集まる企画を主催し、そこにケンブリッジ・アナリティカ社の社員がそれとわからないように参加して煽るようなことまでやった。[54]

同社のデジタル・キャンペーンは、少なくとも2つの大きな要素から危険であると問題視された。まず、全く違うコンテンツをそれぞれ異なるグループの人々に見せ、それによって私たちの常識を打ち砕いた。メデイアで議論され注目を集めている報道内容と、実際の投票者がオンライン上で目にする情報は異なっていた。人を撹乱・混乱させる為に作られたプログラムを見せられた人々は、他の人と同じ情報を得ていないので、特定の候補者についての議論を理性的に行なえない。例えば、ヒラリー・クリントンのような候補者の光と陰、功罪を議論するときに、ある人は、彼女がワシントンのピザ屋の運営する子どもの性的虐待グループと関係がある、と信じているなら、相手と全く話が噛み合わず、冷静に議論することもできない。

2つ目の危険視された要素は、同社のキャンペーンはキャンペーンらしく見えなかったことだ。巧妙に作り上げられたプロパガンダにも見えなかった。普通のニュース記事のように見えることもあれば、時には一般の利用者が書いたブログのようにも見えた。草の根運動に見えたものが、実はオンライン傭兵部隊が巧妙に仕組んで展開した政治キャンペーンであったことを見抜ける者は――特にこの偏った、そして偏りつつある立場に引き摺り込まれた人々の中には――いなかった。

英テレビ局のチャンネル4は、当時ケンブリッジ・アナリティカ社の取締役だったマーク・ターンブルが、覆面調査でその本音を語った驚きの映像を放映した。「血管に見立てたインターネット上に、血流のようにただ情報を流すだけ［…］そしてそれが徐々に拡散するのを見守る。時折、遠隔でちょこちょこ拡散を促したりする。そして、誰にも『あれはプロパガンダだ』と気づかれないようにしなければならない。何故なら気づかれた瞬間に『誰がそれをしている?』となるからだ」[55]。

ケンブリッジ・アナリティカ社の実施した心理戦および情報戦の範囲は広範に亘り、倫理的な限界に対する配慮は全くなかった。彼らのやり口の中には、特定の人に向けてフェイクニュースを流したり、恐怖を煽ったり（これには実際の拷問や殺人のゾッとする映像も含まれていた）、なりすましが含まれており、CEOのアレクサンダー・ニックス〔現時点では元CEO〕やチャンネル4の映像に映っていたマーク・ターンブルの発言を真に受けて信じるならば、彼らは賄賂や売春婦をも使った罠をはじめ、あらゆることをするつもりでいたようだ。[56] この会社は、トランプが米国大統領選挙で勝つために協力しただけでなく、イギリスのEU離脱（ブレグジット）の国民投票における離脱キャンペーンもサポートしたし、ロシアとも緊密な関係があったと言われている。[57] この歴史に汚点を残した事実を、次の世代の者たちが読んだ時に、信じ難い出来事として受け止める時代となっていて欲しい。将来の民主主義は、このようなことを誰も起こそうとせず、仮に起こしたとしても、逃げ切れないほど健全でしっかりと規制された社会であるとの安心感を彼らには抱いてもらいたい。

ケンブリッジ・アナリティカ社はもう存在しないが、そのメンバーの多くが後に新たなデータ企業を創業した。[58] 同社の不祥事は、データを扱う技術を持つ者であれば、どのようなことができるのかの一例に過ぎない。2018年にベルリンに本拠を置く非政府系組織のタクティカル・テックが調べたところ、世界で300以上の組織がデータに基づく政治活動キャンペーンを行ない、様々な政党などと連携しながら活動していることが明らかになった。[59] ロシアはネットを活用した悪辣な干渉や妨害行為などで外国の政治に干渉し、同胞間の対立を煽る原因を作ることで悪名高い。2016年にはロシアのネット上の荒らし屋が管理するフェイスブックの2つのページ上で、テキサスでの抗議運動およびそれに反対する抗議運動の2つが計画された。「テキサスのイスラム化を阻止」する抗議運動は、フォロワー25万人以上を擁するフェイスブック上に作られたグループ「ハート・オヴ・テキサス」が画策し、ロシアにあるトロール工場〔情報操作のための拠点〕インターネット・リサーチ・エージェンシーが操作扇動していた。もう一方の抗議運動も30万人以上のフォロワーを擁する、ロシアが管理・支配するフェイスブックグループ、ユナイテッド・ムスリム・オヴ・アメリカが運営していた(60)。ケンブリッジ・アナリティカ社がもはや存在しなくても、まだ私たちの民主主義は危機に直面している。

ケンブリッジ・アナリティカ社が権力を握ることになった始まりは、私たちのデータだった。又、他の悪意あるプレーヤーのパワーの一部も私たちのデータからきている。ビッグ・テックのパワーも私たちのデータが源泉である。それも、例えば、あなたは自分がどの漫画のキャラクターに一番似ていると思いますかなど、オンライン上の性格診断アンケートに遊び心で答えた場合や（これらアンケートはあなたの情報を収集する目的のためだけに作られている）、あなたの連絡先へのアクセスを求めてくる怪しいアプリをあなたがダウンロードしたとき、そしてお財布に持ち歩くポイントカードなどから得た情報が源である。

データ科学者は、あたかもヨチヨチ歩きの生まれたての神様のようで（toddler gods）、見るもの全てを自分のもののように横取りし、私たちの人生を弄(もてあそ)んでいる。彼らの行動は素早く、様々なものを破壊してきた。それらには我々の人生、そして思考力、さらに民主主義さえも含まれている。彼らが私たちのデータを入手する術を有する限り、我々は彼らの操り人形であり続けることになる。自立的な人生、そして自治能力を取り戻すためには、プライバシーを取り返すしかない。

〈プライバシー、自主、および自由〉

自主とは、自らのことを自ら決める能力を指す。それは、一人の大人として、自分の価値観がどのようなものなのかを見極め——自分にとって何が大切なのか、どのような人生を送りたいか——そしてその価値観に基づいて行動することである。[61] 自主的な判断を下すとき、それはその判断に責任を持つということであり、あなたの最も深遠な信念を表明できる機会でもある。

人間は他人から尊重される自主権を保持したいと強く願うものだ。自らが適切と思う人生の過ごし方を周りから認められ、そして尊重してもらいたいと願っている。自由で民主的な社会では、ごく僅かな例外を除けば、誰も、そして政府でさえも、あなたに思想、発言、生活のための職業選択、交友関係、時間の使い方を強制することはできない。これらはあなたが決めることで、他にも自分で決めるべきことは沢山ある。自主が無ければ、それは他人に支配されていることになるので自由もない。自主とは、自分の生き方を自ら決める力なのだ。

個人および社会がその健全性を維持するために不可欠な自主・自治権は、その重要性ゆえにそれを制限する場合には、例えば他人に危害を及ぼすことを避ける為等の正当な理由を必要とする。自分の利益のために他人の自主権に干渉することは正当化できない。

プライバシーと自主権は、前者の喪失が、他人によるあなたの人生への干渉を容易にするという点で相互に結びついている。常に監視されている状況下では、自主的決定に必要な冷静な気持ちを維持することはできない。1961年にフランスを訪れていたバレエ界のレジェンド、ルドルフ・ヌレエフが当時のソ連からの亡命申請を決断した際には、フランス法に基づいて、書類に署名する前に少なくとも5分間ひとりで部屋に籠(こも)って黙考することが求められた。それは、彼の選択判断に圧力を加えようとする旧ソ連当局の干渉から彼を守ることが目的だった。[62] 自分の欲するものについて自由に考え意思決定を下し、その為の行動を自由に起こすには、外部からの圧力に影響されない時空間を必要とする。投票所の構造を思い出してもらうと分かりやすい。誰に投票しているのかが見えなければ、自分の意志に反する投票を強制強要されることはない。

人は監視されていると知り、また自分の行動が悪い結果を招く恐れのあることを知った場合、自制しようとする。あなたの検索行動の情報を他人がどのように利用するか不安になって検索を思い留まると、あなたの自主と自由は制限されることになる。エドワード・スノーデンが米国政府による大量監視の広範に及ぶ実態を暴露した直後から、ウィキペディア上のテロリズムに関する検索はおよそ3割急減した。これこそ、監視による「萎縮効果」の実例である。[63]

個人情報を用いてあなたの嗜好・願望を誘導し操作することも、特にそれが隠密裡に行なわれる場合は、自主、自治権への干渉の手法の一つであろう。[64] あなたがオンライン上で見ているコンテンツが、あなたを特別扱いする為に、広告主〔デジタル媒体を所有し、その中でアプリなどを販売する企業または個人〕やデータ科学者の意思を反映したものである、とあなた自身が認識していなければ、あなたは合理的に、そして自分の価値観に沿って行動することがより難しくなるだろう。自主権を機能させるためには、自分を取り巻く環境をよく知る必要がある。個人の世界観や信念に他人が介入し、間違ったものを信じ込まされることは、自主への介入である。

IT企業は、個人の自主権など取るに足らないもの、もしくは配慮など不要で無視して良いもの、という立場を採用してきた過去がある。IT企業の多くは個人が何を望んでいるのかに興味すら持っていないようである。また、個々人が送りたい人生、なりたい人物像に近づくための商品を生み出すわけでもない。開発する商品は、彼らの目的を達成するためで、彼らの利益に資するよう個々人のデータをできるだけ多く探し出すことを目的とした商品なのだ。そして、人々をスクリーンに釘付けにするアプリを開発し、個人の権利など殆どないに等しいとする規約に同意・署名させる。多くの企業は嬉々として私たちの全ての自由を奪おうとするだろう。このような個人の自主を無視した企業の論理は、新たなタイプの、武力に訴えないソフトな独裁主義である。

グーグルの神になりたい、という主張は何ら誇張ではない。彼らはまず、全知の神になるべく、全てを知るためにあらゆる情報を収集しようと全力投球している。次に、彼らはどこにでも顔を出し、存在感を示したいのだ。私たちが他者と通信し、オンライン上で見る動画、検索するもの、街での道案内やヘルスケアを活用するなど万能のプラットフォームになりたいのだ（その理由の一つが、そうすることでもっと多くのデータを収集できるからだ）。3つ目は、絶大な力を有する全能の存在になりたいのだ。自分たちの基準で欲しいもの（例えば私たちの個人情報）は全て彼らの条件に沿うよう手に入れることができるようになりたい、そして世界を自分たちに都合の良いものに作り変えたい。その為に、彼らは米国企業の中でダントツと言える程、ロビー活動に多額の資金を投じている[65]。

エリック・シュミットは、グーグルはあなた方の自主を奪いたいのだ、と明言している。それも

「ユーザーがグーグルに『明日何をすべきだろうか？』、『どんな仕事が良いか？』と問いかけることを究極の目標に掲げている」というのだ[66]。２０１０年にはこれよりさらに踏み込んで、「私が思うに、多くのユーザーは実はグーグルに自分の質問に答えて欲しいとは考えておらず、次に何をすべきか指示してもらいたいのだ」と言っている[67]。

グーグルの言い分は、あなたのことを知り尽くしているが故に、あなた自身の価値基準に基づいてオススメをしている、ということかもしれない。しかし、グーグルのような企業は、我々利用者とは利益相反関係にあり、我々や社会にとって有用なものは、彼らのビジネスにとっては有用でないことの方が多いことを思い起こして欲しい。この目指す目標のずれ（利害の不一致）に加え、ＩＴ企業のこれまでの度重なる不正行為を見れば、彼らが、私たちの自主権を委ねるに値しない存在であることは明らかである。仮にグーグルのような企業が信頼できるとしても、あなたの自主権は、あまりにも重要であるがゆえにあなた以外の誰にも委ねるべきではない。

もちろん、グーグルのアドバイスに従う必要など更々ないのだから、心配無用だと思うかもしれない。グーグルマップが一つの道を指し示しても、自分の思った道を行けば良い。しかし、テクノロジーの私たちに及ぼす影響を過小評価すべきではない。ＩＴ企業は自社商品を作り上げながら、同時に私たちの行動にも影響を与えることで、自分たち仕様のユーザーも作り上げているのだ。かつてウィンストン・チャーチルは、「建物は我々がデザインするが、その後は建物が我々に影響を及ぼす」と述べている。

ＩＴ企業が私たちの行動を予測する精度を上げている一因は、彼らが私たちの行動を部分的にではあるものの具体化するプロセスに関わっているからである。ある企業が、スマホやパソコンを通じてあなたの人生の行動の大半を管理・支配し、あなたの閲覧できるコンテンツを選別したり、友人との交信、買い物や仕事で使用するプラットフォームを管理できるならば、あなたが取る次なる行動を予測することは難しくない。最終的に、選択肢を提示して、彼らの望む方向へあなたを誘導しているのだから当然である。それは、映画『トゥルーマン・ショー』のように、管理された環境を整えているだけなのだ（まだの方は是非ご覧頂きたい映画である）。

自主権がIT企業に脅かされていることに、もっと危機感を持つべきである。あなたの人生の主人公はあなたなのだ。そして、それはあなた以外の人にとっても同じことである。仮にあなた自身が完全な自主権を有していたとしても、社会の他の構成員についても同様でなければならない理由があるのだ。それは、政治体制の自治能力は、個人が自主権を持つことが大前提であるからである。個人の自主権が弱まれば、政治体制の自治能力も同様に弱まる。民主主義が健全に機能するためには、その構成員たる個人が、自分の人生に対する自主権を持たなければならない。

個人が自主権を持たない民主主義は、見せかけだけのものでしかない。自主権に対する意識の希薄な大衆は、影響されやすい群衆となり、自らの深遠なる価値観を反映した投票行動を行なわず、信念や信条を声高に叫び操る輩に引きずられてしまいがちになる。

自主権だけでなく、社会として享受してきた自由を取り戻す為には、自らのプライバシーを守ることが必要不可欠である。個人的に自分のデータがさほど重要であると感じていなくても、私たち——あなたの家族や友人、そして社会の構成員、世界中の市民——は、あなたには自身のデータをしっかりと保護してもらう必要がある。何故なら、プライバシーに関する懸念は共同体全員で共有すべきであり、それを取り戻す努力も全員で追求すべきものなのだから。

〈プライバシー保護は社会の共通目標〉

プライバシーの保護はあなた個人だけの問題ではない。あなたの情報は「私的」なもの、という表現は、あなたの情報を他人と共有する場合でも、関係するのはあなただけ、との印象や誤解を招く。しかし、プライバシーは私的なものであると同時に社会全体にも関係するものなのである[68]。ケンブリッジ・アナリティカ社の事件で分かるように、自分のプライバシーを晒け出すことは、他の人のプライバシーをもリスクに晒すことになるのだ。プライバシーにまつわる問題は、環境問題をはじめ、社会全体で取り組むべき他の諸問題にも似ている。ひとりでいくら頑張って二酸化炭素の排出を抑制しても、他の人が協力しなければ、地球温暖化の影響は免れない。同じ船に乗っている以上、課題を解決し結果を出すためには、同じ方向に漕いでくれる十分な数の同志が必要である。

社会全体に影響を及ぼすプライバシーの本質は、個々人がそれぞれの個人情報についてどのように考えているかという深遠なテーマでもある。最近は、個人データも通常の財産権のように取り扱われるべきで、その売買行為を許容すべきとする立場を擁護する考え方が一般的になりつつある。その流れに沿って個人に自分のデータを売買するブローカー的役割をさせる企業も急速に増えてきている。資本主義社会が私有財産権を重んじるという前提で考えれば、個人情報を私有財産として崇め利用することはプライバシーを尊重することと同等である、と感覚的に誤解されやすいが、プライバシーとはそのようなものではない[69]。

例えば、友人（または悪意ある人）が自宅でできるＤＮＡキットをあなたに贈ったとしよう。このようなキットは１００ポンドほどで販売されている。唾液のサンプルを送付することは、自分の遺伝子情報の権利の全てもしくは大半を放棄し、タダで提供しているに等しい[70]。これは、アンセストリーなどの企業が、その解析、売買および他社との情報共有などを自由に行なえることを意味する。遺伝子情報のプライバシーを失うことで、あなたがその悪影響を受けることもある。多くの保険では、遺伝子の検査結果の報告を義務付けており、その結果次第で、保障を拒否されたり、高額な保険料を請求される場合もある。結果報告を怠り、保険会社がその情報を得た場合（しかも、ＤＮＡ検査会社はこれらの情報を業として売買しているため、多くの場合、保険会社の知るところとなる蓋然性が高い）、保険契約を解除される可能性もある[71]。

それでもあなたはこのようなリスクを喜んで負う覚悟があるかもしれない。例えば、あなたは太陽を浴びるとくしゃみをする遺伝子（23andMe のレポート参照[72]）を持っているか知りたいとか、自分の遺伝子情報を知りたい別の深い事情を持っているかもしれない。しかし、あなたの家族はどうだろうか？　両親や兄弟姉妹、そして子ども達は、自分たちの遺伝子情報までもが丸裸にされることを喜んではいないだろう[73]。今後20～30年後に法整備がどのようになされるか、そしてその頃までに遺伝子情報から何が分かるのか、現時点では皆目見当もつかないのだ。あなたの遺伝子検査の結果、その検査に同意した覚えもないあなたの孫たちが、将来それを理由にせっかく訪れたチャンスを失うかもしれないのだ。

あなたを形作っているのはあなたのＤＮＡだが、その遺伝子構造の大部分は、遠縁の人達とも共有している。しかも、あなたに特有の遺伝子は、全体の０・１％でしかない。次のように考えてみるとわかりやすいだろう。あなたの遺伝子情報を紙に印刷するとおよそ26万２０００ページになるが、そのうちの２５０から５００ページ相当分があなたに特有のものである。[74]

遺伝子間の類似点や相違点が様々な推測を可能にするので、事前にＤＮＡ情報がどのように用いられるのかを予測、想定することはできない。最善のシナリオでは、あなたのＤＮＡ情報が凶悪犯逮捕に活用され、貢献するかもしれない。ゴールデン・ステート・キラーの連続殺人及びレイプ犯は、この遺伝子情報を元に２０１８年カリフォルニア州で逮捕された。警察は、現場で押収したＤＮＡ情報を商用試験も行なうGEDmatchというフリーのオンライン情報データベースにアップロードした。この照会は、犯人のみいとこ（三従兄弟〔共通の祖が高祖父母〕）を抽出した。これによって捜査機関は犯人に辿り着いたのだ。[75]

この件を喜ばしいと思う人もいるだろう。まともな思考の持ち主なら、連続殺人犯が自由に走り回っているのを歓迎はしない。しかし、最善のシナリオを前提として、科学技術を手に負えない獣のように絶対に野放しにすべきではない。科学技術は多様に活用され、最善の運用法が採用されることは残念ながら殆どない。遺伝子情報のデータベースは、政治の反対勢力、内部通報者や独裁国家における抗議活動家たちを特定するために用いられることが多々ある。民主主義国においても、商用データベースを活用して、移民の国籍を推定して国外退去や強制送還する為に使うことも可能だ。[76]

１３０万人分のデータベースさえあれば、匿名のＤＮＡサンプルに他の情報――例えばおおよその年齢——を組み合わせれば、対象者を20人未満に絞り込むことができる。2018年に、このような方法で、アメリカの白人の60%を——これまで自分のDNA情報を先祖を辿るためのデータベースに一度も提供したことがない人でも——特定できることが明らかになった[77]。自分の遺伝子情報を提供する人が増えれば増えるほど、世界中で特定できる人数を増やすことが可能になる。まあ、あくまでも全てが上手く機能すればの話だが、例外もある。

遺伝子検査は偽陽性の確率も高い。他の証拠で被疑者扱いされている者の犯罪立証のためにDNA鑑定が補強証拠として利用されるケースもある。しかし、遺伝子を手がかりに犯罪者を割り出そうと捜査を行なうのは危険である。DNAに基づく証拠に対しては、反証・反駁しにくい雰囲気がある。犯罪現場に誰かのDNAが残されていれば、直感的にその人が犯人であると思ってしまう。しかし、ことはそう単純ではない。DNAが犯罪現場で見つかるケースはいくつも考えられる。ある刑事事件でハイルブロンの怪人とあだ名された犯罪者を割り出すにあたり、DNAに基づく捜査が行なわれたが、欧州の40箇所以上の犯罪現場で、ある人物のDNAが見つかった。しかし、この見つかったDNAは、実際には警察が鑑定に用いる検体採取用の綿棒を作っていた工場労働者のものだった。遺伝子汚染は簡単に起こり得る。時には、DNAの検査結果が誤って第三者のものと取り違えられることもある。また、大抵の場合、遺伝子データは読み取るのが難しい。2つの遺伝子サンプルを比較しながら類似点を見つけ出すのは、主観が入ってくるため、間違いだらけである[78]。

犯罪に全く無関係であっても、親類が行なった遺伝子検査で被疑者にされてしまうことだってあり得る。マイケル・ウスリーが殺人の容疑者にされてしまったのも同様の経緯からであった[79]。ある血統調査の研究のために彼の父親が自身のDNAを無償提供していたケースだ。犯罪現場に残されていたDNAは、彼の父親のものに似ていたが、幸いなことに彼のそれとは似ていなかった。釈放されるまでの33日間は、実際にはもっと長く感じられたに違いないが、最終的に嫌疑は晴れた。しかし、皆が彼のようにうまく無罪放免となるわけではない。DNA検査の結果、沢山の人があらぬ濡れ衣を着せられ、冤罪に苦しめられた事実がある[80]。我々の知らないケースがどれくらいあるのか、誰も把握できていない。米国の冤罪を調査している機関ナショナル・レジストリ・オブ・エグゾネレーションによれば、虚偽、又は誤解を招く鑑識証拠による冤罪は、米国内の冤罪事件の実に24%を占めていた[81]。

我々が遺伝子構造を通じてお互いに繋がり合っているように、我々は無数の且つ見えない形で結びついており、それ故にプライバシー保護に対する不用意な油断や誤解が我々を弱い立場に追い込み、互いを危険な状況に陥れる可能性がある。もしも自分が住んでいる場所を公表すれば、同居人や近所の人の情報を公開したのも同じだ。同様に、企業に携帯電話の番号を開示すれば、彼らにあなたの友達の連絡先をも公開したことになる。自らの心理状態に関する情報を打ち明ける行為は、同じような症状に悩む人々をも無防備にするのと同じだ。言うなれば、あなたと私は面識もなく、将来にわたって会うこともないだろう。しかし、互いに似た考え方をし、そこそこ共通項があり、そしてあなたがケンブリッジ・アナリティカのような会社に自分のデータを提供したなら、あなたは私のプライバシーの一部を漏らしているに等しいのだ。互いに複雑に絡み合っていることが、互いを弱い立場に追い込むが故に、私たちは互いのプライバシーに責任を持たなければならない。

プライバシーに関する我々の相互依存関係を理解すれば、倫理的観点からして誰も自分のデータを売買する権限を持ってはいないことが明白である。自分の個人データが、他人のそれを含んでいる実態がある以上、個人財産の所有とは異なり、あなた自身のデータといえども、あなただけのものではない。

プライバシーが、社会全体の問題であるという側面は、少なくとも2つある。まず、あなたが自身のプライバシーを守れなかった場合、他者のプライバシー権侵害を容易にするだけに留まらず、結果としてプライバシーを失ったことによる悪影響を社会全体が甘受しなければならなくなる。全てを曝け出す文化は地域及び社会を傷つける。そして、社会構造を傷つけ、国家の安全保障をも脅かし（これについては後述する）、差別を許容し、民主主義を危機に陥れる。

自分の言動の全てが、あっという間に数百万人に配信されるような集団文化で生活する現代の環境は、人々にとてつもないプレッシャーを与える。プライベートで自由な空間が収縮していく社会において、公の場で失敗が許されないと感じることは、途方もない緊張と負担を個人に強いる。もはやあなたの為すこと全てが潜在的に公なのだ。人間は、ガラス張りの全くプライバシーのない金魚鉢のような環境で健やかに育つ生き物ではない。我々は自分の言動が他人によって公表されないと信じることができて初めて、誠実かつ勇敢に振る舞い、斬新な創造力を発揮できるのだ。

プライバシーなしでは親密さも育まれない。秘密が守られる保証のない人間関係は――それが信頼できない人間関係ゆえなのか、他者と交信する際の通信技術に十分な信頼が置けないからなのか、何れにしても――浅くならざるを得ない。人々との親密な会話を楽しみ、家庭や学校など限られた人間関係の中で率直な議論を行ない、健全に機能する自由主義社会の礎(いしずえ)を構築するには、プライバシーが尊重される文化、環境がどうしても必要である。データが常に武器化される社会で生活するということは、常に脅迫観念に捕われ、他者への不信感を抱くということだ。このような不信感は、服従的協調や沈黙をさらに助長する。

私が授業もしくは講演を行なう際、全てが録音されている環境（もっと酷いのは、オンラインで生配信されている時）では、しばしば自分が言いたいことを抑制していることに気付く。又、生徒や聴衆も、論争を引き起こしそうな質問は避ける傾向にある。スペインでは、法廷が録画されるようになってから、仲間意識が減って沈黙が支配するようになったと聞いた[82]。

監視が常態化すると、沈黙を守った方が、もしくは他人が受け入れやすい意見に同調した方が身の安全になると思うようになる。しかし、社会の発展は本来、批判的な人々や、現状に異議を唱える人たちの意見に耳を傾けてこそ達成できるのだ。

個人データが、特定の個人に向けてプロパガンダやフェイクニュースを流す目的で使われる時、プライバシーの欠如そのものが社会全体に被害を及ぼすようになる。悪意ある連中が、個々人に対してフェイクニュースを広めようとする場合、時として例えば特定の候補者を選挙で当選させようとするなど、確たる目的を持っていることもある。しかし、多くの場合、彼らの究極の目的は社会に不協和音を生み出すことなのだ。それは、分断して支配する、という古典的な政治戦略で、ソーシャルメディアを通じて新たな形で再登場し始めている。個人データによって我々は分断され、特定の個人向けプロパガンダを通じて制圧・征服されようとしている。

誰しもフィルターを通っていない情報への直接的なアクセスがないため、情報操作（マニピュレーション）に対して脆弱になり、乗せられやすくなる。自国のみならず、世界中で起きる様々な出来事の直接の目撃者になることなど不可能である。選挙の候補者や政治情勢などは、殆どの場合、テレビやパソコンの画面からの情報で知る。しかし、大抵はその情報源を自分で選んでいないことが多い。自ら情報発信源を探しに行くのではなく、彼らの方から近寄ってくる。そして、ツイッターやフェイスブックのフィード上［アプリなどを開いた時に最初に表示されるページ］に突然表示される。それらは、あたかも魔法の如く、又、偶然現れたかのように見えるかもしれないが、フェイスブックのような企業は、あなたを誘導するために注意深く情報を収集し選別しているのだ。同時にあなたに対して影響力を行使したい未知の輩（プレーヤー）にあなたが注目しそうな情報を売ってもいるのだ。

ある候補者について、あなたと私で正反対の情報を受け取ったなら、しかも私が受け取った情報の中身はあなたからは見えず、そしてあなたが受け取った情報の中身は私からは見えない場合、その候補者について議論を戦わす時、共通の土俵を持たない私たちを対立させ、反発し合うことを望む誰かに意図的に準備挿入されたフィルターを通して、全く違う経験をさせられていると気付くよりも、お互いをバカか非常識、もしくは両方だと思うだろう。互いに共通の現実を見ることができなければ、社会は両極に分断されていき、悪い奴らが勝利する。二極化された社会はより脆弱になる。協力し合うことが難しくなり、社会として皆で取り組まなければならない課題解決に向けて協力体制をとることが不可能となる。個々人が堂々巡りのエコーチェンバーに取り憑かれ、情報隔離に陥ってしまうと、建設的な交流や議論など望むべくもない。

悪意ある連中がオンライン上で内輪揉めを助長し、不協和音を撒き散らす別の手法・側面には、国民に不安などの否定的感情を増幅させるというものがある。人々が恐れと怒りを抱いていればいるほど、互いに疑心暗鬼となり、合理的な判断は鈍り、社会が機能不全に陥る。

プライバシーが私たち社会構成員全員に与えているパワーは、私たちが民主主義を維持するために必要なものである。それがあるが故に、我々は不当な圧力のない状態で自分の信念に基づいて投票でき、後々の影響を心配せずに匿名のままデモに参加し、人と自由に交流し、自分の意見を述べ、興味を持ったものを自由に読むことができる。民主主義の社会で生きたいならば、パワーの大部分を国民が握る必要がある。データを保有するものが、パワーを有する世界なのだ。もしもパワーの大半を企業に握られれば、富裕層が支配する社会である金権政治体制となる。パワーの大半が国家に属することになれば、何らかの独裁政治が出現する。政府の権力（パワー）が正統であるためには、我々のデータの収集、集積に基づくのではなく、我々の同意を得なければならない。自由で民主的な社会というのは、当たり前に与えられるものではなく、毎日継続的に闘って勝ち取る必要がある。そして、民主的な社会を繁栄させる環境を作り上げる努力を私たちがやめた時、自由な民主主義社会はもはや存在し得ない。プライバシーは人々にパワーを与えるが故に、大切なものなのである。それは公共の利益に資するものであり、それを守ることこそ、我々市民の義務なのだ。[83]

〈自由で民主的な社会が何故必要か？〉

民主主義とは、国家の主権が国民に帰属する政治体制のことをいう。それは、独裁者や専制的な支配者なしに、社会的に平等な人々が自らを統治し、比較的緩い社会秩序の維持を行なおうとするものである[84]。数十年前であれば、自由な民主主義社会を維持するにはプライバシーが必要であると主張すればよかったが、今日では、民主主義の維持の重要性そのものに対する評価に陰りが見え始めている。35歳未満の米国人のうち、民主主義社会が必要不可欠であると回答した人が全体の3分の1にとどまる一方で、軍事政権を歓迎すると回答した人の割合は、1995年の7％から2017年には18％に増加した[85]。そして、世界を見渡せば、市民の自由及び政治的権利は過去12年の間に減少した――2017年時点で状況が改善した国は35ヶ国だったのに対し、71ヶ国では後退した[86]。

ザ・エコノミスト・インテリジェンス・ユニットは、2019年を「民主主義の後退した年であった」とし、2006年に民主主義インデックス（Democracy Index）が初めて導入されて以来、世界の国々の平均値が最も低いスコアとなったと指摘している[87]。

それ故、自由な民主主義社会を守るべく闘い抜かねばならない論陣を今なお張る必要がある。自国の今の大統領または首相が能無しであろうと、自国の政府や過去の政権（もしくは両方）が如何に国をダメにしてきたとしても、自分が政治のプロセスから排除されたと感じようとも、地元の政治家が自分の意見を代表していないと感じても、あなたの身近な社会が切り刻まれ乗っ取られたと感じても、あなたの同胞を信用できないとしても――特にあなたが同胞を信用していない場合――そして、民主主義に失望させられたとしても、民主主義を否定するのではなく、改善する方向に働きかけた方が良い。何故ならこの制度ほど、あなたを含めた全ての人の基本的人権を最適な形で守るシステムは存在しないからだ。

「誰も民主主義が完璧で万能だとは思っていない」とは1947年のウィンストン・チャーチルの

有名な言葉である。「確かに民主主義は、政治体制として最悪と言われてきたが、今まで時代時代にこれ以外の政治制度は色々と試され、失敗しただけの話である[88]。」

民主主義はお世辞にも素晴らしい制度とは言えない。最良の状態であっても、グチャグチャで混乱しているし、驚くほど意思決定は遅く、変化を嫌う。あまりにも継ぎ接ぎだらけで、5歳児が作ったパッチワークのようにも見えてしまう。妥協を強いられ、大半の人の要求に応えられないだけでなく、皆に不満を残す。この制度では、最悪の場合、一握りのお金持ちが、国民の犠牲の上に自らの私腹を肥やせるように社会のルールを決めてしまうこともある。

民主主義が地上の楽園などという人はいないだろう。しかし、他の政治システムにはない利点もある。民主主義は、社会の大半を構成する市民の利益や考えに配慮することを政治家に強いる。私たちの支持がなければ、政治家は権力の座に留まることはできず、それ故、大半の国民を満足させようと努力する。他の制度に比べて、多くの人を巻き込む民主主義は、大量の情報と多様な意見を取り入れることができるため、より賢明な判断を下し得る[89]。民主主義の社会は、より繁栄しているケースが多い。また、国内も平和で、外国に対しても寛容である（カントまで遡る民主的平和論に基づく[90]）。哲学者のカール・ポパーは、悪政を流血なしに排除し、暴力なくして変革を導入するには、民主主義が最も優れた制度である、としてその重要性を思い起こさせてくれた[91]。

それでも、独裁社会に見られる多くの悪例は、民主主義社会でも散見される。権力濫用や不公平の実例は探せば見つかるだろう。しかし、それら実例がどの程度蔓延しているのかが大きな違いである。程度の差が中身の差になってくると受け入れられなくなる。ジョージ・オーウェル曰く、民主主義の最も重要な要素は、市民が「相対的に、社会に対して感じている安心感である」。それは自分の身の危険を心配せずに友人らと政治を語り合い、法律に違反したのでない限り、誰にも罰せられないこと、そして「国家よりも法が上位にくる」と知っていることである[92]、と。本書を、我々の社会の中で最も権力を有するものに闘いを挑みながら書くことができている事実、そして、それをあなたが読むことができているということは、私たちが自由な社会に生きていることの証左である。しかし、これを当たり前と思ってはいけない。

特にあなたの権利が保障される為には、民主主義は公正・自由（リベラル）で多様性を受け入れるものでなければならない。さもなければ、ジョン・スチュアート・ミルのいう「数の暴力」に陥るリスクがある。多数派は少数派に対し、専制君主並みの抑圧をかけることもある。リベラリズムは、市民にできるだけの自由を保障しながら、一方で全ての人の人権が尊重されることを目指している。また、互いの生き方に干渉しない範囲で人生を謳歌できるよう、必要最低限の制約しか課さない。もしもあなたが一般的な市民であれば、自由で民主的な社会に住めるということは、自主性を尊重される最良の環境にいることになる。自由で民主的な社会では、個人にも社会にも自治が保障されている。

自由主義的な考え方が蔑ろにされると、民主主義は内部から徐々にそのシステムが解体されることによって破壊される。常に轟音と共に解体、崩れ落ちるわけではない。選挙で選ばれたリーダーの手によって葬り去られることもある。その有名な例が、ヒトラーのドイツとチャベスのベネズエラである[93]。イギリスの哲学者ジョナサン・ウルフに言わせれば、ファシストが民主主義を解体する手順は、まず手始めに多数派の意志を少数派の権利に優越させる。次に、多数派の意志を表明する手法に疑問を投げかけ、ひいては選挙そのものの正当性を否定する、というのだ[94]（デジタル時代においては、あなたのスマホなどの電子機器があなたの意志を解釈して代理投票してくれる、とのＩＴ企業の主張には気をつける必要がある。ＡＩの研究者セザー・ヒダルゴは、将来的に私たちのデジタルアバターが代わりに投票すべきである、と主張しているが[95]、恐ろしい考えだ）。

自由な民主主義は、多数派の支配を抑制して、少数派の権利を保護する。この社会では、法律に違反していなければ、仮に社会の大半があなたの権利を投票によって剥奪することを正当化したとしても、投獄されることはない。それが法の支配の存在意義なのだ。

〈プライバシーは、正義実現のための目隠し〉

自由民主主義が最良とされる理由の一つは、平等および公正・正義を重要視していることである。法律が絶対で、誰しも同じ権利を有し、年齢に達すれば投票権を得て、投票した候補者が落選したとしても、積極的に民主主義に参加する機会を持っている。一方、データ経済の最大の欠点は、様々な方法で平等を損ない、蝕んでいることである。例えば、個人データをベースにして作られた経済の特徴は、我々がデータによって異なる扱いを受ける、というものである。そして違う扱いを受けるからこそ、これまで見てきた通り、アルゴリズムは結果として性差別、人種差別に繋がる。データによって異なる扱いを受けるからこそ、同じ商品に、そうとは知らずに他の人よりも高い値段を支払わされ、互いに違うコンテンツを見せられるから、その差が増幅され、更なる異質感と不平等感の悪循環に陥る。誰もが同じ情報にアクセスでき、又同じ機会を与えられなければならない。正義の女神像には、公平中立を象徴する目隠しをしたものが多い。我々を平等に、そして公正に扱うことを保障する社会構造の目隠しがプライバシーなのだ。プライバシーこそ、正義の女神像の目隠しの役割を果たすものである。

〈パワーの不均衡の是正〉

ＩＴ企業と大衆との間に生じた知識や情報の不均衡や偏りは、パワーの不均衡を生み出し、ビッグテックと政治の権謀術数に長けた者達は、それに乗じて私たちを意のままに操ることに成功してきた。つい最近まで、デジタル時代における巨大ＩＴ企業や政治プロパガンダがどのように私たちを操ってきたのか、殆ど誰も知らなかった。その手法は隠され、私たちからは見えないのに、彼らは私たちのことを知り尽くしていた。この不均衡を是正し、私たちにとって有利なように針を戻さなければならない。即ち、私たちはＩＴ企業のことをもっと知るべきで、反対に彼らには私たちの情報を知られないようにすることが肝要である。本書を読むことは、その方向に向けて正しい一歩を踏み出したことを意味し、巨大ＩＴ企業や政府の持つパワーについて、明確に認識できる手助けになるだろう。次に取るべき行動は、自分のプライバシーをこれまで以上にしっかりと守ることだ。自分の個人情報をしっかりと守れれば、彼らは個人としての、そして一市民としての私たちを把握・捕捉しにくくなるだろう。

健全で自由な民主主義社会を守り抜くためには、真実、公正、平等を守る立場の人や組織の独立性を守らなければならず、それらは報道、司法、そして学問の世界である。デジタル時代に問題となるパワーの偏在を改善する為に重要なことは、これら分野を積極的に支援することである。一人の学者として懸念しているのは、これまで以上に多くの研究（倫理に関する研究も含む）が巨大ＩＴ企業から財政的支援を受けていることである。もし、彼らが研究を支援したいのなら、研究者との間に仲介組織を入れ、その仲介組織経由で資金提供すべきだろう。仲介組織には、政府や独立系の財団や大学が候補になり得るだろうが、資金の寄贈に際して一切の紐付けがあってはならない。物議をかもす研究で研究者が何らかの主張を行なうことにより研究費の供与がなくなれば、学術研究の自由は剥奪され、妥協を強いられることになる。研究者が重要と考える研究を実施継続して、その成果を社会全般に還元することができなくなれば、社会としても損失を被ることになる。既に多くの研究者が、物議をかもす研究を避ける傾向にあり、巨大ＩＴ企業が好みそうな題材を研究している様子が見て取れる。グーグルからの寄付を期待するなら、彼らの主力である広告の倫理的問題について研究するだろうか？　製薬会社が支援する医療の研究や食品会社が支援する栄養に関する研究について疑問を持つのと同様に、巨大ＩＴ企業が支援する研究についても注意を払っていかなければならない。

独立系のジャーナリズムは、ここ数年、内部告発者と共に、監視社会に対し最も強力に抗議、反対してきた。エドワード・スノーデンが大量監視について内部告発をし、それをローラ・ポイトラス、グレン・グリーンウォルド、ユーエン・マカスキルおよびガーディアン紙の当時の編集者アラン・ラスブリッジャーらが報道してくれたおかげで、その実態が私たちの知るところとなった。又、オブザーバー紙のジャーナリスト、キャロル・キャドワラダーは、ケンブリッジ・アナリティカ社の手口を明らかにし、内部告発者のクリストファー・ワイリーに実体を公表する機会を与えた。

彼らは皆、私たちにこの情報を提供するために、とてつもないプレッシャーに耐えてきた。スノーデンはモスクワに亡命しなければならなくなり、生涯米国には戻れないかもしれない。グリーンウォルドのパートナーは英国テロ防止法に基づいてヒースロー空港でパソコンを没収され、9時間にも及ぶ拘束と尋問を受けた。ローラ・ポイトラスは各地の空港で幾度も拘束され、尋問された。ガーディアン紙は、裁判所の差し止め命令で脅迫され、又、政府担当官の面々が警戒、監視する中、スノーデンが提供した内部情報の詰まったハードディスクを強制的に破壊・破棄させられた。本書執筆中に、キャロル・キャドワラダーは、ブレグジットの政治キャンペーンに関与していた億万長者アロン・バンクスから、名誉毀損で訴えられている。このような勇気あるジャーナリストらの働きがなければ、私たちが日常生活の中で認識することなく従わされているルールがどのようなものなのか、知る由もないだろう。このような質の良い報道を読んで彼らを支援しよう。これ以外にも様々な方法で、一市民としても大企業や政府のパワーに対抗し得る力をつけていこう。

フェイクニュースとプロパガンダは、手品同様、仕掛けを前もって準備しているという意味で共通点がある。仕掛けとは、それらが仮に幻想だと知っていても、私たちの注意を引き、信じ込ませる力がある。元マジシャンで心理学教授に転身したグスタフ・クーンは、人々は騙されていると分かっていても幻想に惑わされ、上手くできた仕掛けは、我々に何か超常現象でも起きているのかと錯覚させることを発見した。そして、種明かしをされて、初めてその魔法が解けるのだ[96]。同様に、特定の個人に向けられたコンテンツがどのような目的のために如何様に作られたかを知るだけでも、そのパワーや影響力を削ぐことができ、上手くいけば魔法も解けて正気に戻れるかもしれない。

〈権力（パワー）に抗って〉

これら素晴らしい勇気あるジャーナリストらの努力の例が示しているように、悪い話ばかりでもない。私たちは、権力（パワー）に抗うことも挑むこともできる。あなたもそのパワーを持ち、それが社会の総体となれば、そのパワーはさらに大きなものになる。デジタル時代の企業は、有り余るパワーを蓄積してきたが、その権力基盤になっているデータを私たちの手に取り戻すことも、そして新たなデータの収集を私たちが制限することも可能なのだ。巨大IT企業のパワーは揺るぎないように見えるし、そう感じられるだろう。しかし、所詮トランプで作った家のように崩すことも簡単だ。私たちのデータなしには、何もできないのだ。ひとつひとつの規制の積み上げ、市民からの小さな抵抗、競争優位としてプライバシー保護を謳う企業の登場などがあれば、これまでの全てが露と消えるのだ。

自らの脆弱性を最も自覚しているのはIT企業自身である。だからこそ、彼らはプライバシーに配慮している、と（司法の場でその顧問弁護士が述べていることとは矛盾するが）私たちを納得させたい。それ故に彼らはロビー活動に数百万ドルもの大金を投じている。[97] ユーザーや社会のためになる価値ある商品を提供している自信があるならば、これほど積極的にロビー活動を展開する必要もない。彼らは自分たちのパワーと影響力を濫用し過ぎた。そろそろ私たちも彼らに抵抗反撃すべき時である。

デジタル時代におけるパワーの濫用に端を発した抵抗運動は、テックラッシュ（巨大IT企業に対する反発感情）と呼ばれている。[98] パワーの濫用の現実を見るにつけ、パワーが社会に良い影響を与えるためには、それなりに抑制されなければならないことに改めて気付く。技術推進派であれ、IT企業や政府が個人情報を活用することに賛成の人であっても、次に誰が権力の座につくのか分からない場合、彼らのパワーを制限する術を考えておくべきだろう。次の首相は現職よりももっと独裁的になる可能性もあるし、巨大ＩＴ企業のＣＥＯは、前任者ほど慈善的ではないかもしれない。

データ経済を何の疑いも抵抗もなしに受け入れてはいけない。あなたがたとえ若くて、男性で、白人で異性愛者で健康だからといって、プライバシー侵害から逃れられる、と考えるべきではない。自分の個人情報は、自分のためになるよう活用され、その逆はないと考えるのは間違いで、それは単にこれまで幸運なだけだったからである。場合によっては、自分に不利に活用される可能性もあることを肝に命じておくべきだろう。自分で思っていたほど健康ではないかもしれないし、いつまでも若くはない。現在の当たり前と思っている民主主義体制が、いつの間にか独裁政権に変容し、あなたのような人々を好意的に受け入れなくなるかも知れない。現在の政治リーダーたちが好感度溢れる人々であるからといって、監視資本主義に私たちのパワーの全てを委譲してしまえば、世の中が暗転――新しいリーダーの出現や現職が国民を失望させるような政策を遂行するなど――した時、そのパワーを取り戻すことは不可能に近い。19世紀の英政治家ジョン・ダルバーグ＝アクトンの古い格言を思い出してもらいたい。

「すべての権力は腐敗するし、絶対的権力は絶対に腐敗する」

相手がＩＴ企業にせよ、政府であっても、私たちに対する過度な支配権を認めることは賢明ではない。

しかし、個人情報を**どのように**取り戻すべきか――加えて、自主権と民主主義を取り戻す方法――

の詳細について議論する前に、なぜデータ経済に抵抗すべきか、というもう一つの理由について検証する必要がある。何故なら、データ経済はパワーバランスの不均衡を助長することに加えて、監視経済が個人情報を売買するからであり、個人情報は有毒であるからである。

第4章　トキシック・データ

アスベストは多くの面で素晴らしい材料である。安く採掘でき、驚くほど耐久性に富み、耐火性も備えた鉱物である。しかし、残念なことに実用的である反面、致命的な欠陥もある。体内に入るとがんの発症に加えて肺にも深刻な影響を及ぼし、この曝露・危険に対する安全な対策はない[1]。個人データは、現代の情報化社会におけるアスベストのようなものだ。アスベスト同様、個人データも安く手に入る。その大半は、個々人が日々デジタル機器やテクノロジーを活用する過程で排出される副産物である。アスベスト同様に、個人データも役に立つ。売買もできるし、特典とも交換でき、未来予測にも役立つ。と同時に、毒性もあるため、個人の人生、組織および社会に害を及ぼす危険性もある。

セキュリティ（安全対策）の専門家ブルース・シュナイアーも、データが毒性のある資産だと認めている[2]。ハッカーは、毎日絶え間なくネットワークに侵入しては、人々のデータを盗んでいく。そして、時にはそのデータを用いて詐欺行為に手を染める。他にも盗んだデータで侮辱やゆすり、強要などもする。個人データを収集し、保管する行為は、時限爆弾を抱えるようなもので、いつどこで起きてもおかしくない災難が待ち受けている。サイバー空間では、防衛するよりも攻撃する側の方に有利なことが多い。攻撃する側は、攻撃を仕掛けるタイミングと手段を自ら選べるが、防衛する側は、常にあらゆることに対して防御しなければならない為、結果として、攻撃側が個人データを得ることを目的にしている場合、その目的はおそらく達成されるだろう。

個人データが危険だという意味は、その情報がセンシティブかつ誤用されやすい上、安全に保存することが難しく、加えて、犯罪者のみならず、保険会社や諜報機関に至るまで多くの者が渇望するものだからである。情報の保存期間が長くなればなる程、また分析されればされる程、それは私たちに対して不利に利用される可能性が高くなる。データは脆弱であるが故に、その対象者及びそれを保存する者までも脆弱な立場に立たされることになる。

〈破滅させられた人生〉

もしあなたのデータが悪意ある連中の手に落ちれば、あなたの人生は台無しにされるだろう。最悪の事態を予見する術はなく、一度起きたら、もはや手遅れである。データは取り戻せない。

2015年8月18日の早朝、3000万人以上の人達が自らの個人情報がネット上に公開されていることを知り、衝撃が走った。ハッカーが、既婚者の出会い系サイトを運営するアシュレイ・マディソン社の顧客データベースの全てをネット上に公開したのだ。利用者（登録を削除した人も含む）は、氏名、住所、好み、郵便番号およびクレジットカードの番号から特定された。ハッカーは、浮気中のズルい連中にカツを入れたかったとして、「償え」と書かれていた。[3]

このデータ漏洩事件によって、どれ程の人々が苦悩し、人生を破滅させられたかを正確に把握することは到底できない。数百万もの人々が、不眠症や心配に苛(さいな)まれ、失職した者、カネを支払わなければば配偶者にサイトを使っていたことをバラすぞ、と犯罪者に脅された者もいた。あるケースでは、お金と引き換えに「要求に応じなければ、あんただけでなく、周りの人も辱めてやる」という脅迫文が送られてきた[4]。そして、バラされないためにお金を支払ったとしても、その犯人もしくは他者がバラさない保証もないのだ。アラバマ州では、ある新聞がデータベースにあった当該地域の人名を全て印刷した。あるハッカーは興味本位で、わざわざツイッターのアカウントとウェブサイトを開設して、このデータ漏洩から得られた最も猥褻(わいせつ)な部分を面白半分に公表した。結婚も家庭も破綻し、自殺者まで出た[5]。

あなたは、アシュレイ・マディソン社の利用者が浮気をしていた為、このような目に遭ったのは自業自得だ、と思うかもしれない。しかし、果たしてそう言い切れるだろうか？ 難しい問題で、議論の余地があるだろう。何らかの罪を犯した者には社会的制裁が妥当である、と短絡的に考えるのは間違いかもしれない。他の人から見れば、私たちは皆、何らかの罪を犯しているかもしれない。何れにせよ誰しもプライバシーを保障される権利がある。そして、私たちの社会において、ハッカーには人々を断罪し、罰を与える倫理的正当性はない。加えて、オンライン上での晒し上げの結果、誰かが被る失職という社会的制裁は、不誠実に対する妥当なものとは言えない。また現実に、このサイトの利用者の中には、一見やましい行為に見えるようでも、実はそうとも言い切れない複雑な事情を抱えている人もいた。配偶者がそのサイトの利用を知って合意していた場合もあった。また、配偶者が性交渉を拒絶したためにそこに辿り着いた者もいた。そして、魔が差してメンバー登録を行なったものの、何もしなかった人もいた――念のために登録だけして、仮に結婚が破綻したとしても、いつでも相手を探す手段を確保しておきたかっただけかもしれない。仮にあなたが、アシュレイ・マディソン社の利用者は罰を受けて当然と思ったとしても、何も知らない利用者の配偶者や子ども達が受ける公的侮辱は許されるものではないだろう。

データ漏洩事件の報道を読んでホッと安堵のため息をついて、自分は家族に今まで嘘をついたことがないので何の問題もないと考えている人もいるだろう（しかし反対に、家族があなたに嘘をついているかもしれない）。ただ、人生を台無しにする個人情報は、後ろめたい情報だけを指すわけではない。その個人情報には、日常的に用いられる情報、パスポートや身分証明書から、単に氏名、住所や銀行の口座情報まであり得る。

2015年1月、真夜中にラモナ・マリア・ファギウラは、2人の男に叩き起こされた。突然、逮捕状を見せられ、身柄を拘束された。何も悪いことはしていない、と必死に警察官に訴えたが、無駄だった。彼らが探している被疑者は彼女ではなく、自分は個人情報盗用の餌食になった被害者だ、と繰り返し説明したが、取り合ってもらえなかった。護送車両の後部座席で泣きながら夫にメールを書いた。「警察は私を逮捕しようとしている。ファイルを持ってきて」。ファイルには彼女の今までの悪夢の出来事：これまでの裁判資料、裁判所からの召喚状、保釈保証書〔被告が裁判に出廷することを保証する保釈金の一部を保釈保証業者に支払って保釈金を立て替えてもらう方法。相場は保釈金額のおよそ1割。残りの保釈金を保証するため、不動産抵当権の設定や貴金属、親族による保証が追加される〕、そして誰かが自分になりすまして、スペインの12の都市で詐欺を行なった、と幾度となく裁判官及び警察に対して申し立て訴え出た資料が含まれていた。

彼女は、何も悪いことはしていない。それにも拘らず、何年にも亘り、法廷や警察を行き来しながら、その都度彼女の無実を晴らしてくれることを期待して、数千ユーロもの大金を弁護士に支払ってきた。不安障害と診断され、投薬治療も必要になった。「私の人生は台無しにされた」と嘆いた。[6]

デジタル時代における個人情報の盗用は、比較的多くなってきており、中でもクレジットカードの詐欺が最も頻発している。毎年、ネット上に大量の情報が加わり、犯罪者が推測して利用し得る個人データの公共データベースは肥大化するばかりであるのに対して、それを守る安全規約は改良、強化されないままだ。従って、データ関連の不正が増えているのは驚きではない。最近、同僚のシアン・ブルックと私が実施した調査では、驚くことに、92％もの人が、何らかの形でオンライン上でプライバシー侵害を経験したことがある、と回答した。[7]

もう一つ、広がりを見せつつあるデータ関連の犯罪に、金銭の強要がある。ある犯罪グループは2017年に、リトアニアにある美容整形外科のデータを入手し、世界60ヶ国の患者を脅してビットコインで身代金を要求した。結果的にハッカーたちは、ヌードやパスポートのスキャン、社会保障番号も含むプライベートな写真2万5000枚以上をネット上に暴露した。[8]

これら3つの事例は、個人情報の悪用によって、毎年どれ程多くの市井の人々の人生が台無しにされているかを物語っている。リベンジポルノにまつわる話、オンライン上での侮辱や暴露は数限りない。その悪影響に晒されるのは、ターゲットにされたデータの対象者だけではない。データ漏洩がもたらす悪影響は、政府や企業にも損害を与える。

〈毒にまみれた企業や組織〉

個人情報を保管し分析する組織にも、データに特有の脆弱性は波及し、影響を及ぼす。どのようなデータであっても、大災害を引き起こす恐れがあり、企業の利益を大きく減損し、そのイメージを壊し、市場のシェアを失い、株価を下げ、高額な裁判費用や刑事責任も問われかねない。必要以上にデータを収集し保存する企業は、自らのリスクも高めている。

もちろん、データ漏洩の被害によって全ての企業が破綻するわけではない。運のいい企業もある。例えば、前出のアシュレイ・マディソン社などは、事件前よりも好調である。フェイスブックは、数々のデータ漏洩の大失敗があったにも拘わらず存続しているが、企業イメージは大きく損なわれた。仕事上、そして社会的にも、フェイスブック上の交流・交友サイトを必要と感じている人もいるかも知れないが、もはやそれがクールではなくなった。それ故、長期的に見ればこれがフェイスブックの終わりを告げることになるかも知れない。他に有意義な選択肢を提供し得る競合会社が出現すれば、フェイスブックがすぐさま危機に陥ることは避けられないだろう。最近、我々が実施した調査では、ビッグテック企業の中でフェイスブックが最も信頼できない企業であると感じている、との結果が出た。調査の参加者は、0（一切信用しない）から10（完全に信用する）までの評点範囲で、辛口評価の2・75をつけた。[9]

フェイスブックがプライバシーを蔑ろ（ないがし）にした結果として、今のような影響力を失ったとしても、誰も驚かないだろうが、今後どうなるかは分からない。フェイスブックは未だその地位を維持しているが、かつてのような自慢の職場ではなくなった。今では、その従業員や元従業員にとっては、不名誉な隠したい要素になっており、かつて私がデジタル業界を研究し始めた頃のソーシャルメディア大手で働く人々の自慢話は影を潜め、最近ではフェイスブックに関係があること自体を表立って言わない人の方が多くなってきた[10]。

企業によっては、データ漏洩の惨禍を上手く潜り抜けた事例もあるが、すべての企業にそれができるわけではない。センシティブなデータの取り扱いは、猛毒物質を扱うのと同様に難しい。うまくいかないと、それは即ち企業の倒産に直結する。ケンブリッジ・アナリティカ社がその代表例だろう。この会社は、個人情報を利用して有権者のプロフィールを作り、個別広告を打ち、世界中の政治キャンペーンに影響を及ぼし選挙に介入しようとした事実が暴露された２ヶ月後、破産申請をして、企業活動の停止に追い込まれた。又、似たような例として、グーグルのソーシャルネットワークサービス、グーグルプラスのソフトウェアに、グーグルの利用者の個人情報へのアクセスを外部開発者に許容している欠陥がある、と公表された後、グーグルがそれを閉鎖したケースがある。

そして、企業がスキャンダルを何とか乗り越えられたとしても、汚染されたデータ（データ・ポイゾニング（ＡＩ開発や機械学習のプログラムに意図的に間違ったデータベースを習得させて、デタラメなアウトプットで混乱を引き起こす新たな攻撃方法））の洗浄、回復は高くつく。これまでフェイスブックは数々のプライバシー違反行為に対して、米国で50億ドルもの罰金を課されている[11]。そして、同社はケンブリッジ・アナリティカ社のスキャンダルに関しては、欧州一般データ保護規則（ＧＤＰＲ）導入前の事例となるが、英国で50万ポンドの罰金を課されている[12]。今後の新規制下での罰金額は、収入の４％又は２０００万ユーロのいずれか高額な方が適用されるようになり、現状フェイスブックは既に複数の件でGDPR違反の捜査を受けている。英国の個人情報保護監督機関（ICO）は、2019年に欧州一般データ保護規則（GDPR）に基づいて、ブリティッシュ・エアウェイズに対し、そのセキュリティシステムの欠陥によって顧客50万人に影響を及ぼしたとして、1億8300万ポンドの罰金を課す予定であることを発表した[13]。企業自らが個人情報の取り扱い方を変えない限り、今後はもっと途方もない高額な罰金の数々の出現に驚くことになるだろう。適切な規制とは、顧客と企業の双方の利害の一致を目指し、整合性が取れるようなものでなければならない。企業側の過失によるデータ漏洩で利用者が被害を受けた場合、企業もその責めを負わなければならない。

プライバシーに関連する被害は、時には罰金を伴わないものの、組織に相当な損害を与えることもある。その例が、2015年の米国人事管理局のデータ漏洩事件だ。ハッカーたちは米政府から、現職や元職員、そして今後採用予定の政府職員候補者の素行、身元調査などを含むおよそ2100万項目もの情報を盗み出した。盗まれたセンシティブなデータの中には、氏名、住所、生年月日、職歴や収入履歴、嘘発見器による診断結果や、感染リスクの高い無防備な性行為に関する報告、そして500万セットもの指紋情報が含まれていた。これらの盗用情報を活用すれば、覆面捜査員すらも特定することが可能となる[14]。このようなデータ漏洩は、大変な信用失墜にとどまらず、国全体の安全性を脅かすことにもなる。

〈毒に蝕（むしば）まれた社会〉

個人データの不適切な管理が社会を蝕む主なケースには、次の4つがある。それは、国家の安全を危機に陥れ、民主主義を堕落・頽廃させ、暴露と自警の文化を助長することで自由な社会を脅かし、個人の安全を危険に晒しかねない。

〈国家安全保障への脅威〉

世界最大のデータブローカーの一つで米国の消費者信用情報会社最大手、エクイファックスは、2017年9月に自社のサイバーセキュリティが突破・侵入され、米国民の個人情報およそ1億4700万人分が流出したと発表した。流出したデータには、氏名、社会保障番号、生年月日、住所や運転免許証の番号が含まれ、史上最大のデータ漏洩事件の一つとなった。これだけでも大変なことである。しかし、2020年2月に米司法省が、このデータ漏洩事件に関連して、中国の軍人4人を9つの事件で起訴したことで、さらに雲行きが怪しくなってきた（現状、中国は関与を否定している）。

中国軍は何故これ程詳細な個人データを必要としていたのだろうか？　一つの可能性は、スパイとしてリクルートするために特定の個人の情報が欲しかったのかもしれない。個人情報は多ければ多いほど、対象者から欲しい情報を引き出せる可能性も増す。彼らに借金があるなら、カネを提供すれば良いし、秘密があるなら、脅迫も可能だ。又、考え方がわかれば、彼らの心を動かすものを準備できる。

例えば中国が、リンクトイン（LinkedIn）などのソーシャルメディアを活用してスパイを募っているのは有名な話だ。リンクトインには、雇用機会を求めて6億4500万人が登録しており、彼らは誰からの接触も歓迎する。元政府職員ならば、雇用されるチャンスを増やす為に、敢えて極秘情報を取り扱える立場にいたことを宣伝する者もいる。この種の情報やアクセス手段は、中国側のスパイにとっては価値あるものである。直接会うよりも、オンライン上で連絡を取り合う方が、リスクも少なく経済効率も良いからだ。中国のスパイはソーシャルメディア上で、これまで数千人にも及ぶドイツおよびフランス市民に接触を図ってきたと考えられている。[15]

外国が他国の個人データを渇望する2つ目の理由は、自らのアルゴリズムの精度を上げる為であると考えられる。中国は自国民の情報は豊富に持っているが、外国人の情報は十分ではない。例えば、中国人のデータを基に練度を積み重ねたアルゴリズムは、西洋人には当てはまらないかもしれない。3つ目の理由として、ケンブリッジ・アナリティカ社が行なったような、特定の対象者をターゲットにしたデマの拡散に活用したいとの目的がある。そして、最終的にデータとは、他国政府に売り込める商品の一つでもある。[16] もしかすると、ロシアや北朝鮮も、中国同様、アメリカ人についてもっと知りたいと考えているのかも知れない。

エクイファックス社への攻撃は、プロによる犯行だった。ハッカーたちは、探知を回避できるよう小分けにして情報を盗み、ネット上の足跡を隠す為に、12カ国以上に散らばる34のサーバーを経由させ盗み出した。しかし、エクイファックス社は明らかに無防備だった。この事件の集団訴訟では、機密情報が暗号化されずに文字情報のまま保存され、簡単にアクセスできただけでなく、少なくともそのうちの一件については、企業側が自社ポータル（入り口）保護のために必要なパスワードを、推測されやすい簡単なもの（「管理者」）しか設定していなかったとして訴えられていた。[17] 加えて、重大な失策は、アパッチ・ストラッツのソフトウェアの更新を行なっていなかったことだ。アパッチはそのソフトウェアに脆弱性が見つかったとして、利用者に応急処置用のパッチを提供していたが、エクイファックス社はそれをインストールしていなかった[18]。

エクイファックス社の件では、データは盗まれただけなのだが、データブローカーが急増している現状を考えれば、データが合法的に買われることはあり得るため、その場合に、合法ではあるが悪意ある使われ方をされる可能性もある。ニューヨーク・タイムズ紙は、データブローカーの保有する位置情報が「濫用される恐れがあることに危機感を覚えた」とする情報をいくつかの筋から受け取った時に、それがどれ程の危険性をはらみ、悪影響を及ぼし得るかの調査に乗り出した[19]。これらデータには、米国の1200万もの電話回線が含まれていた。足跡をトラッキングされていた利用者が訪問したセンシティブな場所には、例えば精神病の施設や薬物依存クリニック、クィアの人々のスペースや教会、モスク、そして中絶クリニックまで含まれていた。特派員らは調査の過程で、とりわけ機密情報にアクセスできる軍関係者や検察官などの法執行機関の職員がどこに出入りしているかまで把握することができた。これら職員に何かやましいことがあれば（そして誰しもその可能性はある）、簡単に接触することのできる彼らは容易に脅迫の対象となり得る。国家のセキュリティを担う人が、これ程いとも簡単にどこにいるかを特定、追跡でき、妥協させることが容易ならば、我々全員がリスクに晒されていることになる。そして外国勢力は、個人情報が如何に国全体を脆弱にするかを熟知しているのだ。

米国の国家安全保障に対する懸念の増大が、中国のゲーム大手、北京クンルンに対して、同社が持つゲイマッチングアプリ、グラインダー（Grindr）の株式を米国企業に売却するよう圧力をかけている理由であった。グラインダーはゲイ、バイセクシュアル、トランスジェンダー向けのマッチングアプリで、セクシーな会話、ヌード写真やビデオ、リアルタイムの位置情報、メールアドレスやＨＩＶの感染の有無など、とてもセンシティブな情報を管理している。プライバシーが真剣に尊重される社会では、このようなアプリには完璧なサイバーセキュリティと様々なプライバシーへの配慮が求められるはずである。しかし、驚くなかれ、そのような厳格な環境設定がなされていない。２０１８年にノルウェーの調査機関が調べたところ、グラインダーは利用者のＨＩＶの感染の有無などを含む個人データを、アプリの改良を行なう第三者に送っていたのだ。報告書によれば、位置情報などを含む個人データの多くが幾つかの広告会社に暗号化されずに送信されていた[20]。

米政府はグラインダーに対する懸念の詳細について明らかにしなかった。ある情報筋によれば、「それらを明らかにすることで、結果的に機密扱いであったことを米国の政府機関が実質的に公表することになる」からだ、と。しかし、前記状況から判断すれば、これが機密扱いであったことを推測・推察することは難しいことではない。つまるところ、クンルンは北京に拠点を置く技術者にプライベートメッセージを含む、数百万もの米国人の個人情報を得られるようにしていたのだ[21]。米軍や米諜報機関の要員の中にもこのアプリを使っている者がいたと思われ、その場合、中国はそのデータを用いて彼らを脅迫したり、軍の移動・展開を推測することも可能になる[22]。アプリが軍の動きを暴露するのはこれが初めてではないだろう。

大抵の場合、政府の極秘プロジェクトに携わる要員は職住接近であることが多い。米軍の要員がジョギングルートをフィットネス企業のストラバ社と共有した時、米軍側はそれが軍の秘密基地の場所を公表することになるとは思ってもいなかった。ストラバ社は全ての利用者のジョギングルートをヒートマップの形で自社のウェブサイト上に公表し、最も人気のあるルートからあまり知られていないルートまでを拡大して見ることもできた。アナリストらの指摘によれば、ジョギングルートという限られた地域で、しかも活動量の最も少ない場所が軍の秘密基地だと推測されるに留まらず、他のデータベースと併用すれば、ストラバの利用者を氏名まで特定できるというのだ。ヒートマップのお陰で、目的の軍関係者を個人レベルで追跡することも可能になった[23]。

この場合、国家安全保障の脅威となったデータは、盗まれたり売買されていたものではなく、簡単にアクセスできる公開情報だった。この事件以降、ストラバ社はウェブサイトからヒートマップを外し、より見やすくシンプルに作り変えた[24]。しかし、手遅れである。我々は自ら・・・の意思でデータ収集に同意しなければならない。プライバシー軽視が蔓延する現状では、軍や政府関係者のプライバシーすらも危険な状況にあると言える。それは彼らを通して外国勢力が、ある国全体の安全を危険に晒すことも可能になる、ということだ。

〈民主主義に対する脅威〉

ケンブリッジ・アナリティカ社のスキャンダルは、プライバシーの喪失により、どのようにして民主的に行なわれるべき選挙が、恣意的な選挙区改定を通じて力を有する者に都合よく改変されていったかを示している。このプライバシー侵害によって得た情報を基に、人々の心理的傾向や考え方に合致したプロパガンダを特定の人々に対してピンポイントで流すことで、特定の世論の形成が可能になった。ケンブリッジ・アナリティカ社の内部告発者クリストファー・ワイリーは、データブローカーの同社が干渉していなければ、国民投票によるブレグジットは実現しなかっただろう、と考えている。[25] ある意味、同社の行為は同社が干渉した全ての国の国民の意思を侵害したことになるし、またそれ以外の国の国民も国際政治の影響を受けることを考えれば、被害者と言えよう。データによる被害はかくも広範に及ぶのだ。

非営利団体オンライン・プライバシー基金の主任研究員で共同創業者のクリス・サムナーは、ダーク広告に関する調査・研究を主導した。ダーク広告というものは、広告主とその広告を受け取るよう設定された対象者にのみ見える広告である。そして、位置情報や行動予測情報、サイコグラフィック情報（サイコグラフィック・プロファイリングは、個人情報に基づいた個人のタイプ別に応じて分類する手法）を基に各グループを対象に広告を打つことも可能である。このように各グループ毎に打つ広告の有効性を検証するために、サムナーは共同研究者のマシュー・シアリングと調査に乗り出した。2人は２４１２人を対象に、権威主義的傾向を有する者をフェイスブックから割り出し、権威主義的傾向が高い者と低い者の2つのグループに分けた。

権威主義的傾向の高い性格の人は、権威ある立場の人を尊敬し、彼らの言うことに従う傾向が強く、また伝統や慣習をより重んじ、仲間以外の人に対する寛容度は低い。そこで、サムナーとシアリングは、国家による大量監視に賛成もしくは反対する立場の広告をそれぞれ製作した。

研究チームは4種類の広告を製作し、権威主義的傾向の高い人向けには、監視に対して賛成の広告を作り、爆弾で破壊された建物の映像と共に、「テロリスト――彼らがネット上で隠れられないように。大量監視に賛成を」とのキャプションを添えた。反対に権威主義的傾向の低い人向けには、「犯罪行為は、インターネットが始まっても無くならない。監視に賛成を」との文字が並んだ。権威主義的傾向の高い人向けの監視反対の広告には、D-Day上陸作戦の画像が選ばれ、「彼らはあなたの自由の為に戦った。自由は誰にも渡さない！　大量監視にノーを」。そして、権威主義的傾向の低い人向けに作った広告には、アンネ・フランクの写真に加え、「隠すものがなければ、本当に恐れるものは何もない？　国家の監視にノーを」が選ばれた。

特定の対象者向けに誂(あつら)えた広告は、その対象者に対して、より効果的だった。例えば、権威主義的傾向の高い人向けの監視を支持する広告に対しては、権威主義的傾向の低い人よりも高い人の方が、20倍も「いいね」や共感が多かった。権威主義的傾向の高いグループに分類された人の方が、自分に合った広告の他者との共感度が顕著に高く、反対にその傾向の低いグループに分類された人は、自分たち向けの広告は、反対の立場向けに作られた広告よりも説得力がある、と感じたようだ[26]。しかし、このような（広告を共有する確率や説得力があると感じる）測定手法がどの程度、票に直結するかは不明である。

マイクロターゲティング（選挙戦やマーケティング等で、特定個人の嗜好を詳細に分析した上で打つ広告）に懐疑的な連中は、その効果は限定的ゆえ、選挙に与える影響を心配する必要はない、と指摘する。即ち、大衆の意見や判断に影響を与えようと展開する政治キャンペーンが直面する重要な課題の一つは、個人の特性と政治信条や価値観の間にそれほど強い関連性が常に存在しているわけではないということだ。そして、人々の個性に対する評価を誤れば、メッセージを送る相手を間違え、過激な反発を受ける可能性がある。さらに問題なのは、予見能力の高いフェイスブックの「いいね」には賞味期限があり、例えば5年前に「いいね」したものが今も通用する可能性は低く、誰もわざわざ5年前のコメントに戻って「いいね」を取り消す（unlike）ことはしないだろう。加えて、今の「いいね」が、1年後にも同じ意味を持つ保証もない。EUの住民投票など重要な政治イベントの実施前と後における政治家に対する「いいね」は、全く異なる政治的立場を示唆している可能性もある。又、同じ手法を使う政治キャンペーン同士が、お互いの効果を相殺し合うこともあるかもしれない[27]。

ただ懸念すべきは、マイクロターゲティングの効果は、限定的とはいえ、確かに存在することだ。プロパガンダの標的にされた人々が数百万人規模の場合、選挙結果を左右するには十分だ。２０１２年にフェイスブックは、２０１０年の米議会選挙の際、６１００万人の利用者を対象に実施した無作為比較対照試験の結果をネイチャー誌に掲載した（この試験は、フェイスブックのこれまでのやり方を見る限り、人々の事前了解なしに行なった模様だ[28]）。選挙当日、第1のグループには、ニュース一覧の上部に投票を促す文章が「投票した」ボタンと共に現れた。別のグループには、すでに「投票した」ボタンを押したフェイスブック上の友人6人のプロフィール画像と共に、前記と同じ文章が併せて表示された。第3のグループには、何のメッセージも表示されなかった。結果は、友人の写真と共にメッセージを受け取った人の方が、投票する確率が0・4%高かったことが分かった。それほど大きな差のようには思えないが、影響を及ぼすメッセージや画像を数百万人が見る度に、その数字がさらに加算されていく。この研究の執筆者たちは、約34万件の投票増加に繋がったと主張した[29]。

多くの選挙が、如何に驚くほど少ない得票数の差で結果が左右されるかを考えれば、34万票という数字は、選挙結果を左右するに十分な数字である。トランプ氏は米国における2016年の選挙を3つのスイング・ステートと呼ばれる激戦州で、7万票という僅差で勝利した[30]。同様にブレグジットの国民投票でも、離脱派が4%以下の僅差で勝利した。フェイスブックが全ての利用者に対して投票するよう促すこと自体は悪いことではないかも知れない。しかし、彼らの一存で、一部の利用者には投票するよう促す傍ら、一部には働きかけないとしたら? それも、不特定の人々に対して働きかけるのではなく、特定の候補者に投票しそうな利用者に対してのみ働きかけたとしたら? ケンブリッジ・アナリティカ社の目的の一つは、彼らの言う「説得可能な」有権者——即ち、説得されれば投票しないか、又は説得されれば、本来なら投票しない人に投票する傾向がある有権者——を見極めることであった。そして、一部の人に対しては、投票するのがバカバカしくなるようなコンテンツを見せたり、又、別の人には落選させたい候補者に関するフェイクニュースを流すなど様々な工作をした。

フェイスブックが有権者に影響を及ぼすパワーがあること自体、困ったことだ。フェイスブックの実施した比較対照試験の研究者が指摘するところによれば、2000年にアル・ゴア対ジョージ・W・ブッシュの間で争われた大統領選は、フロリダ州において537票差、州全体の票の0・01%未満で勝利が確定したのだ。仮にフェイスブックがフロリダ州の民主党の有権者に投票に行くよう促し、共和党に対してはそのような働きかけを行なわなかったとしたら、おそらくアル・ゴアが大統領に就任し、歴史は大きく変わっていたかも知れない。

フェイスブック上の投票ボタンは、2014年のスコットランドにおける国民投票でも、2015年のアイルランドでも、又同年後半の英国の選挙においても、そして2016年のブレグジット、同じく2016年の米国における選挙、2017年のドイツの連邦選挙と2017年のアイスランドの議会選挙でも使われた。ただ、アイスランドでは全ての国民にこの投票ボタンは表示されなかったようだ。しかし何割の国民に表示されたのか、又この投票のメッセージを見ることができた人々の範囲がどのように決められたのか、全く不明である。私達には、このようなメッセージが選挙にどのような影響を及ぼすのか全くわからないのだ。フェイスブックはそのことを隠して明らかにしていない[31]。世界でも最もパワーのある企業の一つに、個人情報の大部分を握られ、選挙期間中に私達の投票行動に影響を及ぼしかねないメッセージを表示することを許しているとは、狂気の沙汰である。しかも、それを調査できなければなおさらのことだ。民主主義の名の下に民主主義を弄ぶこのような動きに対しては、もっと深刻に受け止め、真剣に対処すべきであろう。

民主主義を健全に機能させる重要な柱の一つは、公正な選挙である。加えて、選挙のあり方、即ちそのプロセスについても、それが公正に行なわれたと我々が自信を持てることが重要だ。もしも、国民の大多数が選挙介入の可能性を疑えば、選挙の結果、誕生した政府の合法性、正統性は相当損なわれることになるだろう。

2020年の米国大統領選挙において、選挙介入の可能性及びフェイスブックの動きが懸念される背景には幾つかの理由があった。まず、米国の成人の70%がフェイスブックを利用しており[32]、ソーシャルネットワークは、米国の有権者の過半に影響を与える可能性を有している。*2つ目に、フェ

＊ フェイスブックと双璧を成す、グーグルが傘下に収めるユーチューブも、米国人の73%以上が使っているもう一つのプラットフォームで、自社のデータを通じて人々に影響を及ぼすビジネスを展開している。

イスブックは本書でこれまでも見てきたように、数え切れないほど利用者の信頼を裏切り、蔑ろにしてきた為、到底信頼に値する企業では無いことが明らかとなっている。[33] 3つ目に、同社は政治広告の内容に適度に手を加えたり、調整も、ファクトチェックも行なわないと公言している。[34] フェイスブックはこれまでも嘘言やフェイクニュースを垂れ流していただけでなく、それら有償広告は、マイクロターゲティングなど影響力の行使を最大化し得るツールにアクセスできることから、優遇していたのだ。[35] 最も重要な4つ目は、規制を回避したいフェイスブックとしては、この選挙で誰が当選するかに関して利害関係を有していた為、介入する動機が十二分にあった。

規制のない状態を維持したいフェイスブックが、自社の要職に元共和党議員を積極的に採用したことなどは、保守性バイアスに囚われる心配があった。[36] 現状から判断するに、実のところ、フェイスブックは、その意志さえあれば、何ら咎を受けることなく、選挙に介入することもできたかも知れない。そして、多分に私達はそのようなことが行なわれたとしてもその実態すら知らずに終わったかも知れないのだ。[37]

好意的に考えれば、フェイスブックは自己の利益の為に、規制されたくないと思ってはいるものの、もしかすると、責任ある行動をとって2020年の選挙に介入しないかも知れない。しかし、フェイスブックや他の企業が我々の言う民主主義のプロセスを尊重してくれると信じるべきではない。法の支配〔民主的方法で制定された法律が最上位にくる法治主義、法律の上に君臨する独裁者など、専横的な国家による支配を認めない英米法を基礎とする考え方〕の実現、維持には、善意に頼るだけでは不十分だ。民主主義がしっかりと機能する為には、如何なる勢力も選挙に介入すれば刑事責任は免れない、とすることが重要である。

ケンブリッジ・アナリティカ社や他企業の似た動きが、選挙にどれ程の影響を与え成功させたかは不明だが、明らかにケンブリッジ・アナリティカ社の意図は、民主主義を妨害することだった[38]。彼らは有権者を意のままに操りたかったのだ。彼らは、特定の候補者に投票すべきか否かの健全な判断を下すために必要な議論や真実の情報を広めようとするのではなく、人々の最も本能的な感情に訴えかけ、真実を嘘で固め、人それぞれに全く違う情報を提供していたのだ。例えば、自社の主張と相反する候補者に投票するかも知れない有権者に、投票に行かないよう働きかける行為は、民主主義を妨害している。そして、ブレグジットもトランプも、ソーシャルメディア上の個々人を対象にした政治的広告がなければ実現しなかったかもしれない、いや、恐らく実現しなかったであろうと思われる。しかし、仮にそうでなかったとしても、阻止すべき殺人事件と同じように、民主主義に介入しようとする動きは、何としても阻止しなければならない。

読者の中には、個人データを基に個々人に向けて打つ政治広告と、旧来型の政治広告とでは何が違うのか、果たして違いはあるのか、という疑問を持つ方もいるだろう。結論から言えば、デジタル時代がプロパガンダや偽の政治的メッセージを生み出したわけではない。破壊力を持った新たな手法とは、個々人それぞれに異なる情報、そして矛盾する情報を見せていることなのだ。データ企業は、私たちが聞きたいであろう話や、彼らの意図に沿った行動をとらせるにはどのような話を聞かせるかべきかを探る為に個人の特性を日々分析研究している。候補者の側も、ある有権者層に対して見せる顔と、それとは矛盾する別の一面を別のグループの有権者層に見せて、うまく立ち回り、当選を果たすことも可能だろう。

個々人を対象にした個別広告は、一般社会常識、通念を各個人の小さな現実的問題に細分化してしまう。極端に異なる情報を見せられて異なった世界に誘導された人々の間で、果たして健全な政治的議論などできるだろうか？　政治家が全国民に対してその主義主張を展開する時、大半の人が支持してくれそうな論点に絞って広告を一つだけ作成すれば良く、比較的穏健なものとなる。しかし、個々人に向けて打つ広告は、極端な主張に偏りがちである。

全員が同じ広告を見れば、互いに議論ができる。そしてジャーナリストや学者、政治的に違う立場の人もファクトチェックをして広告を批判することも可能だ。又、研究者ならその影響力を計測することもできる。これら多角的精査の全てが、候補者となる政治家に一貫性を持たせるようプレッシャーをかける。さらに、政治広告が公開されれば、法律で認められた額以上の広告費を費やしていないか、又その手法が違法でないか等、政党に対する監視が容易になる。政治広告はテレビやラジオ等の媒体では強い規制がかけられている。英国では、回数の限定された退屈な「政党の政治報道」などを除き、殆ど禁止されている。広告は見えなければ規制することができない。だからこそ、闇に紛れたような個々人に対して打たれる広告は禁止されなければならないのだ（これら広告については、次章で詳しく述べる）。

ソーシャルメディアのプラットフォームが、私達を老若男女、保守かリベラルか、移民や中絶に賛成か反対か等に分類する為に私達にデータを共有するよう促すとき、彼らはその分類に従った分断を作り出し、それを固定化していく。私達はそのような分断によって生じる社会の共通課題を見失ってはならないし、そうさせてはならない。私達が互いの違いを乗り越えて、調和のとれた状態で居心地よく共存する為には、社会に対する一定の中立性の維持が求められるが、そのために必要なのが自由主義的な考え方（リベラリズム）なのだ。

〈自由（リベラリズム）に対する脅威〉

自由な社会の基本原則は、個々人が望む通りの自由な生き方を選択できることだ。ジョン・スチュアート・ミルの「立証責任は、規制や禁止を求める［…］側が負うべきである」との言葉が、自由を好み、選択する論拠の一つとされている[39]。規制は、人々を危害から守り、市民が不当な介入を受けずに、全員が参画できる生活の場を保証する為にある。

プライバシーは、人がしっかりとプライベートな空間を確保し、他人の視線や批判、質問を気にせず、又不当な介入を受けない安全地帯を確保する為に重要である。プライバシーが保証されるということは、心置きなくホッとできる空間を確保することであり、適度な遠慮や秘密は、健全な市民生活をスムーズに過ごす為にも欠かせない[40]。常にお互いの感情を全て読めるような社会は、個人の私的空間を消滅させ、社会は不毛で解決しない無限の論争に明け暮れることになるだろう。リベラリズムとは、単に政府が国民の生活に介入しないということではない。自由な社会が力強く繁栄するには、政府の介入を制限するのと同じく、市民同士も一定程度の制限を受けながら、互いが自分らしく生きる努力をすることが肝要なのである。

ソーシャルメディアは、私達に互いの情報をネット上で「共有する」ことを推奨する。フェイスブックのビジネスモデルは、ネット上で人々が自分の素顔を明かすことを前提に構築されている。人々が個人情報の共有を抑制すれば、フェイスブックはしつこくつきまとい干渉し、もっと共有が進むようプラットフォームを微調整する。[41] 彼らのメッセージは、全てを共有しよう、である。あなたの人柄、考え方や感じ方、家族や友人関係について、そして、他の人に対してどのように感じているかを公にどんどん言わせたい。あなたの考えていること、言いたいことに耳を傾けているから、と。

ソーシャルメディアというプラットフォームは、人々が情報開示を抑制するのではなく、積極的に発信していく文化を植え付けようとする。多くの人が情報を共有すればする程、私達の分析を可能にする多くのデータが得られ、その情報は私達に働きかけたい企業に販売される。他人が共有しているものに対するコメントやクリック数が多ければ多いほど、それがより多くの広告、多額のお金とより強大なパワーをプラットフォーム企業にもたらす。これはウィンウィンの関係に見えるかもしれない。我々がザルのごとくいつまでも情報を彼らに提供し続ける限り、テック企業は自らの食い扶持を稼ぐことが可能になる。その一方で問題なのは、ネット上で共有された情報は、利用者の役には立たないことだ。あなたの個人データは、あなたの為になるよう使われるのではなく、逆にあなたに対して不利に活用されたり濫用されてしまう。又、共有された情報は、他の利用者に筒抜けとなり、場合によってはそれがゆえにネット上でストーカー行為をされたり、脅迫されたり、侮辱されることもある。ソーシャルメディアとは、礼節のない、無節操な情報伝達手段なのである。一方、礼節を保つには成熟した自制力が求められ、それには自らの情報開示に対する節度、自分の意見（特に他人に対する意見）表明に対する自制、そして疑問に対する質問の自制等が求められる。

抑制された礼節は、不誠実や不正直を意味しない。衣服を着ている人を見て、その下は裸であると思わないのと同じように、誰かのことをバカだと思っていても口に出さないことを、不正直とは言わない。率直な会話の為に互いの全てを知る必要はないし、友達になるため、また良好な近所づき合いをするために、相手の最も恐れているものや秘密、夢なども知る必要はない。誰しも周りの人に自分の全てを晒け出したくはないし、同じく、彼らの全てを知りたいとも思わない。

精神面はともかく、聖者の如き振る舞いを肉体面、発言や思考においてまで常に相手に求めることは非現実的だろうし、不合理だろう。哲学者トマス・ネーゲルが指摘するように「誰しも空想の世界で時々殺人を犯す権利を有している」[42]。自らが適切と考える形での情報開示以上に、公の場で個人情報を共有するよう他人に強要すれば、もっと有害で悪意に満ちた社会環境を生み出すことになるだろう。全てを晒け出す文化は、空想の世界の殺人なども共有させることになり、結果的に周りとの無用な衝突を避けられなくなる。容認しにくい側面をお互いに思いやることは欠点ではなく、優しさというものだ。

自由（リベラリズム）は、個人及び共同体を守り、健全な生き方を保証するために、必要以上の情報が公開されないことを求めている。対する暴露文化（culture of exposure）は、全てを共有し、公の精査を受けることを要求する。ビッグテックは、何も悪事を働いていなければ、何も隠すことなどないはず、そして、透明性は美徳である、という幻想を売り込む。しかし、それは違う。目立ちたがり屋が自分を見せびらかす行為は、美徳とは程遠い。デジタル経済の下では、あらゆる人が友好増進や効率的なコミュニケーション、そして公開討論という名目の為に、できるだけ多くのデータを生み出す努力をさせられ、必要以上に情報発信を強要されている。

過剰なまでの情報共有は、利用者ではなく、ビッグテックを利するだけである。そして、徐々に公の空間で過ごすことが心地悪くなる。容赦なく情報共有を促す社会的プレッシャーは、いずれ攻撃的な表現や不寛容を生み、警戒感や魔女狩りに繋がる。そして、それが中断されることはない。全てのイメージ画像、発言及びクリックは企業に集められ、収益を生み出すようにビジネスモデル化される一方で、それら情報は詳細に調査分析され、ネチズンからネット上で非難や辱めを受け、反省を求められ、人々は精神的にズタズタにされてしまう恐れもある。私達の発言や行動に対する意味のないから騒ぎに邪魔されて、私達はより重要な事柄——例えば司法や経済、環境及び公共財について考え議論することなど——から注意を逸らされてしまう。ネット上でつまらない論争を繰り広げ、お互いを罵りあい、誰もが持つ人間の弱さを暴き出して徹底的にズタズタにしている間にも、民主主義は崩壊しているのだ。

露出文化はある意味、子ども社会の残虐性に似ている。特に集団になると、子どもは生来の残酷性ゆえ、陰口や他人の秘密を話すのを止めるべき時が分からないことで有名だ。今後ネット社会が成熟していけば、過剰な情報共有や他者に対するいじめからは距離を置き、お互いに、より大人の関係を築けるようになるかもしれない。

〈個人の安全に対する脅威〉

個人データは、すでに濫用されているし、これからも濫用され得る。そして、アスベストよりも致命的な個人データの濫用もあるのだ。

ナチス政権による第二次世界大戦中のデータの濫用は、最も破壊的な結果を招いた事例の一つだろう。ナチスが他国に侵攻したとき、彼らはまずその国の国民を掌握すべく、直ちに地元の登記所を接収して、特にユダヤ人を探し出すのに活用した。ただ、各国で保有していた記録やナチス政権の渇望するデータへの対応は国によって大きく異なっていた。その最も対極にあったのがオランダとフランスだった[43]。

ヤコブス・ランベートス・レンツは、ナチスの一員ではなかったが、熱心な反ユダヤ主義者以上にナチス政権に協力した。彼はオランダの住民台帳の検査官で、人口統計が大好きだった。彼の信念は「記録することこそが貢献」だった。彼は1940年3月、ナチスが侵攻してくる2ヶ月前に、オランダ政府に全国民を対象に身分証明書の携行を要求する個人識別システムを提案した。この証明書たるカードには、偽造を防止する為、クォーツランプの下で消える半透明のインクと、透かし印刷を施した紙が用いられた。オランダ政府は、このようなシステムは一般市民を犯罪者扱いするもので、オランダの民主的な伝統とは相容れないとして、彼の提案を拒否した。レンツの失望は大きかったが、数ヶ月後に同案をナチスのライヒ刑事警察局に提案した。進駐軍はすぐさまこれを採用した。そして、全ての成人のオランダ人は証明書の携行を義務付けられ、ユダヤ人には証明書に〈J〉が刻印された死の宣告書の携行が義務つけられた。

これら証明書と共にレンツが活用したのが、IBMが販売していた作表機、所謂パンチカード機(Hollerith machines)でそれはパンチカードを用いた大量の個人情報の記録およびそのデータ処理に加え、国民に関する追加情報の記録も容易にできる機械だった。そして、1941年に法令が発布され、全てのユダヤ人は地元の国勢調査局で登録するよう義務付けられた。加えて、これまでオランダでは、純粋に国民を揺り籠から墓場まで管理できるようにする包括的なシステムを作るために、何十年にも亘り、宗教や様々な個人情報を集めていた。レンツと彼のチームは、パンチカード機及び利用可能な情報の全てを総動員して、ナチスが住民を特定できるようにしたのだ。

オランダと対照的だったのがフランスで、国勢調査の際、プライバシーの観点から宗教に関する情報は収集していなかった。宗教の情報も含めた国勢調査は、1872年を最後に行なわれていない。仏一般統計局長アンリ・ブンレは、1941年にユダヤ人問題一般委員会に対して、フランス国内に何人のユダヤ人がいるか、ましてやどこに住んでいるのかすら把握していない、と明言した。さらに、フランスにはオランダのように広範な情報収集を可能にするパンチカードシステムがなかったため、新たな情報収集を困難にした。もしナチスが警察に住民登録をさせようとすれば、紙やインデックス・カードを用いて、手作業で行なわなければならなかった。

パンチカード機なしには、国民について集めた情報を分類・整理する術はなかった。ナチスはどうしてもユダヤ人の情報が欲しかった。そこへ仏軍会計検査院長のルネ・カルミーユが名乗りを上げた。彼はパンチカードの愛好家でHollerithを含むパンチカード機をたまたま数台所有しており、この混乱を収めて、フランスのユダヤ人を処刑人の元に送り届けると申し出た。

カルミーユは、今日のフランスの社会保障番号の前身となる、記述式バーコードとして機能する個人識別番号を全国民に付与した人物である。職業別に付される番号など、特定の数字を用いて個人の特徴を表す方式を採用した。そして、１９４１年に14歳から65歳までのフランス人を対象に国勢調査を実施した。その中の質問11には、祖父母及び宗教に関する項目があり、自らがユダヤ人であることを申告させるものだった。

数ヶ月が経過したが、カルミーユからユダヤ人のリストは届かなかった。ナチス政権はイライラして待ちきれなくなり、パリにいるユダヤ人を集め始めた。しかし、カルミーユの情報なしには、ユダヤ人の自己申告に頼らざるを得なかった。それから更に数ヶ月が経過したが、それでもリストは届かなかった。

ナチス側は知らなかったが、カルミーユは初めから自国民を密告するつもりはなかった。彼は、フランスのレジスタンス運動の活動家の中心人物の一人で、国勢調査を利用して、２万にも及ぶ偽の身分証を作り出し、加えてその調査結果を活用してナチスを相手に戦える人物を見極めていた。そして、ユダヤ人か否かを問う質問11に対する回答については、一切記録されなかった。カードに穴は開けられず、その記録は永遠に失われた。後に、ナチスの手に渡ることはなかった十万を超える偽造されたパンチカードが見つかった。一人の人間が下した、人のデータ――それも猛毒のデータ――を集めないという判断のお陰で、何十万もの人命が救われたのだ。

約束したデータの提出を拒めば、カルミーユはいずれ自分が逮捕されることは知っていたと思われる。１９４４年にナチス親衛隊ＳＳに見つかって拘留され、２日間拷問された後、ドイツ南部のダッハウに送られ、そこで１９４５年に衰弱疲弊の末、死亡した。

データ収集は死を招く。占領された欧州において、ユダヤ人の死亡率が73％と最も高かったのがオランダである。そのオランダにおける推定14万人のユダヤ人の内、10万7000人は国外追放され、その内10万2000人が殺された。一方、フランスにおけるユダヤ人の死亡率は25%だった。推計30万から35万人のユダヤ人がいたが、8万5000人が国外追放され、その内の8万2000人が殺された。オランダにおけるプライバシーの欠如が、何十万もの人命が失われる結果に繋がったのに対し、プライバシーを尊重したフランスでは何十万人の命を救う結果となった。更に、データ収集の有無が両国の死亡率の差に繋がったのではないかという仮説は、オランダ在住のユダヤ難民全体の死亡率が同国在住のユダヤ人全体より低かったことからも裏づけられる。難民は登録されなかったからである。[44]

他にも個人情報濫用の記録が残る例として、19世紀に米国で行なわれた、アメリカン・インディアンの彼らの領地からの強制的な移住の他、1920年代及び1930年代のロシアにおける少数民族の強制移住、そして、1994年のルワンダにおけるジェノサイド（大量虐殺）の際に、ツチ族を探し出し殺害する為に利用された1930年代に導入したベルギーが導入した登録システムがある。[45]

過去に起きたことは、将来においても起こる可能性が高いのではないか。これらは、どこか遠い銀河系で起きたお伽話の世界ではない。過去に起きたこのようなひどい間違いを繰り返さない為にも、これら事例は教訓として学ばなければならないであろう。*

我々の個人データを全て入手した現代の独裁的な政権を想像してもらいたい。過去には独裁者しか持ち得なかった断片的で僅かな情報を、今や誰もがたった数回のクリックで世界中のあらゆる個人情

* IDカード・身分証明書の暗黒の歴史に鑑みれば、1952年にイギリスがそれを廃止したのも、そして最近それを復活させる議論に消極的なのも理解できる

報を得られる時代だ。独裁的な政権は、労せず国民の弱みの全てを握れるし、私達の一挙手一投足すら予測できるようになれば、永遠に倒れない政権の誕生だ。

第二次世界大戦中の多数のデータ関連の事件の中でも、大きな教訓を残した一つが、1943年3月にオランダにおいて、レジスタンス組織の一部が、アムステルダム市内のユダヤ人7万人が殺されるのを阻止する為に、保管されていた記録を出来るだけ多く破壊しようと、同市の登記所を襲った事件である。ゲリット・フォン・ダ・ヴィーン、ウィレム・アロンデウス、ヨハン・ブラウワー、ルディ・ブロムガルテン他数名は、警察官の服装で建物に侵入し、警備員の命は奪わずに鎮静剤を打って彼らを眠らせ、記録の入ったファイルをベンゼンに浸して火をつけた。消防隊員の中の共鳴者（シンパ）は、この攻撃を事前に知っていた。火災報知器が鳴ると、火が十分に回るまでの時間を稼ぐ為に消防車の出動を遅らせた。そして登記所に到着すると、大量の水をかけて出来るだけ多くの記録を破損させることに尽力した。

ただ、不運なことに登記所への攻撃は大して成功しなかった。レジスタンス組織のメンバーのうち12人は見つかり、処刑された。そして火事で損傷を受けた書類は、全体の15％にとどまった[46]。

ナチス政権が個人情報を手に入れるために登記所に直行したように、今日の悪巧みを標榜する連中も、あなたのデータはどこで入手出来るかを知っている。そして、今や我々の最もセンシティブな情報を手に入れる為に、軍隊を派遣して国を侵略する必要すらない。腕のいいハッカーがいれば十分だ。その意味では、私達の個人データが直面するリスク及びプライバシーによって守られてきた全てが、インターネットが普及する前の世界よりもはるかに高いリスクに晒されている。

今こそ過去の過ちから学ばなければならない。個人データは害毒である。だからこそ、それに対する規制が必要なのだ。アスベストの時と同じ轍（てつ）を踏んではならない。アスベストは、車のブレーキ板に始まり、管、屋根や床のタイル、コンクリート、セメント、煉瓦、洋服、マットレス、電気毛布、電気ヒーター、トースター、アイロン台、煙草のフィルター、人工雪等々多方面で使われてきた。屋根材や壁など、住居の構造物にまで使われ始めたことで、リスクなしに撤去するのが困難になった。アスベストは毎年数十万人もの命を奪っている。そして、すでに使用が禁止された場所で、未だにその毒性で世界中の人々を苦しめているのだ[47]。

個人データが、個人そして組織や社会をこれ以上毒するのを止めなければならない。個人データに関しては、今ならまだ軌道修正すれば間に合う段階にある。インターネットも、それに依存する経済も修正、改善することは可能だ。第二次世界大戦時のオランダの経験から学ぼう。彼らはプライバシーに関して、少なくとも2つの大きな過ちを犯した。まず、個人データを収集しすぎた。それは我々も同じだ。そして、そのデータの毒性が強く致命的であることに気付いたものの、それを簡単に素早く消去する方法を見つけられなかった。現代の我々も同じである。手遅れになる前に、消去する方法を見つけなければならない。

第5章　データの流れを変えられるか

監視経済は一線を越えてしまった。監視経済は我々の個人データを色々なやり方で幾度となく濫用してきた。加えて、売買されるデータの量と細心の注意を払うべきデータのデリケートさに鑑みれば、この壮大な実験を続けるのは余りにも危険すぎる。個人データの売買自体を止めなければならない。

私たちは、自由で平等、そして永続性のある自由民主主義と相容れないデータ経済とはおさらばしなければならない。さもなくば、プライバシー保護の措置を講じる前に前代未聞の大規模なデータ災害――例えば生体情報の途方も無い規模の漏洩（パスワードと違い、顔は変えられない）から始まって、ジェノサイドなどの為に利用され得る個人データの濫用――に見舞われるまで指をくわえて待つか、もしくは、手遅れになる前に、データ経済を今こそ改革するために立ち上がるか、であろう。

今や経済の主要部分を占めるようになったデータ経済とおさらばすることは、現実的でないように思えるだろう。かつては労働者の権利を認めることは、今のデータ経済を捨てることと同様に突飛な考えとされた時代があった。今、歴史を振り返って、例えば産業革命時代の労働者に対する非人道的な搾取を反省しているように、このままでは将来、今日の監視経済の愚かさを嘆くことになるのではないだろうか。

我々人間は、常に危機回避能力を発揮できるわけではないものの、自らの行動変容を通じて、これまでのところ、最悪の事態を免れるよう軌道修正してきた事例も見受けられる。例えば、大気圏の最も外側にあるオゾン層は、太陽の紫外線を吸収してくれており、このオゾン層なくしては、私たちの目や皮膚、免疫機能や遺伝子は、紫外線による損傷を受けてしまう。20世紀の後半にオゾン層が薄くなるにつれ、皮膚ガンの患者が増加した。１９８５年にネイチャー誌に掲載された科学者グループの論文では、南極上空のオゾン層が毎年減少していることを警告していた。我々は惨事に向かっていた。しかし、わずか2年後の１９８７年に、フロンガス（ＣＦＣｓ）を含むオゾン層を破壊する物質の製造および使用の禁止を目的とした国際条約、モントリオール議定書が採択された。これら問題とされた化学物質は、その低い毒性、そして（アスベストのような）可燃性及び反応の良さが魅力だったが為に、世界中で冷蔵庫やエアコン、スプレー缶に使用されてきた。ただ、他の物質と結合しない性質故に、大気中に放出されたまま長期に亘って残ることになり、それがかえって危険性を増大させることになった。

専門家並びに一般市民によるフロンガス製造及び利用への反対運動が企業を動かし、代替物質の開発に繋がった。２０００年以降、オゾンホールは10年で毎年１～３％ほどの割合で回復してきている。このペースが維持できれば、北半球のオゾン層は計算上、２０３０年代には完全に修復されることになり、２０６０年までには、地球全体のオゾン層が復活すると予想されている。そして、フロンガスの段階的廃止が地球温暖化のペースを半減させるという別の効果ももたらした[1]。

オゾン層も守れたのだから、私たちのプライバシーも守れるはずだ。

本章における提案の大半は、政治家など政策決定者を対象にしたものなので、彼らを如何に動かすかについて言及したい。オゾン層を修復したように、データ経済を改革するには法律による規制が不可欠であり、それ以外の方法はない。そして、政策決定者を動機付けるものは、外圧、すなわちあ・な・たの、そして私たち有権者からのプレッシャーである。もっと踏み込んで言うならば、究極的には、私たちの一存でこの個人データの取引を終わらせることが可能なのだ。そして、それを実現するためにあなたができることは多い。

政治家などの政策決定者は基本的に国民を守ろうと努力する。ただ、大きな決断を下す際に生じる結果責任などを恐れていることもあるだろう。例えば、自分の所属政党の反対や、有権者のためにとった行動が評価されない、政治的な出世に響くなどのリスクが考えられる。しかし、政治家の権限は私たち有権者が与えるものだ。政治家は、私たち国民がプライバシーを重視し、規制をしなければ票や支持を失うと知れば、必ず行動する。私たちからの指示や合図を待っているのだ。私たちの為すべきことは、できるだけ多くの情報を収集して、政治家に何を要求すべきかを熟知することである。有権者であるあなたの強い信念を政治家に直接伝え、投票行動で示すことに加えて、次章で取り上げる、プライバシーを自ら守る行動を通して、その確固たる意志を社会に対しても表明していくことが大切なのだ。

〈個人向け広告を禁止しよう〉

スタート地点に戻って考えてみよう。データ経済の負の側面は、特定の個人をターゲットにした個人向け広告に端を発するため、そこにこそ解決策があると思われる。個人のアイデンティティや行動に基づいて打たれる個人向け広告は、それらが惹起するマイナスの影響や結果に見合うほど価値のあるものではない。

個人データの毒性についてこれまで見てきたが、個人向け広告が深刻な脅威を呈する、と言われる所以の一つは、一般大衆の政治への参画過程を歪める可能性が高いからだ。このような問題の解決には、ツイッター社が2019年に行なったような、政治広告を全面的に禁止すればよいと考える人もいるだろう。しかし、どの広告が政治的でどれが政治的でないかを明確に線引きする基準はない。ツイッター社によれば、政治的な内容とは、「特定の候補者、政党、選出もしくは任命された政府関係者、選挙、国民投票、投票方法、法律、規制、命令または司法判断」を指すと定義している。では、気候変動の報道や、それを否定する広告などはどう扱われるのだろう？　また移民反対の広告は？　家族計画をサポートするヘルスセンターの広告は？　これら全ては政治的に見え、特定の候補者や選挙の争点に絡みそうに見えるが、それらをツイッターが禁止するのか、または彼らによって禁止されるべきものなのかは明らかではない。

それよりも良いと思われる解決策は、個人向け広告の全面的な禁止だろう。個人向け広告は政治的二極化を招くだけでなく、多くの人々が認識している以上に侵害的である。あなたが個人向け広告を目にした時は既に、あなたの友人よりもその広告を見せた企業の方があなたのことをよく知っている、というだけでなく、それ以上に事態は深刻なのだ。ネット上のページを読み込んでいる間は言うに及ばず、データ収集に同意する（又はしない）うちに、複数の会社があなたに自社広告を見せるためにしのぎを削っているのだ。

広告の入札が自動化されたリアルタイムビディング（ＲＴＢ）では、あなたの個人データに興味を持ちそうな広告会社宛に、大抵はあなたの同意なしにあなたの情報が送信されている。もしもアマゾンがそのデータを受け取り、あなたのことを過去に自社サイトを訪れて靴を検索したことのある利用者だと認識したとしよう。すると、広告掲載のために他社よりも高値を提示してあなたに靴を買うように誘導するかもしれない。こうしてアマゾンの靴の広告があなたの画面に表示される仕組みになっている。そして、不幸なことに、この過程であなたの性的指向や支持政党、政治信条などの大切な個人情報が、あなたの知らないうちに、そして同意なしに数多の広告会社に送信された可能性が高い。懸念すべきは、これら企業があなたの個人情報を握ってしまっているということである[2]。

消費行動へ誘う広告は理解できる。利用者は興味のない商品は見たくない。例えば、トラクターに興味がないのに、画面上にトラクターの写真が表示されれば、鬱陶しく感じる。一方で広告主も、自社商品に全く関心のない人に広告を表示するなどの無駄なお金はかけたくない。19世紀の有名な小売王ジョン・ワナメーカーの「広告費の半分はお金の無駄使いに終わっている。問題はどちらの半分が無駄か、わからないことだ」という名言通りだ。

対象と目的を絞った個人向け広告は、消費者には興味のある広告を見せ、広告主は自社商品の売り上げに貢献する広告費のみを負担することになる、ということで双方にとって確実に最善の解決策を提供する。これこそ理論上、ウィンウィンの関係である。しかし、残念ながら実態は理論とは程遠く、監視社会を常態化させている。これはフェイクニュースおよびクリックベイト（利用者が興味を示してクリックしそうな内容を意図的に表示するオンライン上の広告のこと）の拡散の原因となっている。又、公共の社会常識・通念を現実的問題に細分化、矮小化してしまい、民主主義のプロセスをも歪めてしまった。これだけ世の中をかき乱すだけでは飽き足らず、加えて、謳い文句とは異なり、目的を絞った特定個人向け広告は、私たちの見たい内容は表示せず、他方の広告主にとっては、費用の節減又は売り上げ増大に貢献しているのかさえよくわからない状態なのだ。

広告とは、一般的に想像するよりも非科学的な努力の積み重ねである。マーケター（マーケティングの戦略立案を行なう者）は、これが成功するという確たる戦略があるというよりは、直感で行なうことの方が多い。時には、このような直感に頼ったアプローチで、大手有力企業は数百万ポンドも無駄にしてきた[3]。

今はまだ十分に研究が進んでいないため、特定個人向け広告にどれ程の効果があるのか確信が持てないが、楽観論者が期待した程、個人向け広告が利益を生んでいないと推察できる理由がある[4]。初期の調査によれば、クッキーを用いた広告は売り上げに貢献しているが、増加率はおよそ4％程度にとどまる――即ち1広告当たり0・00008ドルである。それにも拘らず、広告主は、一般大衆向けのそれよりも特定個人向け広告に対して、より高額の費用を投じる傾向にある。ある事例では、クッキーのないオンライン広告に支払われた費用は、クッキーを用いた同じ広告のたったの2％にとどまった[5]。こと特定個人向け広告に関して、「これにより皆が利益を享受できる」という主張は、魔術的思考（マジカルシンキング）が支配している、とカーネギー・メロン大学で教鞭を執り、この研究調査を行なったアレサンドロ・アクィスティ教授は言う。そして、「一見すると妥当なように見えるが、問題は、さらに深く調査していくと、これら主張には実証的証拠が余り存在しないことだ」とも述べている。[6]

もしも、個人向け広告の方が一般大衆向けのそれよりも高額で、そのもたらす収入が取るに足らない額だとすれば、私たちはプライバシーを無意味に失っていることになる。グーグルやフェイスブックなどのプラットフォーム企業は、でたらめを言って不当に利益を上げているのかも知れない。* ディジデイ社が行なった調査がこの疑問を裏付けている。この調査に参加した出版社40社の経営幹部のうち、45%は個人向け広告が目に見える成果を出せていないとした一方、23%は広告による売り上げが減ったと回答した。[7] 欧州における個人情報保護を定めるEU一般データ保護規則（GDPR）への対応としてニューヨーク・タイムズ紙が個人向け広告を禁止したところ、売り上げが落ち込むどころか、逆に上昇したのだ。[8]

個人向け広告がさほど売り上げ増に貢献しない理由の一つに、消費者がそれを嫌っていることが挙げられる。[9] かつて広告が創造性豊かでウィットに富んでいた時代を覚えているだろうか？　広告というものが面白かった時代には、それらを集めて一時間のテレビ番組に編成したら、誰もが〈見たい〉と思うものだった。しかし、もはや今のものは違う。特にオンライン広告は、どう見ても不快で、最悪の出来の場合は嫌悪感すら抱く。それらは特に醜く、気が散るし押し付けがましい。当節の広告は、広告の父と呼ばれたデイヴィッド・オグルヴィの教訓を忘れたようだ。彼の言葉に「人々を飽きさせ

* 念頭におくべきは、仮に個人向け広告が、費用対効果に見合っていなくとも、巨大プラットフォーム企業は多くの利用者を抱えているため、広告主としてはそれを利用する価値があると判断している場合があることだ。

て自社商品を購入させることはできない。自社商品を買わせるには興味を持たせるしかないのだ」とある。加えて、人々に商品を買うよう〈強制〉すべきではない。そして、金槌で頭を叩くよりも友好的な握手をした方が、商品を購入してもらいやすくなる。消費者を〈魅惑〉するように努めなければならない」とオグルヴィは書いている。[10] オンライン広告は、ある意味、金槌で頭を叩かれるよりも酷い。

オンライン広告は、プライバシーを侵害するので特に嫌悪する人もいる。広告に不当に監視されたと感じたことはないだろうか？　友人との機微に触れるデリケートな話題――例えば転職や出産、家を買うなど――について話をした直後に目にした広告が、個人間のプライベートな会話だと思っていた話題に直接関連するものだったという経験をした人もいるだろう。研究結果が示す通り、人が広告を気持ち悪いと感じた場合、その効果が薄れるというのは驚きでもないだろう。[11] 広告が、ウェブ上で個人のことを追いかけ回したり、個人の行動を推測して表示される設定になっていることを知った人は、広告に関わらないようになる傾向が強くなる。

前にも説明したが、グーグルはとうの昔に、人々が監視されていることを良しとしないことを察知した為、方針を変えて秘密裡に情報を集めることにした。あなたは大手IT企業に自分の個人情報がどのように利用されているのかを初めて知ったときのことを覚えているだろうか？　察するに、いずれかの大手プラットフォームから、情報の利用法について明確なメッセージを受け取ったという人はいないだろう。おそらくどこかの時点で、自分に見せられる広告に疑問を抱き、また友人や家族に見せられている広告と異なることで気づいたか、記事や本を読んで知った人もいるのではないだろうか。

個人向け広告が、目指していた成果を十分に上げられていないのであれば、私たちのプライバシーの喪失は、無益で不合理に感じられよう。しかし、仮に個人向け広告が消費者に興味のあるものを表示し、企業の収入増に貢献しているとしても、私たちにはこれら広告を拒否し、反故（ほご）にするだけの十分な理由がある。

ビジネス面における個人向け広告はそれ程効果が出ないかも知れないが、これまで見てきたように、選挙結果を左右するには十分かもしれない。４％の販売増のプラス効果は、広告費用を賄うには不十分かも知れないが、同効果を有権者の数に置き換えた場合、選挙結果を左右するには十分過ぎると思われる。

個人向け広告は、テクノロジーの攻撃的な使い方を常態化させてしまった。偽情報の拡散によりマーケティングを武器に変容させ、社会常識、通念を破壊し、二極化と分断を招いた。今後もフェイスブックなどのプラットフォームが個人向け広告を活用する限り、彼らの企業理念として発信している「世界をより緊密にする」目標とは真逆の、利用者に各自の情報を曝け出させ、軋轢（あつれき）を生み出し、競わせることで、更なる社会の分断を進めるだろう。そして、フェイスブックがオンライン広告を支配する限り、ますます社会に害悪をもたらし続けることだろう。

フェイスブックは、出版各社が独自の流通チャネルを活用することを妨害し、クリックベイトのコンテンツが利用されるよう仕向けてきた。特に新聞社などでは、出版側と読者の関係が希薄化したことで問題が大きくなっている。プラットフォーム側のさじ加減一つでアルゴリズムが変えられ、それが記事の表示形態に影響を及ぼす為、新聞社の各プラットフォームへの依存度をより高めてしまった。[12]

2018年にフェイスブックが報道機関のコンテンツよりも、家族や友人の投稿を優先して表示させる仕様に自社アルゴリズムを変更したと発表する前から、報道機関各社へのフェイスブック経由のアクセス数は激減していた。裏付けが十分ではないものの、サイトによっては40％もの減少を記録したとし、バズフィード社は社員を解雇しなければならなくなり、ブラジルの新聞最大手フォーリャ・デ・サン・パウロはフェイスブック上に自社ニュースを掲載するのをやめたほどだ[13]。

では、個人向け広告を禁止すれば、競争原理が働くようになるのではないか。フェイスブックやグーグルに対する競争原理が機能していない要因の一つが、彼らがこれまでに蓄積した個人情報の量の多さに新規参入者が太刀打ちできないからだ。プラットフォームがより多くの個人情報を蓄積していればいる程、個人向け広告は効果的に打ち出せるという神話のもとでは、誰しもがフェイスブックやグーグルに広告を載せたいと考えるようになる。誰もがコンテンツ連動型広告（コンテクスチュアル広告、自動化された関連広告〔ネット広告の中でも閲覧中のWebページやキーワード検索、位置情報や天気などを自動検出、分析し、関連する広告を自動で表示する広告のあり方〕）を用いるようになれば、他の企業も同じ土俵に乗ることができる[14]。このコンテンツ連動型広告の特徴は、あなたの属性やどこを訪れたかに関係なく、検索欄に「靴」と入力すれば、靴の広告を表示することである。個人データを利用できなくすれば、グーグルやフェイスブックの競合優位性をある程度削ぐことは可能だろうが、それでも両社が握っている利用者の多さを考えれば、まだまだ巨大広告企業として暫くは君臨しそうな状況だ。

そして、オンライン上の広告のうち、特にインフォーマティブ広告〔新商品などの特徴や特性、利点などを説明する広告手法〉に関しては、〈押し付けがましく、説得的な広告とは異なり〉これこそが倫理的でより利益の出る本来のマーケティングである、とデイヴィッド・オグルヴィは主張する。オンライン広告を掲載する企業は、オグルヴィの格言「広告とは〈言葉〉のビジネスである」ということを肝に銘じておくと良いだろう。オンライン広告は、テレビ広告よりも雑誌広告に似せた方が良いのかも知れない。個人を監視し、集中力を妨げるチカチカして飛び跳ねる不快な映像の広告を作るよりも、オグルヴィの提唱する、言葉や事実に基づいて作成するよう努力すべきだろう。商品を形容詞的表現ではなく、事実に加え、適切なアドバイス――例えばシミ抜き法やレシピの提案――を提供する方が、奨励されるビジネスのあり方だろう[15]。オンライン広告会社は、私たちの情報を吸い上げるのではなく、情報を提供すべきなのである。

新商品やブランド品の販売促進では、広告を打つことが特に理に適って(かな)いて、認められるべきであろうが、その効果を得る為に私たちのプライバシーを侵害する必要はない。更に、経済活動の広告への高い依存度を制限すべきとの議論も出始めている。広告がデータ経済の中核を成している今日、溢れかえる過剰な広告は、逆に人々の幸福や満足度を下げているとも考えられる。

最近発表された欧州27ヶ国の市民およそ100万人を対象に、30年かけて実施された国内広告費の実態調査によると、広告費の増大に反比例する形で生活満足度が下がる結果となっている。失業率や個人の社会経済的特性等のマクロ経済的変動要因を加味した後の研究者の推定値は、国内広告費が倍増すると3％の満足度低下に繋がり、とりわけ、失業者の不満度はおよそ25％に上っている[16]。もしも私たちの幸せを犠牲にして、広告が経済を押し上げているのなら、広告が私たちの生活にどの程度まで関わることを許容すべきかを再考した方が良いかもしれない。全米広告主協会及び米国広告連合が委託した報告書によれば、２０１４年の米国における経済生産総額のおよそ19％を広告費が占めていた[17]。この数字を他の経済要素と比較すると、同年における観光収入は７・７％だった[18]。米国における広告の市場規模は、金融産業よりも大きい[19]。それにもかかわらず、この業界が私たちを不幸にしている。フェイスブックの元データサイエンティスト、ジェフ・ハマーバッカーが指摘している通り、私自身も「同世代の優秀な連中は、どうすれば人々に広告をクリックさせられるかしか考えていない」ことを残念に思う[20]。

広告収入に過度に依存したプラットフォームを提供するビッグテックの力を削ぐには、広告を制限することが最も自然な流れだ。アルファベット及びフェイスブックの主な収入源は、広告収入であることを忘れてはならない[21]。

個人向け広告のみならず、リアルタイム入札も禁止しなければならない。広告による今以上の影響力行使を制限するだけでなく、人々の幸福にマイナスの影響を及ぼさないように軌道修正しなければならない。幸いなことに、次章で詳しく述べるが、アドブロッカーを使えば、政治家が広告業界を規制し改革するまで待たなくても良さそうだ。

〈個人データの取引を止める〉

個人データは、売買したり、利益を得る為に利用すべきものではない。濫用される可能性が高いことに加え、その影響は広範に及ぶ。データがセンシティブであればある程、その取引は絶対に禁止されるべきであり、法令違反についてはより厳しく罰せられるべきである。個人の病気、交通事故で息子を失ったことやレイプの被害者となったこと等の情報を元に企業が利益を得るのを許すことは、考えただけでも不快である。

また、データブローカーの存在を正当化し得る建設的な議論を聞いたことがない。デジタル社会のスカベンジャーであるデータブローカーは、私たちの残したデータの軌跡に寄生しており、最も高値をつけた者にそれを売却するだけで、自分たちが利益を得ている対象である我々に敬意を払う気など毛頭ないのだ。

20年前、エミー・ボイヤーは、ドキュサーチ社から彼女の個人情報並びに位置情報を購入したストーカーの男に殺された。[22] そして、驚くことにこのデータブローカー会社はまだ存続している。同社のサイトには、「オンラインの世界で20年以上の信頼を得ている」と書かれている。データに飢えたハゲタカは信用できない。データブローカーは、詐欺師らに人々のデータを売りさばいてきた。2014年、ネバダ州にあるデータブローカー、リープラブ社は、個人データを使って銀行口座から不正にお金を引き出していた「会社」に、数十万人分の詳細な情報を売っていたのだ。[23] 銀行口座からお金が消えた経験はないだろうか？ あるとすれば、それはデータブローカーの仕業の可能性が高く、原因はあなたの情報を彼らが売ったか、又は彼らが盗まれたかだろう。そして、前章でも触れたが、エクイファックス社のデータ漏洩事件は、史上最悪の企業不祥事となっている。[24]

ネットユーザーに関するセンシティブな情報ファイルが存在することそのものが、全国民にとってのリスクである。多くの場合、データブローカーが保有する個人データは、十分な保護対策もなされず、ましてや暗号化すらされていない。加えてデータブローカーには、健全なセキュリティ環境に投資する十分なインセンティブすらない。外国政府や悪意あるプレーヤーが、それらデータをハッキングして悪用することも可能だ。データブローカーが個人情報を集めれば集める程、そしてその情報を他社に売却していけばいく程、データ漏洩によって私たちが負うリスクと被害は増大するばかりだ。そしてその見返りに私たちが得られるものは？　と問われれば、何もない。私たちは酔っ払ってこのような契約を結んだのだろうか？　いや、そもそも問われたことすらなかったのだ。

データブローカーから個人情報を購入するのも、大した金額ではない。銀行の口座番号情報は、１口座当たり50セントだし、個人に関する網羅的な情報でさえ、たったの95セント程度で入手可能だ[25]。ひと月に25ドルも支払えば、あなたの知り合いの誰であれ、素行調査まで実施できてしまう（お願いですから行なわないで下さい）。２０１７年5月にタクティカル・テック社とアーティスト、ジョアナ・モールは、デーティングサイトのブローカー、ＵＳデート社から１００万人分のデート用のプロフィールを入手した。その中には、およそ５００万人分の写真、ユーザーネーム、メールアドレス、国籍や性別、性的指向や性格などを中心とした詳細な情報が含まれていた。このデータの出所には疑念もあるが、おそらく最も人気があり幅広く活用されているデーティングサイトの可能性が高い。この情報入手にかかった費用は、１３６ユーロ（およそ１５０ドル）だった。このような取引が成立すること自体、本当に驚くべきことであり、常識では考えられない。そもそも、〈価値ある大切な〉個人データが、同時にこれほど〈安価〉に取引されることこそが、プライバシーにとって最悪の状況なのだ。

適切な法規制は、ある権力が別の形の権力に変質するのを防ぐことにも繋がっていく。例えば、適切な規制が為されれば、経済パワーが政治パワー（お金で票や政治家を買収するなど）に変質するのを防いでくれる。同様に、個人データを集積して構築されたパワーが、経済的、政治的パワーに変質するのを防がなければならない。個人データは、ハゲタカの懐を肥やすのではなく、市民を利するものでなければならない。

最も資本主義的な社会においてでさえ、例えば人や票、臓器、スポーツの勝敗など、売買できないものがあることは皆理解している。従って、このリストに個人データも加えるべきだ。ただ、個人データという表現は余りに抽象的で、データを漁るハゲタカにとっては、この曖昧さが好都合になっている。この中身は、将来に向けての希望や不安、病歴、秘密の会話、友情、最も後悔したこと、トラウマや喜び、声のトーンや愛情表現の際の心臓の鼓動などを指しており[27]*、これら全てが誰かの利益のために、私たちに不利な形で数え切れない程濫用されてきた。

個人データの売買を禁止することは、これらデータの収集及び適正利用を禁止するものではない。医者と個人情報を共有することは、適切な治療を受けるために必要であろう。しかし、医療機関が個

＊ウェラブル機器を身体に装着していれば、それは1日中あなたの心拍数を追いかけ、記録、分析しており、そこから性行為の有無まで推測可能だ。2019年にブルームバーグ、ガーディアンおよびヴァイス・ニュースは、アマゾン、フェイスブック、マイクロソフトとアップルが、契約社員を雇って声認証分析をさせていたことを暴露した。契約社員は、分析対象の人がセックスをしている現場を時々聞いたことがある、と認めた。アップルのある内部告発者は、「人々が、Siriを立ち上げた認識も自覚もなく、自分がガンになった話や、亡くなった親族のこと、宗教やセクシュアリティ、ポルノ、政治、学校、人間関係や薬物についての会話を盗み聞いたことがある」と述べている。

人情報を他者と共有したり、ましてや売買することと等は許されるべきではない。

個人データの売買を禁止することは、他のデータの売買までも禁止すべきことを意味しない。禁止対象はあくまで〈個人の〉情報に限るべきだろう。逆に個人データ以外の一部については、コラボレーション（協働）およびイノベーション（技術開発）促進のために、幅広く共有されるべきであろう。コンピュータ科学者のナイジェル・シャドボルトとエコノミストのロジャー・ハンプソンの主張するように、その共有の最適な組み合わせとは「オープンな公共データ」と「安全が確保されたプライベートデータ」だとしている[28]。

ただ、何が個人データに該当するのかについて、厳密な定義が必要となる。欧州一般データ保護規則（GDPR）などに代表される現状の法律においては、匿名化されたデータは、規制対象に含まれない。しかし、第1章で見た通り、匿名化されたとされるデータは、往々にして簡単に個人を特定することができたのだ。問題は、「匿名」データベースの情報から個人を特定するために、今後どのような技術開発が行なわれ利用されるかが分からないことだ。それ故、匿名情報として扱われる範囲をできる限り厳格に定めるよう熟考する必要があるだろう。

さらに、どのような情報がデータ取引に含まれるのかに関する幅広い理解を私たちは必要としている。データブローカーはお金と引き換えに個人データを提供しているが、他の企業の多くは露骨に生データそのものを取引しているわけではない。フェイスブックなどは、他社にそのプラットフォーム上で優遇されることを条件に、自社ユーザーの個人データへのアクセスを認めてきた。例えば、ネットフリックスやスポティファイには、フェイスブックの利用者のプライベートメッセージを読めるように計らい、アマゾンには、友達機能を通じてユーザーネームや連絡先などへのアクセスを認めていた。その見返りとして、自社の侵害的な「知り合いかも」機能を充実させるデータを得ていた。[29] 個人データは、営利市場に組み込まれてはならない。利益を得るため、又は商業的利権を目的とする如何なる形での売買、公開、移転、共有もなされるべきではない。

次の章で紹介するステップを一つずつ自身で実行すれば、政策責任者が個人データの取引を禁止するまで待つ必要はない。

〈初期設定（デフォルト）での個人データ収集を止めさせよう〉

ビッグテックが大きく成長できたのは、彼らが私たちの了解なしに個人データを貪（むさぼ）るように集め、そしてその行為が将来的にどのような悪影響を利用者や社会全般に与えるかを考えずに行動してきたからだ。この悪影響をも省みない行動は、フェイスブックの社内モットーに如実に表れている――「素早く行動し、破壊せよ」。ビッグテックの戦略は、抵抗に遭うまで好き勝手に振る舞う、というものだ。そして抵抗されても、無視を決め込む。その効果がないと分かれば、特典などをチラつかせて丸め込もうとし、中味のない返答で批判を徒労に終わらせる。抵抗が持続すると理解した時に初めて、一歩引くが、それさえも何歩も前進した後の話である。彼らがこの繰り返しから期待することは、こうするよ、と初めから提示していれば絶対に受け入れなかった条件に私たちが知らないうちに慣らされ、それを受け入れてしまうようになることを狙っている、とショシャナ・ズボフは指摘する。[30]

彼らの採用するこの繰り返しを通して、個人データを収奪、収集し得る手段を有するあらゆる輩により、私たちは自動的に個人情報を吸い上げられることに慣らされてきた。この現状に耐えてきた理由は、その実態を知ったのがずっと後になってからだったからであり、又過去にデジタル技術に魅了されたこともあったし、加えてガジェット（電子機器類）が適切に機能するために個人情報は必須で、兎も角皆同じことをやっているから問題はない、と言われてきたからだ。更に、我々の安全のために監視は不可欠だとも吹き込まれた。しかし、企業に対するテックラッシュ〔テック企業に対する一般大衆からの拒否反応〕やGDPRのような法規制が導入された時には、IT企業は若干譲歩する姿勢を見せて、私たちに関するどのような情報を保有しているかなどを白状した。ただ、このような対応だけでは不十分だ。私たちも以前より情報通になり、技術の進歩も相俟って、プライバシーを侵害しない設定が可能なガジェットのあることも知っているし、私たちの安全を確保するために、逆にプライバシーの保護が必要なことも分かっている。

現状は、データ収集が至る所でなされている。あなたが利用する殆ど全てのウェブサイト、アプリ及びガジェットまでもがあなたのデータを収集しており、一方でそれをどのように使えば良いのかさえ分かっていない企業もある。彼らは将来的に役立つかも知れない、という理由からだけで集めているのだ。しかし、今まで見てきたようにデータ収集は無害のまま済む話ではなく、私たち全員をリスクに晒している。

これまで法律が規制対象として取り組んできたのは、主にデータの活用の仕方についてであり、収集についてではなかった。企業が収集して良いとされる適切で関連性のある、そして必要なデータとは何かについて、GDPRがその収集範囲を最低限にとどめるべきことを原則として掲げているが、データ処理に必要な「正当な目的」の範囲を多くの企業が拡大解釈していることを隠しているように見える。従って、データ収集の許容範囲については、もっと厳しくし、強気で臨まなければならない。

そもそも企業や政府機関をはじめとする、全てのウェブサイトやアプリなどのデフォルト設定（初期設定）は、データ収集を〈行なわない〉又は〈必要な〉最小限のデータに限る、とすべきだろう。この初期設定は、殆どの人が変更しないものなので、とても重要だ。データ収集については、自ら設定を変更して許諾しない（オプトアウト）とするのではなく、賛同する人のみが変更の上、許諾同意（オプトイン）とするべきであろう。

必要とされるデータの範囲はできる限り狭く解釈されるべきで、有用なサービス提供のために必要不可欠な情報――即ち私たちのデータを他社に売却したり、私たちへのアクセス権を与えるなどしてそのサービスに資金を提供するのではなく、そのサービスを構築し、維持する為に欠かせない情報――に限定されるべきである。例えば交通情報などを提供するサービスでは、当該個人の位置情報は必要とするが、有効なサービス提供の為に〈全ての人〉の情報は必要としない。

これからはもっとプライバシーの新機軸開発に投資すべきだろう。ビッグテックもプライバシーを保護しながらデータを活用する必要性に迫られれば、この難局を乗り切る好機にできるだろう。しかし、彼らにこれまでの前例を踏襲することを許せば、このようなイノベーションは起きないだろうし期待もできないだろう。

データ収集の手法として期待できるものに、ディファレンシャル・プライバシー（差分プライバシー）というものがある。これは、データベースにちょうど良い数のランダムなデータを挿入することで、データベース内の全ての個人を個別に特定できないように匿名化しつつも、集団としての傾向は把握でき、従って統計的な調査は正確に行なえる手法を指す。複雑に聞こえるが、ここにシンプルな具体例を挙げておこう。

例えば、ロンドンでどれほどの人がブレグジットに投票したかを知りたければ、通常なら数千人に電話をかけてどちらに投票したかを直接聞くだろう。その過程で名前は記録・収集しなくとも、電話番号を記録し、どちらに票を投じたかを記録・収集すれば、投票者個人を特定することは容易であり、投票の秘密が危険に晒されることになる。しかし、ディファレンシャル・プライバシーという手法でデータを記録・収集する場合、数千人に電話をかけるまでは同じだが、賛否どちらに票を投じたかを問う代わりに、コインを投げてもらい、表が出ればどちらに投じたかを言ってもらい、裏が出ればもう一度コインを投げてもらって、次も表が出れば真実を、裏が出れば嘘をついてもらう、という仕掛けだ。大事な点は、彼らはコインのどの面が出たかを絶対に公表しないことだ。どれほどの頻度で人が嘘をつくかは管理されている為、回答のおよそ4分の1が不正確であると分かっているので、それを統計的に修正すれば良い。結果として、通常のデータベースにほぼ匹敵する正確なものが仕上がる。そして、投げたコインの表か裏かを知っているのは回答した本人だけとなるので、データベースに個人情報は含まれない。こうすることで、誰がブレグジットに賛成票を投じたかは特定できないものの、およそどれほどの人が賛成したかは分かる。一方でこの種のアンケートへの参加者は、個々人が特定されないため、俗に言う「責任転嫁」ができ、仮にブレグジットに投票しなかったと主張しても、誰も（少なくともこのデータベースを基に）この主張に対して反証することはできない。[31]

勿論、この手法を通じてあらゆる種類のデータが収集できるわけではなく、企業が効果的にそれを実施できるようにするには、多少の改良が必要であろう。ディファレンシャル・プライバシーが万能であるとか、我々の抱えるあらゆる問題への解決策を提示できると言っているわけでもない。又、適切に実施されなければ、これで大丈夫という誤った安心感を与えてしまう恐れもある。それでもなお、この手法が好ましい参考例と思えるのは、人々のプライバシーを危険に晒すことなく、データ分析を行なう創造的な方法が存在することを具体的に例証しているからだ。準同型暗号〔データの暗号を解くことなく計算を行ない、その結果も暗号化されたまま出力されるが、暗号を解いたものと同じ結果が得られる。データやプライバシーを保護しながらその活用を両立させる技術として注目されている〕や連合学習〔フェデレーテッド・ラーニング〔各々独立した複数のデータを統合することなくAIのアルゴリズムのトレーニングを行なう機械学習の一手法で、医療、製薬、金融分野などでの活用が期待されている。これまでの機械学習における、ローカルのデータを一つのトレーニングセッションに統合して行なうのとは対照的である。携帯電話、ウェアラブルデバイス、病院、自動運転の車など、異なる場所に保存されたローカルデータを中央に吸い上げて分析するのではなく、それぞれにおいて分析してAIのアルゴリズムを分析する手法。プライバシーに配慮しながら各国の個人情報保護法に抵触しないようにデータを分析できるようになるとして注目され始めている〕〕の両者も、選択肢として検討に値する手法であろう。我々は利益や利便性又は効率性のためにプライバシーを利用する手法の開発に投資するのではなく、もっとプライバシー保護を目指すツールの開発等に向けた技術開発を支援すべきだろう。

個人データを収集する以外に目的が達成できない場合には、各個人がその収集目的を意味あるものと理解してデータの収集に自らの意志で同意し、データの利用法やそれを削除する条件が明記されている場合（この最後の指摘については次に扱う）にのみ、許可されるべきである。しかし、個人のデータ収集を限定する対策だけでは不十分である。その理由は、センシティブでデリケートな個人情報は、単にデータ収集を通じてだけでなく、次に述べる通り、推論からも捕捉され得るからである。

〈センシティブな情報の不正推論の禁止〉

私たちの個人情報をどうしても知りたい企業は、私たちのセンシティブな情報を、単に収集するだけよりも推論を通じて得ようとし、私たちの設けた様々な規制をかいくぐる。電子機器を使ったテクノロジーとの毎日のやり取りの中で、私たちが残すデジタルの足跡は、定期的に個人の行動様式としてサンプル化され、個人の色々な側面を推論するために使われる。

これまでベールに包まれてきた、私たちの日々の活動が残すデジタルの足跡が私たちの何を語るか、という仮説は、ここ数年でその数が突如として増えてきた。例えば、人がスマホをどのように使っているかを基に、記憶力や集中力などの認知能力試験の点数も予測し得る。記憶力の善し悪しは、スマホへの入力スピードや間違い、連絡先のリストをどれ程のスピードでスクロールするか等から割り出せる。[32] フェイスブックの「いいね」機能は、性的指向、人種やエスニシティ、宗教や政治思想、性格、知性、幸福度、薬物依存、親の離婚、年齢や性別までも推論するのに利用されてきた。[33] 目の動きはディスレクシア〔難読症・識字障害〕の識別にも活用できるし、ツイッター上の投稿や表情から、鬱(うつ)の可能性も読み取れる。挙げればきりがないが、何がどう関連しているかは理解できるだろう。企業や組織は、これらの外見や外部からのシグナルをシステマティックに利用しながら、あなたのプライベートな情報までも推論し続けている[34]。

センシティブな推論は、プライバシー侵害的なプラクティスを行なう業態なども共有されるため、十分に注意しなければならないし、推論そのものも大きな問題をはらんでいる。内密に行なわれる個人データの収集が問題なのは、当該個人の知らぬ間に、プライバシーが侵害されている可能性が高いことだ。更に悪いことに、身体活動の一部である外部・外見の特徴は、自分ではコントロールできない為、このような監視環境から身を守ることすら難しい。個人情報を出さない努力はできても、例えば顔や歩き方、スマホへの入力の仕方までは変えられない。これらは全て何気ない無意識の動作であり、その情報を誰がどのような目的のために利用しているのか否かすら、知る術も無いのだ。

さらに問題視されるべきは、センシティブな推論が間違っていた場合でも、あなたに不利に利用される恐れがあることだ。アルゴリズムを基に導き出された推論は、確率論に基づいているため、一定程度しか正しくない。推論の正確性にはかなりの振れ幅があるものの、企業にとって正確を期すインセンティブはそれ程存在しない。推論が企業に有利に働くと思われる限り、不正確でも企業は喜んで使うだろう。

例えば、ある研究では、フェイスブックの「いいね」を基に、73%の確率で人の喫煙の有無を正しく推論することができた[35]。もしも企業側がそのような推論をフィルターに使って採用を実施したらどうだろうか。仮に27％の応募者を切り捨てたことが間違っていたとしても、彼らの考え方からすれば、十分な応募人数がいれば、この種の推論を一つのフィルターとして採用しないよりは良いだろうと考え、気にもかけないだろう。しかし、十分な論拠もなしにタバコを吸わないのに誤って喫煙者と分類された不運なあなたは、不当な扱いを受けたことになり、企業側が不採用の理由をあなたに告げるわけもないので、採用されなかった理由を一生知らずに終わるかもしれない。

時には、センシティブな推論が許容される場合もあろう。患者として医者には、あなたのスマホへの入力の仕方から、できるだけ早期に認知機能の状態を診断して欲しいところだろう。しかし、センシティブな推論が仮に間違っていたとしても、その推論は個人データを基に行なわれているので、個人データ同様にできる限り厳しく規制される必要がある。だからこそ、データ収集の対象となる人々に対して、彼らの外部・外見のシグナルがプライベートな情報を推論するのに使われる場合には、必ず彼らの同意を求めるべきで、不正確な推論に対しては争う道、そして間違いを修正する権利が保障されるべきである。推論に基づいたセンシティブな情報は、個人データとして扱われるべきなのだ。

これまで見てきたマイクロターゲット広告、個人データの売買、個人データ収集を目的としたデフォルト設定及びセンシティブな推論を排除できれば、プライバシーの保護に関しては大きく前進したように見える。しかし、個人データが売買されなくとも、それが当事者に不利に利用される恐れのある現状に対処しなければならず、これらの対策だけでは未だ不十分である。

〈受託者責任の導入〉

大半の国の法律では、犯罪容疑者に自白を強要することはない。自らを破滅に追いやることは、理屈に合わないからだ。カリフォルニア州の連邦判事は、警察が容疑者にスマホをスワイプさせてロックを解除させる行為が、自白の強要に類似する行為であるとして禁止した。[36] それなのに私たちは、何も悪いことをしていないネチズンが、個人データを剝奪(はくだつ)され、不利な形で種々濫用されることを黙認している。容疑者の権利を守るのであれば、少なくともネチズンの権利も同程度に守るべきであろう。個人データは、私たちに不利益をもたらす道具や武器として濫用されてはならない。

この目的を完遂するには、個人データを収集し、利活用する組織に受託者責任（fiduciary duties）の履行を求めなければならない。[37] フィナンシャル・アドバイザー、医者や弁護士などは、顧客に対して受託者としての忠実義務（duty of loyalty）並びに善管注意義務（duty of care）を負っている。この観点から、個人データを保有する企業にも同様の責任を負わせるべきだろう。

フィデューシャリーとは、信頼する、というラテン語の動詞フィデーレ *fidere* が語源である。従って、委任受託関係の核心部分は信頼である。何故ならまず、あなたの財産や健康状態、個人的な法律問題や個人データなどの価値ある大切なものを受託者に預けるからだ。そして次に、この大切なものを相手に託すが故に、委任者は受託者に対して脆弱な立場となる。受託者は委託されたものを受け入れ、委任者の弱い立場を理解することで、委任者であるあなたの信頼に応える義務が生じることになる。[38]

受託者責任は、本来個人に役立つサービスを提供すべき専門家に対して弱い立場にある個人を、専門家と利害が対立した時に専門家から守るために考案された制度である。例えば、悪徳な財務アドバイザーが、より多くの手数料を得るべく、不要で過剰な取引を行なったり、自分用の証券を買う為に預かった資産を流用するかも知れない。医者が、自分の腕を磨く為、または研究症例を増やす為に、リスクが高すぎるか、不必要な手術を行なうこともあるだろう。弁護士が、あなたと利害が対立する相手にあなたの秘密を漏洩することもあり得る。これまで見てきたように、個人情報を収集する当事者は、データに飢えたハゲタカや犯罪者などに情報を提供する可能性もあるのだ。何れの職業においても、プロとして与えられた特権の濫用は認められない。

従って、受託者責任は、委任者及び受託者両者の間に、影響力や各種の知識に差がある場合（情報の非対称性）や、市場関係者又は専門家と委任者の意図が異なるなどの利益相反関係が存在する場合には適切に機能する。財務アドバイザー、医者、弁護士やデータオタクは、各々が私たち以上に金融や医療、法律及びデータについて精通している。そして、あなた以上にあなたのことを知っているかも知れない。財務アドバイザーは、あなたの金融リスクについて、医者はあなたの身体に起きている変化をより熟知しているだろう。同様に、弁護士は訴訟の争点を、そして、データ分析に余念のないオタクは、あなたの癖や心理状態をより深く把握している（もしくは把握しているつもり）だろう。これら情報は、如何なる理由があろうと、本人にとって不利に利用されてはならない。

受託者は、委任者の利益最優先で行動し、利益相反があれば、自分の利益に優先して、顧客の利益を優先しなければならない。受託者責任を負いたくない者は、大切な個人情報や資産を預かるべきではない。患者の立場を最優先に考えて治療したくないのなら、医者になるべきではないし、手術をしたいからという理由だけでは、不十分なのだ。どの職業にも一定の倫理規範が内在しているものだ。同様に、企業がデータに関する受託者責任を負いたくなければ、個人データの収集をビジネスにすべきではない。研究やビジネス促進の為に個人データの分析を行なうことには何の問題もないが、その行動にはそれ相応の責任が伴うことを自覚すべきである。

大手IT企業に前記の受託者責任を課すことに批判的な意見は、そのような政策は大手IT企業の株主に対する受託者責任とは利害が対立する、というものである。フェイスブック、グーグル及びツイッターが本社登記をしているデラウェア州の法律では、経営陣・取締役は「追及すべきは、唯一、株主の利益であり、他の利害関係を考慮するのは、株主利益に合理的に関連すると考えられる時のみである」と規定されている[39]。

企業が顧客に損害を与えてでも株主利益のみを追求するというのは、特にその企業の行動が数百万人の市民生活に悪影響を及ぼすような場合には、倫理的に疑わしい経営方針であると言わざるを得ない。株主の求める経済的利益が、大手IT企業の擁する数十億人の利用者のプライバシーの権利及び民主的利益を凌駕（りょうが）し上回るなど絶対にあり得ないことだ。この問題を解決するには、まず株主利益が利用者の利益と相反する場合には、利用者に対する受託者責任が優先することを制度として確立すれば良い。もう一つの選択肢は、利用者に対する受託者責任に違反した企業には、巨額の罰金を支払わせる罰則を設け、株主がギリギリの利益だけでも確保したければ、株主として受託者責任を追求するように仕向けることである。

受託者責任制度は、大手IT企業と利用者の利益の合致を確たるものにするのに非常に有益な制度である。ＩＴ企業が我々の情報を敢えて危険に晒すつもりなら、その過程で自らのビジネスも危機に晒すことになることを肝に銘じるべきであろう。もしも、ＩＴ企業が個人データを、暴露、なりすまし、強奪・強要、不当な差別等々を通じて危機に晒し続け、その代償を我々だけが払うことになるなら、彼らはこれまで通りの無謀な行動を続けるだろう。

しかし、受託者責任が遵守項目に加われば、データを巡る環境は大きく改善されるだろう。そうなれば、我々のデータが、我々にとって不利な形で共有、売買、利活用されることはなくなる。但し、不注意や怠慢から漏洩することはあり得るので、それを防ぐ為にもより厳しいサイバーセキュリティの基準を設ける必要がある。

〈サイバーセキュリティ基準の改定〉

プライバシーは、私たちが日々使うアプリやウェブサイト、そして電子機器類が不正にアクセスされ得る脆弱な状態では適切に守ることはできない。データを盗むのはいとも簡単だ。現状では、企業は高額なサイバーセキュリティに投資するインセンティブがない。何故なら、それは高額で目に見えないものゆえ利用者に評価されないからだ。ネットの利用者たるネチズンには、各商品のセキュリティ基準を比較する簡単な物差しがない。[40] 防犯意識の高いドアは外観を見れば分かるが、アプリやウェブサイトについては、その中身を見抜くのは難しい。

事業者側は、サイバーセキュリティ対策に投資しても見返りを期待できないだけでなく、物事が悪い方向に展開しても失うものがあまりない。データが盗用された場合、その被害を最も受け、矢面(やおもて)に立たされるのは利用者だ。勿論、企業側に重過失があれば、罰金が課されるかも知れない。しかし、罰金額があまり大きくなければ（即ちサイバー対策費用よりも安ければ）、罰金は業務遂行上必要経費であると考え、割り切る誘惑に負けてしまうだろう。

サイバーセキュリティ対策は、協調行動を必要とする。皆が適切なサイバーセキュリティ基準を満たしていれば、社会全体がより安全に機能する。企業秘密も適切に守られ、企業側も顧客の信頼を得ることができる。市民のデータのみならず、国家の安全保障も確保されることになる。しかし、大半の企業は、投資に見合う十分なメリットを見出せず、又高額なセキュリティ対策は競合他社との関係でビジネス上不利になるとして、投資に消極的だ。現状では、サイバーセキュリティに対する投資がリターンを生まない為に、セキュリティ対策の不十分な商品が、その対策を講じた商品を市場から駆逐する構造になっている。

そこで、政府の規制によってセキュリティ対策を向上させる必要が出てくる。政府が安全基準作りを推進しなければ、建物、薬、食品、車や航空機などは、今よりもっと安全性が低かっただろう。大抵の場合、企業はセキュリティ基準を改善するよう求められた時には文句を言う。自動車メーカーが、シートベルトの義務化に頑強に抵抗したことは有名だ。メーカー側には、それが醜く映り、車の購入者も嫌悪するだろうと思ったようだ。しかし、購入者はより安全性が確保されたことを喜んだ。時間の経過と共に企業も、自社およびユーザーたる顧客をデータ漏洩の惨事から守ってくれる規制を喜んで受け入れるようになってきている。そして、企業も、市場競争で不利益を被らずに、短期的な見返りが期待できない、しかし必要なものに投資できる唯一の手段として、規制の存在を評価するようになる。何故なら、皆が規制に従わなければならないからである。

プライバシーが失われた原因の大半が、２００１年以降、各国政府が採用したセキュリティ優先強化策に直接・間接的に起因したものと言われているが、セキュリティとプライバシーの両立は可能で、ゼロサムゲームではないことを私たちは経験から学んできた。プライバシーを蔑ろにすると、大抵セキュリティも蔑ろにされてしまう。インターネットが脆弱なまま放置された理由は、企業や政府が私たちの安全を守る為、という建前の下、実質は企業や政府が私たちのデータを盗む為であった。しかし、現実問題としてインターネットの脆弱性は、個人、企業そして社会全体にとっても、非常に危険なのだ。

私たちの使う電子機器類が脆弱なら、敵対する国や政権は、我が国の政府高官に対してスパイ活動を展開できる。悪意あるならず者は、電力を多く必要とする温水器やエアコンなどの電化製品をハッキングし、電力需要を不安定化させることによって、一国の電力網すら破壊することができる[41]。原子力発電所をも制圧したり[42]、原子爆弾も制御できるだろう[43]。大規模なサイバー攻撃は、国全体の活動をもシャットダウンさせる程の威力がある[44]。これらは、世界各国政府が、リスクとして認識している二つの破滅的で最悪の脅威のうちの一つに位置付けているものであり、もう一つがパンデミックである。

過去〈数十年〉に亘り、専門家はパンデミックのリスクを警告し続けてきた。しかし、パンデミックを引き起こすことが分かっている危険な慣習を社会が止めることもせず（例えば、東南アジア等の生鮮市場や工場式農場）、それに対処する準備も行なっていなかった。そして、コロナウィルスのパンデミックも、医療関係者の防護服等の十分な装備の準備もできないまま、発生してしまった。このような準備不足は、発生すると分かっていただけに弁解の余地もない。人間は、未知なるものへの予防能力を有するが、容易なことではない。万が一うまく行かなかった時のことを予測して想像力を働かせることこそ、未知なるものに対処する原動力として不可欠であろう。

ロックダウン中に自国が大規模なサイバー攻撃を受けたと想像してみよう。インターネットはダウンし、停電もしているだろう。固定電話も、まだ持っていたとしても、これも通じないかも知れない。家族と連絡も取れず、医者にも繋がらず、ニュースも見れない状況だ。パンデミックゆえ、外出もできない。陽は短く早い時間から暗くなり、蝋燭（ろうそく）も一本しか残っていない（今の時代、箱入りの蝋燭を持っている人などいるだろうか？）。電気暖房も使えず、何が起きたのかも分からず、いつ日常が戻るか、果たして戻るのかすら見通せない。

このシナリオは非現実的とは言えない。実際にサイバー攻撃は、コロナウィルスのパンデミックの結果、急増したのだ。* 脆弱なWi-Fiや安全性の低い電子機器を使って在宅勤務をする人が増えたことで、「攻撃箇所」、いわゆる侵入可能な箇所が増加した。イギリスの電力管理システムの中枢も、ロックダウン中にサイバー攻撃を受けたものの、幸い電力供給に影響はなかった[45]。同期間中、世界保健機関に対する攻撃は5倍に急増した[46]。巨大なサイバー攻撃が行なわれるのは、もはや時間の問題である。それは、パンデミックが遅かれ早かれ起きることを知っていたのと同様の話なのだ。このような事態を防ぎ、その悪影響を少しでも軽減できる僅かな可能性があるのならば、前以て準備をすると

---

* 最近のニューヨーカーに掲載されたポール・ノスの風刺画には、怪しげな数人がテーブルを囲んで座っており、そのうちの一人は銃を持っている。そこには、「健康面および安全面から、我々はサイバー犯罪に乗り換える」との一文が添えられている。

同時に今すぐ行動に移さなければならない。

サイバーセキュリティを向上させるには、システムをオフラインにすることが不可欠である。[47] 最近のトレンドは、すべてのものを互いに繋げる方向にある：あなたのスピーカーをスマホに、スマホをパソコンに、パソコンをテレビに、という具合である。IT積極推進派が好き勝手に行動し始め、それを野放しにすれば、次の接続点はあなたの脳だ。とんでもない発想である。防火扉は、家屋やビルの中に火災を封じ込め、船の防水壁は、船全体への浸水を防ぐ。サイバー空間にも同様のアナログ式の分離壁が必要である。システム上の新たな接続点は、新たな侵入経路を提供する。すべての機器類が連結されれば、ハッカーはスマホ（もし比較的高性能の機種であれば、個人情報満載ながら安全なデバイス）にも、スマートケトル（おそらく安全でないシステム）を通じてアクセスすることが実質的には可能になる。そして、同様に国のあらゆるシステムがこのように連結されることになれば、一つのシステムを通じて、サイバー攻撃が全てをダウンさせることができるのだ。

サイバーセキュリティの基準作りは、手始めに不備のあるシステムの修正（パッチ）から始まるだろう。そして、いずれは技術の設計に応じて安全性が構築されなければならない。現状、例えば、あなたのスマホとそのスマホが通信するタワー（基地局）との接続手順の際に認証は行なわれていない。スマホはありとあらゆるタワーを無差別に信用する。それゆえ、第1章で見たように、[48] IMSIキャッチャーはスマホ内のすべてのデータを吸い上げ盗み出すことができるのだ。従って、我々はハッカーがすぐ隣にいるという前提で、技術を総動員してハッカー対策を講じなければならない。インターネットが、塀も扉も鍵もない田舎の家のような状態でも良かったのは、とっくに終わった過去の話で、今こそ現実に追いつかなければならないのだ。

〈データ消去〉

個人向け広告やハゲタカによるデータ物色、初期（デフォルト）設定からのデータ収集を禁止し、受託者責任と堅固なサイバーセキュリティを導入できれば、プライバシーを取り巻く環境は大きく改善されるだろう。しかし、すでにネット上に出回っている私たちの大量の個人データを始めとして、今後も正当な手段で収集される個人データについては、どうすべきだろうか？　知らぬ間にそして不正、違法に収集された個人データは消去しなければならず、仮に必要に応じて合法的に収集された個人データであったとしても、それを消去する計画や制度設計は常に必要だ。出生届などの例外を除き、将来的に消去する計画及び消去可能な技術を備えていなければ、個人データは収集されるべきではない。

ヴィクター・マイヤー・ショーンベルガーはその著書『デリート（消去）』の中で、忘れることの美徳を説き、今のこのデジタル時代にこそ、それを復活させるべきであるという。健全な日常生活を送る上で、忘れることが出来る能力は大切な要素である。これまで経験してきたことをすべて忘れることなく覚えているとしたらどうだろうか？　研究者達は、自身の経験を忘れるという恩恵に浴さない、カリフォルニア州在住の女性ジル・プライスの例を研究した。例えば、彼女は１９８０年から２００８年までのイースター（復活祭）にしたことを瞬時にすべて思い出せた。それも、予告や準備など全くなしに、パッと思い出すことができたのである。記憶容量が大きすぎて、それが彼女を憂鬱にし、苦しめていた。この特異な能力は、彼女に喜びを与えるわけでもなく、それがあるからといって仕事で特別成功したわけでもなかった。ごく普通の人なのに、多すぎる記憶故に、孤独と不安に苛まれている。

認知心理学者ゲイリー・マーカスは、プライスの尋常でない記憶力は、特異な脳のせいではなく、過去を手放すことを許容しない強迫性障害の結果ではないかと見ている。[49]同様に、電子機器の初期（デフォルト）設定で、情報を永遠に記録され続けることは、私たちにもそのような強迫観念やそれに近いマイナスの特性を植えつけることになるかもしれない。

あまりにも多くのことを記憶している人々は、この能力が時には呪縛のように感じられ、（少なくとも、時々は）忘れたいと願っている。過去の記憶にしがみ付くと、悲惨な過去や楽しかった経験も忘れられず、今を大切に生きるために前進することを妨げる。過去のいい経験や悪い思い出を鮮明に感じ、それに引き摺られるならば、今を受け入れるのが難しくなる。過去の悪い経験は悲しみをもたらし、いい経験はノスタルジーを引き起こす。他人の言動を絶え間なく思い出すことは、人を必要以上に怒りっぽくさせる。

忘れるということは、個人だけでなく、社会にとっても再挑戦の可能性を残すという意味ではいいことだろう。古い軽犯罪や未成年者の犯罪歴、破産や弁済済みの借金の記録を、全てを記録するネット上から消去できるようにすることは、失敗した人に再挑戦の機会を与えることにもなる。全てを記録し、忘れない社会は、過酷で許容性の低い社会になりがちだ。

今日では、個人も社会もかつてない程、全てを記録し、記憶している。コンピュータが登場する前は、2つの方法で忘れることができた。即ち、意図的に記録を燃やしたりシュレッダーするなどして忘れたり、また、殆どの事象を記録できないので、自然に忘れるか、事故や損耗で記録が失われていくかであった。

これまでのケースのほとんどは、記録に残す方が難しくお金がかかった。紙は大変高価な上、それを大量に保管する場所の確保も必要だった。手作業で記録するのも時間と労力を要した。このような制約から、何を記録したいかを選別せざるを得なかった。経験したことのごく一部しか保存できず、記録できる期間は今よりもっと短かった。紙が中性紙でなかった頃は、早く劣化した。従って、記録はその材質によっても寿命が左右された[50]。

デジタル時代は記憶・記録の経済性(容量や期間等)を根底からひっくり返してしまった。今の時代は、忘れるよりも全てを記憶し記録する方が簡単で安上がりなのだ。マイヤー・ショーンベルガーによると、デジタル技術の4つの要素であるデジタル化、安い記録媒体、容易な複製や復活、そしてグローバルリーチ(インターネットを通じて世界を相手にビジネスを展開)が、記憶及び記録することを当たり前にしてしまった。経験は自動的にコンピュータデータに変換され、どんどん安く小型化した記録媒体(データストレージ)に記録され、数回キーボードを叩けば呼び出せて、ワンクリックで世界中の何処へでも送れてしまう。

データ収集が自動化され、ストレージの安さと相俟って全てを収集したい欲望が実現したことで、我々の興味は、それまでの何を記録すべきかから、何を忘れるべきかにシフトした。取捨選択には努力を要するため、普通に記憶するよりも忘れる方が高価になってしまった。

より多くのデータは、私たちを賢くしたり、適切な判断を下せるようにしてくれると思いがちだが、それは違う。実際には、考えや判断能力を阻害したりする。人間の忘れる行為の一部は、何が重要なのかを選別するフィルターの役割を果たしている。何を記憶すべきかを選別しないということは、全てのデータが同じ重要性を持ち、関連性のないデータの海の中で、何が重要であるか否かを判断することを難しくする。[51]

あまりにも多くのデータを集めすぎると、焦点および目的がぼやけてしまう。私たちの脳力は、これほど大量の情報を処理する程には進化していない。データ量が多過ぎる中でそれを理解しようとする場合に起こることは2つある。1つ目は、多くの情報の中から自身の主観に基づいて限られた情報を選択する為、それが我々の理解を深めるのではなく、逆に狭めていることに気づかないのだ。例えば、友人とブレグジットについて口論になったとして、それを振り返り考えるために友人と交わした「ブレグジット」という言葉が含まれるメッセージを全て拾って読み直したとしよう。その選択したメッセージは、友人との関係全体を反映するものではなく、合意できなかった話題についてのメッセージのみを拾い出しているため、それをあれこれ突き詰めて考えていくと友情が完全に壊れてしまうかもしれない。デジタル上で記録されていない楽しかった思い出や、苦しかった時に自分をサポートしてくれた友人からのメッセージを読んでいれば、友情がなぜ長続きしたのかを思い出せたかもしれないのだ。

大量の情報を理解するために、2つ目のそして最近一般的になってきた手法は、アルゴリズムというフィルターに頼ることである。アルゴリズムは、大量の情報の中から、何の関連性もない事象同士を、何が大切で重要なのかを判断する常識を持ち合わせていないにも拘らず、何らかの道筋をつけ、ストーリーを生み出すために活用される。例えば、顔認証の画像を基に犯罪者かどうかを割り出すよう設計されたアルゴリズムは、もしかすると笑顔のない人を拾い出すかもしれない。アルゴリズムには、それを生み出すためのトレーニングデータの中に、警察から提供された笑顔のない証明写真が用いられていることを理解する推理力が含まれていない[52]。更に、アルゴリズムは、私たちの個人データや、データ評価に際して立てる仮説及びプログラミングの中に埋め込まれたバイアスの影響を幾度となく受けてきたことがよく分かる。私はつい最近、人間はあまりにも多くの間違いを犯すため、人間よりもアルゴリズムの方を信用している、という人に出くわした。しかし、見落としがちなのは、実際にアルゴリズムを作っているのは人間である。そして、テクノロジーは人間の間違いを正すことをしないだけでなく、増幅しているのだ。

大量のデータを扱うことは、かえって知識の劣化を招き、賢明な判断力を鈍らせる。真実を捻じ曲げること、および変化を嫌う古い記憶に固執する二つのリスクが相俟れば、広範囲に亘る、しかも永遠に保存される人々に関する記録は、大きな危険をはらむものとなろう。これら記録、記憶は、人々の最悪のタイミングを捉え、彼らのイメージをそこで固定し、間違いを克服するチャンスをも奪ってしまう。古い個人データは、過去の自分の行動と結びつき、バイアスを強めてしまうこともある。古い情報を用いて未来を見定めようとすれば、ともすれば過去の間違いを繰り返すことになろう。

デジタル社会にも、賞味期限や忘れることを制度として導入した方が良さそうだ。例えば、作り出されたデータは一定時間が経過すれば、自動的に消滅するよう技術的に設計できるだろう。そのようなアプリも生み出されていて、例えばシグナル〔メッセージアプリの一つ〕は、メッセージに消去する期限を設定できる。これと同じことをパソコンのファイルにも電子メールにも、オンライン検索や購買履歴、そしてツイートやデータ足跡にも応用できるだろう。

どのような技術を使おうとも、最低限守るべきことは、初期（デフォルト）設定で個人データを無期限に保管できるようにすべきではない。それは危険すぎるので、必要なくなった個人データを定期的に消去する術が必要であろう。

ある批評家は、社会に忘れることを強要することは倫理上できないし、民主社会というのは、忘却や恩赦を強制しないものだ、と主張するかもしれない。また、焚書（ふんしょ）やオンライン上の投稿を消去したりするのは、民主的な社会ではなく、独裁的な政府のやり方であり、市民の権利を尊重する民主社会の自然なあり方は、データを収集し、蓄積することである、と主張するだろう。

ただ、この論理は永遠にデータを保存する術が存在しなければ、説得力を持つと思われる。記録を永遠に残すことは自然界のあり方とは言えない。自然の摂理は、私たちに忘れさせることで赦（ゆる）しをもたらしてきた。そして、今の私たちは自然の摂理に反したことで、その対価が高すぎることを自覚し始めている。私たちは、デジタルという最も自然の摂理からかけ離れたものに、自然の摂理を改めて当てはめなければならない。また気をつけるべき重要な点は、思想信条に基づいたデータの消去は決してあってはならない、ということだ。政府は、自分の体裁をよく見せるために批判的な情報を消去してはならない。ただ、〈個人〉データのみが例外として、それも市民の権利を重んずるという理由から消去対象とされるべきで、政治的判断に基づく差別があってはならない。

しかし、データの種類によっては、その保有に関して例外も存在することを指摘しておきたい。例えば、我々が歴史から学ぶ事例の多くは、個人の日記などからもたらされた。データの種類によっては完全に消去すべきだろうが、反対に事例としては少ないと思われるものの、ごく僅かながら、情報に鍵をかけてアクセス可能な人を制限したり、その本人が亡くなった後にアクセスできるようにしたり、または書かれてから百年後に解禁するなど、一定条件を設けるなどして対応すればいいものもあるだろう。また、個人データのごく一部については、歴史家が将来、ある時代やある場所を象徴する歴史の記録として学べるように、機密を保持した状態で厳格に保管することも可能だろう。

このような個人の機密データへアクセスする鍵は、適法（法律は変更されるし破られることもある）且つ技術面でも（暗号化など）しっかりと守られる必要があり、更に実態に即応したものでなければならない。ここでいう実態に即応する、というのは、そのデータにアクセスすることが難しいことを指している。もしも、日記が紙媒体のまま、ある町の登記所に保管されていれば、それがオンライン上で公開され、検索エンジンに表示されるよりも、実態即応的と言えよう。紙媒体の方が、それを真剣に研究したい真面目な研究者にはアクセスが容易な一方、ロクでもない輩がアクセスするのを難しくするからだ。資料や情報へのアクセスし易さの程度が重要な鍵を握る。これこそが、欧州の忘れられる権利の基本的要素であり、真髄なのだ。

２００９年にマリオ・コステーヤが自分の名前をグーグルで検索すると、リストの最初に登場したいくつかの項目が、１９９０年代後半にスペインの新聞ラ・ヴァンガーディアに掲載された裁判所からの告知だった。その内容は、未払いの社会保障費を回収するために彼の家が競売にかけられたというものだった。当初、この記事は紙媒体の新聞に掲載されたが、その後、電子化された。

コステーヤは、スペインデータ保護庁に赴き、ラ・ヴァンガーディアに対する苦情を申し立てた。債務は既に支払い済みで、これら告知の掲載は適切ではなく、未だに自分に関連づけられていることは、個人的及び職業的なダメージをもたらしていると主張した。新聞社側は、その記録を削除することを拒否し、スペインデータ保護庁も、新聞社は適法にその公の記録を公開したとして、その対応を支持した。しかし、グーグルに対しては、氏名と競売告知を紐づけるリンクを削除するよう命じた。債務を返済した人は、生涯に亘ってその債務の重みを背負う必要はないのだ。

グーグルはその判断に不服を申し立て、事件はとうとう欧州司法裁判所にまで行くことになった。そして、2014年に忘れられる権利が認められたのだ。コステーヤの記録は、未だにラ・ヴァンガーディアの中に見つけることができるが、グーグル検索上は表示されなくなった。この権利が認められたことに疑念や批判も巻き起こったが、その理念は道理に適っていると言えよう。データ保護庁に訴え出て、彼らが最終判断を下すとしても、ある情報へのアクセス制限の可否を一民間企業が持つことは問題だろう。しかし、最も重要なことは、「古すぎて、不正確で、不適切で、無関係で意味を為さない、公共の利益にもならない」個人データに付きまとわれることから我々を守るものが、忘れられる権利なのである[53]。

機械が中心の時代に、どのようにすれば忘れられるのかを今一度学び直さなければ、個人としても社会としても、過去に囚われたままになる。しかし、私たちのデータが完全に消去されたことを確認する、もしくは消去されていなかったとして、どのように利用されているのかを確認することは容易ではない。企業のデータベースにアクセスできない私たちには、個人データを追跡する手段を開発する必要があるだろう。

〈個人データを追跡する〉

個人データ収集を規制する為の最も大きな課題の一つは、データの取り締まりの難しさにある。現状は、信用に値しないと分かっているIT企業の言葉を鵜呑みにせざるを得ない。欧州におけるデータ保護機関は大抵要員不足で予算も足りない。個人データを扱う全ての企業を監督できる規制当局を設けることは難しい。IT巨人は、大方の国家よりも権力と富を持っている。私の提言する方法で、個人データの利活用を制限できれば、そこら中に溢れている個人データが減るため、取り締まりは容易になる。しかし、それでもなお個人データはモニタリングするのが難しいだろう。

自分たちの個人データを誰が持っているのかすら分からず見えない現状は、私たちにとって大変不利な状況だ。既に存在する懸念すべき個人及び企業との間にある情報格差を更に大きくすることになり、規制当局に、濫用の立証責任を負わせることになる。

個人データは自ら追跡できるのが理想である。もしもあるアプリが、リアルタイムで誰があなたの個人データを持ち、それをどのように利用しているのかを見せ、そして自分の意志でそれを瞬時に回収し消去することを可能にすれば、どんなに良いだろう。デジタル時代の最も恐ろしいことの一つは、この文章を読んでいる間にも、幾つものアルゴリズムが、あなたの知らないうちに同意もなく、個人データを基にあなたの運命を決定づけているかも知れないのだ。この瞬間にも、あるアルゴリズムはあなたのことを信頼の置けない人物としてタグ付けしたり、別のアルゴリズムは、あなたが必要としている手術の順番を（誤った判断で）更に遅らせ、もう一つのものは、採用できない人物として評価している可能性もあるのだ。アルゴリズムがあなたのデータを厳密に調べて何らかの判断を下していると知る由もなければ、当然の権利を侵害されていることに気づくこともないだろう。誰が自分のデータを保有し、どのように利用しているのかを追跡できなければ、果たして自身のデータに関する権利が尊重されているとの確信を持てるだろうか？

自分のデータの追跡を可能にするには、技術面の課題が大きく分けて2つある。1つ目は、個人データが本人のものであることを照合、確認し、それが共有される前に必ず本人の同意を求める手順を踏むことである。これは比較的簡単で、情報収集の際に本人の同意を得るか、または電子メールのアドレスを活用すれば済む。しかし、個人データが複数人に跨る場合、物事は複雑になる。例えば、遺伝子情報を共有する場合、道徳上、最低でも両親、兄弟および子どもの同意を要するだろう。しかし、子どもが共有時点において未成年で、成人すれば同意しなかったケースはどうなるだろうか？従兄弟は？　家族、親族のどこまで同意を求めるべきなのだろうか？　これについては、将来的にあなたの遺伝子情報に基づき、従兄弟についてどのような推論が行なわれるか分からないため、答えることは難しい。確信が持てないときは、慎重に対応した方が良いだろう。遺伝子情報は深刻な治療の必要性がある場合にのみ、医者との間での共有に限定するのが賢明だろう。

2つ目の大きな挑戦は、これ以上プライバシーが侵害されることがないように、個人データがどのように利用されているのかについて、しっかりと情報提供をしてもらうよう工夫することであろう。

難しい注文ゆえ、実現は難しそうだ。データ追跡のために更に個人データをタグ付けすることになれば、自分を曝け出すことに繋がりかねない。こうなると、プライバシーを守るという主目的に反してしまうため、今後の課題として残る。ワールド・ワイド・ウェブの創始者、ティム・バーナーズ＝リー卿は、ソリッド（Solid）というプロジェクトに携わっており、利用者に自分の情報に関する完全なコントロールを可能にするデータ・ポッドと呼ばれるものの開発に注力している。これら技術的な問題を、このソリッドやこれと似たプロジェクトが克服できるようになれば、個人データの管理のあり方を大きく変えることができるようになるかも知れない。

〈政府の監視を制限する〉

政府は国民の安全を守るために大量監視をする必要はない。データ収集および分析は、令状なしに行なうべきではなく、必要性が生じて初めて実施すべきものだ。又、（大量監視ではなく）個別にターゲットを絞って実施すべきで、状況に応じた規模にとどめるべきである。加えて、監視を前提に政府が企業に対して不正な手段（バックドア）を構築するよう要求することも、そしてサイバーセキュリティを掻い潜ることもあってはならない。

権力による監視に対しては、強力な監督が必要となろう。監督機構には、関連するすべての情報へのアクセス権が与えられるべきであり、国民には自国のルールがどのようなものであるのかを知る十分な透明性が保障されなければならない。監視対象とされた個人には、監視の実施前か、もしくは、それが犯罪捜査に悪影響を及ぼす場合には、事後にその事実が知らされなければならない。そして監視対象となった国民は、自身のデータにアクセスすることを許され、間違いがあれば正し、又は関連する情報を提供する機会が与えられなければならない。

諜報活動としての政府間監視は、大衆監視とは区別する必要がある。他国政府の監視は、軍、外務省又は国務省の管轄である。国民の監視は、刑事犯罪の捜査のために正当化されるし、それは警察の任務である。諜報活動のやり方は秘密でも構わないが、監視のやり方は周知されるべきで、スパイ行為も監視行為のいずれも、監視対象を絞らなければならない[54]。

内部告発者は、法律で報復から守られなければならない。彼らは、社会のモラルを監視する炭鉱の中のカナリヤである。カナリヤは一酸化炭素などの毒ガスに対して、人間よりも敏感で、炭鉱夫らは危険をいち早く察知してもらうために炭鉱に連れて入った。ある意味で内部告発者は、一般大衆よりも不道徳に対してより敏感であり、社会における危険性を察知して知らせてくれる。カナリヤが一酸化炭素中毒の症状を呈すると、鉱夫らは酸素ボンベでカナリヤを蘇生させたが、私たちも同様に内部告発者らに、酸素ボンベを用意しておく必要があるのだ。

メタデータに対する監視を制限する為には、ネット通信の通信量を、数カ所のデータセンターに集中させずに分散させ、データを保護する為にオニオン・ルーティング（匿名性を重視する技術）をもっと取り入れるといいかも知れない。メタデータは、データに関するデータであり、コンピュータが機能する為に必要となる情報で、その過程で生み出される副産物である。その大半は暗号化できず、暗号化すれば、コンピュータ同士の通信ができなくなってしまう。これがプライバシー保護を難しくしている。

メタデータには例えば、そのデータを作り出したOSの情報、データの作成日時、作成者、作成場所などが含まれている。これは見かけよりもセンシティブなもので、例えば、誰かが中絶したことを推測することも可能だ。元NSAの法務最高責任者スチュワート・ベーカーは、「十分なメタデータさえあれば、情報の中身は必要ない」と言っているほどだ。又、元NSAおよびCIA長官のマイケル・ヘイデンは、「メタデータで人を殺せる」とも言っている。[55]だからこそ私たちは、独裁政権がシステムインフラを通じてメタデータにアクセスすることを何としても阻止しなければならないのだ。

〈監視機材の使用禁止〉

監視技術によっては、あまりにも危険で簡単に濫用されるおそれがあるため、危険で残酷な武器同様、それらは纏(まと)めて使用禁止にした方が良いかも知れない。また、顔認証技術と共に歩行及び心拍認識技術や他の匿名性を破壊する技術も、禁止することを検討すべきであろう。これらの技術は、民衆を抑圧するためには理想的なものである。[56]加えて、スマホなどに侵入するソフトウェアであるIMSIキャッチャーやこれと似たスパイウェアなども違法とされるべきであろう。[57]3つ目に、高解像度技術を備えた人工衛星やドローンなども違法として禁止すべき対象の機材だ。[58]

サテライト・センティネル・プロジェクトは、スーダンにおける大量虐殺を阻止する目的で早期警戒システムを作動させるために人工衛星の画像を使用するというものだった。このプロジェクトが、スーダンにおける新しい道路が武器輸送に使われるおそれがあるとして衛星画像を公開した2日後、反政府武装組織が衛星画像の1つにあった交差点付近で建設業者を襲い、29人を人質にした。衛星画像の公開と攻撃のタイミングから、これらは関連があることを示唆している。[59] 高精細な衛星画像を公開することは危険である。ウィル・マーシャル及びPlanet Labsの彼のチームは、衛星を通じて毎日地球全体を画像化している。今や、彼らは世界中にあるすべての物体にインデックスをつけて、どこからでも検索できるようにしようとしているのだ。こうなると、誰もが彼らの運用する人工衛星を通じてあなたのことをどこからでも監視できるようになる。プライバシーへの配慮なしに、このようなプロジェクトの実施が許容されていることは、大変警戒すべきことである。[60] 空から私たちのことを監視すべきではない。

〈プライバシーを資金面から応援しよう〉

プライバシーを保護するツールの開発に投資するのに加えて、データに関するガバナンスの改善も必要である。データ保護を担う規制機関は、資金面および人材面共により手厚くする必要がある。巨大IT企業を相手に対等に渡り合うには、データ保護を担う規制当局に十分な装備が不可欠だ。ここに列挙した提案は、既にGDPRやカリフォルニア消費者プライバシー法にも含まれているが、これまでのところ、欧州におけるデータ保護局は十分に機能しておらず、その重責を担うには様々な装備や資金が圧倒的に不足しているのが現状だ。[61] 法律が適正に執行されるようにプライバシー保護を担う当局をしっかりと支援し、バックアップすることが必要だ。その上で、データエコノミーに規制をかけ、葬り去らなければならない。

〈時代に合った反トラスト法の改正〉

反トラスト法（独占禁止法）による規制は、デジタル時代の権力の現実を踏まえ、それを反映したものでなければならない。利用者を失うことなく濫用的なサービス提供の規約を押し付けることが可能なら、サービスの有料無料に拘らず、捜査されるべきだろう。

〈子ども達を守る〉

人としてお互いの権利を守るべきは当然のことながら、特に脆弱な立場に置かれる子ども達の権利は守られなければならない。小さな子どもは家族や学校に依存する形でしか自分のプライバシーを守れない。今の世の中の流れは、子ども達の安全を確保するため、というもっともらしい理由で、子どもが生まれた時から監視している。

特に、子どものプライバシーを心配すべき理由が、大きく分けて2つある。まず、監視が彼らの将来を危険に晒しかねない。監視社会における様々な機関が子ども達に対する評価を（それも誤認したまま）、例えば健康状態や能力、学校での行動・態度、友人関係などを基に勝手に下すことで、子ども達が好機を逃すことがあってはならない。それ以上に重要なことは、行き過ぎた監視は、人々の精神を破壊する恐れがある。監視下で子どもを育てることは、臣民、家来を育てるだけで、本当の意味での市民、国民を育てることにはならない。私たちは、子ども達の幸福の為にも、そしてまともな社会を築いていくためにも、健全な市民、国民を育てなければならない。

健全な社会は、現状に疑問を抱き、それに挑戦し、変化を起こすことのできる熱心な自主性のある市民、国民を必要としている。偉大な国は、従順に服従する人々では作れない。強い精神力と考え方を身につけた大人になるには、世界へ飛び出し、間違いや経験から学び、大失敗が記録されず、ましてや自分に不利に利用されることはない、と安心して過ごせる環境が必要である。恐れず勇気ある大人に成長するために、プライバシーは必要なのだ。

子ども、特に10代の多感な子ども達はその脆弱性ゆえ、自分が他人にどのように映っているかに関して、大人よりも敏感である。それゆえ監視社会は、彼らにとってより抑圧的に感じられ得る。常時監視され続ける若者は、新しいことに思い切って挑戦することを躊躇（ちゅうちょ）しがちだ。誰にも見られていない状態で一人失敗を繰り返すことで、初めは上手くいかなくても、時間をかけてマスターすることができる場合もあるのだ。

子どもに関する難しさは、彼らの安全の確保のためには、一定程度の監督を必要としていることだ。しかし、これは安全という名の下に必要以上の監視を行なう口実になってしまうリスクもある。何が必要なのか、そして何が是認されないのか。この境目は常に明確ではない。

学校での監視を正当化する人々は、子ども達が良き「デジタル市民」となるように「教育している」、卒業後に待ち受ける、どこででも常に監視されているユビキタス監視社会に適応、順応させているのだ、と主張する。「例えば会社で働く大人が、会社の電子メールで何を書いても構わない訳ではない。全て見られているのだから」と学校をモニタリングしている米企業ガグルの広報担当のビル・マクローはいう。そして「子ども達が成功できる大人になる準備をさせているのだ」と。[62] しかし、それは違う。過剰な監視は、子ども達に人権を尊重する必要がないことを教え込んでいる。現実問題として、子ども時代に権利を尊重する必要などないと教わった人が、大人になって人権を尊重することなど期待できない。

幼少期から監視されることに慣らされて成長した子ども達は、学業期においても不公平な評価基準を受け入れるようになり、ひいては社会における不公平にも慣らされてしまう。後者を受け入れられないなら、前者も同様に受け入れられない。公平な評価基準は、すべての子ども達に機会の平等を提供し、社会に出ても公平に扱われることを教え、将来それが提供されない時にはそれを求め、獲得できるよう闘い、公平さを取り戻そうと行動する勇気を与える。それはプライバシーも同じだ。

監視は自己検閲を教える。それは、学生に対し、限界をわきまえ、オンライン上でセンシティブな内容を検索することはもちろん、話題にもしないよう型にはめ、政治的社会的に安全圏を越えた行動は、学校や警察による調査や捜査にも発展しかねないから控えるように、との警告である。しかし、10代は、人生の中で好奇心旺盛な時期であり、性や薬物、死など、センシティブな題材を探索したい年頃である。その探究心を抑圧すれば、人としての成長や知的成熟の妨げとなろう。若者を強い監視下に置くことで、将来、自分で判断し、行動できる責任感のある大人に成長することを阻害している。子どもを監視し過ぎたり、思想警察のような形で抑圧すれば、生涯大人になりきれない世代を生み出すことになる。

親として子どものプライバシーを守る方法はある。しかし、プライバシーを守るために個人としてできることについて考える前に、まず社会の反論に応えておく必要があるだろう。

〈個人データは必要ないのか？〉

データ経済の推進論者は、大量の個人データ利用の大きな流れを止めることはイノベーション（技術革新）を阻害する、と口を揃えて批判するだろう。中でも最も危機感を煽る説明は、データ経済を規制すれば、外国勢力の、それも対抗勢力が自分たちよりも早く人工知能（ＡＩ）を開発し、我々は取り残されてしまう。従って、データ利用を制限することは進歩を止めることになる、という理屈だ。

この推進論者たちの意見に対する短い端的な答えは、「ノー」である。進歩とはあくまで人々の権利を守ることであり、それを侵食し、損なうことではない。多くの場合、政治的社会的後退は、技術的進歩であると誤認させるような派手な衣装で着飾っている。計画的構造的な人権侵害に依拠した経済モデルは、進歩ではない。これまで喧伝（けんでん）されてきたデータ経済のメリット、所謂（いわゆる）収益、科学の進歩、そして安全性は、常に誇張され、そのコスト面は技術推進論者によって過小評価されてきた。

そして、この反対意見に対する少し長めの答えは、仮に進歩が単に技術的進歩だけを意味するとしても、同じく「ノー」である。何故なら、プライバシーを守る為に技術の進歩を犠牲にしなければならない必然性はないからである。忘れてはならないのは、個人データの殆どは、誰かの経済的利益のために利用されているということだ。グーグルのような業態は、持続可能なビジネスモデルを開発する必要などないかもしれない。グーグルがビジネスを立ち上げた当初は、そのサービスを直接消費者に売り込める機会はそう多くなかったかもしれない。又、消費者もグーグルの検索エンジンをはじめ、地図や他の製品を日々の生活の中で使って試してみる機会が十分にはなかったかもしれない。しかし、今やネチズンが、グーグルの製品の価値を理解している。その価値が十分にあると評価するなら、そのサービスに対して対価を支払おうではないか。２０１３年、グーグルの業績は絶好調で、13億人の利用者を擁し、年間１３０億ドルの収入があった。ということは利用者一人当たり10ドル稼いでいたことになる[63]。それならば、グーグルのサービスに対して支払う金額として、この額は妥当と言えないだろうか？　これは、月額10ドル強かかる娯楽サービスのネットフリックスなどに支払う額よりも若干ではあるが少ない。

個人データが利益を生む構造を容認することは、技術進歩の為に最低限必要とされる情報以上に個人データを集めるインセンティブを生み出す。科学や技術の進歩の為にデータを活用することは許容されるとしても、企業が個人データで実験したいならば、人権を尊重した責任ある対応をとる必要があるし、それを要求することは妥当であろう。ＩＴ企業が今までの行動を改めて、ネチズンのために有用なサービスを提供するならば、オフラインの現実社会で価値あるものを購入する際に対価を支払うのと同様に、それらサービスに対して対価を支払うことに誰しも異論はないだろう。

しかしながら、大量に収集された貴重な個人データが、必ずしも技術的、科学的進歩に結びつく保証はない。これまで見てきたように、大量のデータは思考や的確な判断を下す邪魔になるだけである。不適切なアルゴリズムに必要以上のデータを投入したとしても、それが良いアルゴリズムの開発に繋がるわけでもない。人工知能をデザインする際に目指す方向性は、いわゆる知能を構築することであるが、電子機器のデジタル・アシスタントとやり取りをしたことのある人なら、それがさほど利口で気が利いているわけでもないことは知っているだろう。

人は時にはたった一つの事例から新しいことを学び、その知識を基に似たような、しかし新たな事象にも対応することができる。ＡＩシステムの精度が上がり、より高度化すれば、より少ないデータでの稼働が期待できるようになるだろう。[64] 人工知能の開発で最も難しい問題は技術面であり、これは必要以上に大量のデータを投入したからといって解決するものでもない。[65] 今までの分析、調査から分かることは、ＡＩのもたらす高度で複雑な部分の貢献は、個人データの収集、活用ではなかったとしても驚きではない。

グーグル社のディープマインドが開発したアルゴリズムであるアルファゼロは、（チェスや将棋のみならず）中国由来のゲームである碁を打つ。ＡＩに、特に碁を習得させることの興味深い理由は、その複雑性にある。チェスに比べて碁盤はより大きく、１つの動きを考える際にもより多くの選択肢がある。ある決まった位置から移動できる選択肢は、チェスでは20手ほどとされているのに対して、碁ではおよそ２００手ある。碁盤上での動きの可能性は、宇宙に存在する原子以上にある。２つ目は、碁を打つ場合、直感に依るところが大きい。プロ碁士にある動きをしたその理由を尋ねると、大抵は「それが正しいと感じたから」と答える。この直感的な動きの要素を以って、人々は碁を芸術（アート）として、そして碁士をアーティストと感じているようである。コンピュータプログラムが人間の碁士を負かそうとするならば、機械が人間の直感を真似る必要がある。いや、より正確に言うならば、人間の直感の結果を真似る必要がある。

アルファゼロの特筆すべき点は、外部データを一切利用せず、自身だけを相手にゲームをして訓練したことである。アルファゼロの前身のアルゴリズムであるアルファゴは、そのトレーニングの一部を、数百万件に及ぶ人間同士のゲームを見ることで訓練を重ねてきた。そして、アルファゴが世界チャンピオン、リー・セドルを打ち負かすまでに、ディープマインドは数ヶ月間訓練を重ねた。しかし、アルファゼロは超人間的な碁を打つ感覚を、一切の個人データを用いずに、たったの3日でマスターした。

〈医学分野における個人データの扱いは？〉

データの世界において医学分野は特別な存在である。まず、医学はすべての人にとってとても重要なものである。誰しもがより健康に長寿を全う（まっと）うしたいし、医学分野の進歩はできるだけ早い方が望ましい。2つ目に、医学分野における治療データはとてもセンシティブな為、病名によっては悪いレッテルを貼られたり差別に繋がったり、もっと酷い結果を招くこともある。3つ目に、医学データは匿名化することが難しいか、時には不可能でさえある。前述の遺伝子データがその分かりやすい例であろう。それはこのデータこそがあなたをあなたとして確認し、正にあなた自身を指しているのだから。一般論として、医学データを治療に有効活用する為には、同一人の体の各所に設定したデータポイントを利用することが重要になるが、このデータポイントが多ければ多いほど、結果として個人が特定されやすくなる。

では、医学の発展、進歩は個人データを取引しなければ、成り立たないのだろうか？　いや、そのようなことはない。まず、デジタル技術の影響力に対して、私たちはもっと懐疑的でなければならない。2つ目に、医学研究の目的で個人データを利用する際に、できるだけ患者の被るリスクを減らし、且つ同意を得る方策は種々ある。3つ目に、医学分野における重要な幾つかの研究の発展、進歩には、個人データを利用する必要は全くないかも知れないのだ。これら3つの点について、詳しく見ていくことにしよう。

〈医学医療分野のデジタル技術のあり方〉

デジタル技術およびビッグデータは魔法使いではない。故に、私たちが直面するすべての問題の解決をその技術に期待することはできない。イノベーションで人命を守った事例が時たま取り上げられるが、それらは高度な技術ではなく、むしろ衛生面の改善などの、より地味な変革故に実現したものだったりする。しかし、これは高度な技術が医学に貢献し得ない、という意味ではなく、技術を論じる際には、批判的な見方を放棄すべきではない、ということだ。技術を論じる際にそれがイデオロギーにまで昇華されると、よくあることだが科学から逸れて迷信になってしまう。デジタル技術が過去に医学医療分野において、実現できない約束をし、結果を残せなかった2例を次に挙げておこう。

最初の事例は、IBMの人工知能ワトソンである。2011年に米国のクイズ形式のテレビ番組「ジェパディ!」で2人のチャンピオンを破ってから、IBMは自社のAIが医者になる、と宣言した。そして、最初の製品が18~24ヶ月後に登場すると言ったものの、9年経った今も未だにその約束は果たされていない。

2014年にIBMはワトソンに10億ドルを投資し、2016年までに計40億ドルを投じてヘルスデータ企業4社を買収した。しかし、IBMワトソンと共同プロジェクトを開始した多くの病院では、このプロジェクトを中止せざるを得なくなった。MDアンダーソンがんセンターは、ワトソンとのプロジェクトで腫瘍医向けのアドバイザリー・ツールを開発する為に6200万ドルを投じた後に、中止を余儀なくされた。[66] ドイツでは、ギーセンとマールブルク大学病院がプロジェクトから離脱した。医師がワトソンに、患者が胸の痛みを訴えていると問いかけたのに対し、ワトソンのシステムは、患者が心臓発作を起こしているかも知れない可能性を考慮せず、その代わり、稀に起こり得る伝染性の病気の可能性を指摘した。[67] 別の件では、大量出血で悩んでいるがん患者に、ワトソンがある薬の投与を提案したが、それは出血を助長し、悪化させる可能性があった。フロリダ州にあるジュピター病院の医師は、「この製品はクソだ」と結論付けた。[68]

ワトソンは、医学分野において、技術開発が私たちを失望させる数少ない特例ではない。2016年にディープマインドは、ロンドンのロイヤル・フリー・NHS・トラストと契約を結び、患者160万人分の病歴を、彼らの同意も認識もなしに取得した。これにより当該企業は患者の病理報告、放射線検査結果、HIVの陰陽性ステータス、薬物依存の詳細、中絶の有無、がんの病歴など、全ての情報へのアクセス権を得た。[69] その後しばらくして、英国個人情報保護監督機関は、ロイヤル・フリーが英個人情報保護法を侵害し、これに違反したと認定した。[70]

元々の構想は、急性の腎臓疾患を検知する為にAIを活用して、専用のアプリを開発することであった。ほどなくして研究者はAIを活用する為に必要なデータを十分に保有していないことに気付き、より簡便なもので済ませることにした。その結果、開発されたアプリ、ストリームズは、「統計学的に見ても、患者の臨床成果に良好で顕著な結果を残せていない」ものとなった。[71]

この2つの失敗例を以って、これからの全ての挑戦が失敗に終わることを意味しているわけではないが、医学分野におけるデジタル技術開発の将来にいくつかの問題点を投げかけている。最近のメタ分析では、医者並みに症状を適切に診断できると主張するおよそ2万件の医療系ＡＩシステムの研究を解析した結果、医療現場でそのアルゴリズムを試すに値するのはたった14件（0・1％未満）しかなかった[72]。

医療ＡＩが患者の助けにならないかも知れない以上に懸念すべきことは、患者に害を及ぼす可能性があることだ。例えば、ＡＩの診断は過剰な治療に繋がる恐れがある。医療分野のデジタル技術依存の問題点は、（存在しない症状を検出するなど）偽陽性に傾いた診断をする傾向があり、例えば、がん細胞検出に使われるあるアルゴリズムは、画像1枚の中の正常な細胞群のうち、8個を異常な細胞として偽陽性の診断を下すことで知られている[73]。患者と接点を持つ企業や医師が（経済的、専門的またはデータ目的など）何らかの興味を有しているならば、その動機が過剰な治療に繋がる恐れがある。

他の懸念材料として挙げられるのが、誤作動などの問題である。プログラミングの難しさゆえ、デジタル技術に依存するのは危険である。また、アナログでは不要なものをデジタルは必要とするので、アナログよりも技術的に脆弱である。例えば、実際の紙の本を電子書籍と比較してみると分かりやすいが、電子書籍を読む為のデバイスは一定時間ごとに充電する必要がある。ハッキングの対象にもなるし、砂や水の中、硬い物の上に落としてしまえば、機械自体が壊れてしまう可能性等もある。それに比べて紙の本はかなり丈夫である。充電は不要だし、建物の屋上から落としても壊れはしないだろう（しかし、下を歩いている人に当たれば致命傷になる恐れがあるので真似はしないように）。人命のかかった医療装置なればこそ、技術面でも紙の本並みの頑強さが欲しい。

これらの失敗例は、医学分野におけるデジタル技術開発が目指し約束した未来に対し、直面する課題と方向性を与えるものでしかない。もちろん、医学分野における進歩にＡＩは大事な役割を果たすようになるかも知れないが、他の濫用例や介入例で指摘してきたように、個人データを渡す前には、しっかりとした証拠に基づいた説明、検証を求める必要があるだけでなく、私たちの個人データが適切に扱われ、管理され、その分析結果の有用性が適正且つ公平に共有されることが保証されるべきである。ともすれば、ＡＩのやることはしばしばフリーパスになりがちである。

個別化医療の持つ可能性も魅力的で捨て難いものの、将来的にもし個人データとデジタル技術開発を結びつけて医学研究を行ないたいと考えるならば、ディープマインドやロイヤル・フリーがとった手法よりも倫理的な方法もある。

〈倫理的な医療・医学研究〉

医療・医学倫理の分野では、リサーチを目的に研究者を採用してきた長い歴史がある。同様に個人データにおける研究も、他の医学研究の分野と大差ないスタンスで行なわれるべきだろう。例えば個人データの提供は、献血のように注射針や痛みを伴わないため、全く違うものと考える向きもあるが、これらは同じようなリスクをはらんでいる。今では臨床研究のためとして登録を強制することはなくなった（しかし、医学倫理が定着する前はそのような慣習があった）が、個人データを利用しての医学研究においても、登録の強制はすべきではない。一般大衆をモルモットのように実験台として使うことはもちろん、彼らの同意を得ずに、また適切な保護手段や補償もなしに実験対象とすることは許されない。むしろ、まずは対象者の同意を得て、データがどのように利用されるのか、どのような場合にそのデータは消去されるのか、その基準を明確にし、他の分野の研究同様に対象者には適正な補償を与えるべきである。

時には、公的医療機関はデータ分析などに必要な人員や技術を持ち合わせておらず、産業界との共同研究に頼るケースも考えられる。そのような場合でも、締結された契約内容がデータ提供の対象者や患者にとって役に立つものであることをしっかりと確認すべきである。ロイヤル・フリーの犯した幾つもの間違いのうち、中でも特に際立って酷い2つの事例を挙げておこう。最初の間違いは、ディープマインドに対して、そのデータの利用をアプリの開発以外には認めないことを法的拘束力のある形で確約させなかったことである。グーグルが保有するデータと紐付けないことは約束させたものの、ディープマインドの健康部門がグーグルに吸収された時に、プライバシーの専門家は、その約束が破られることを懸念していた[74]。

ロイヤル・フリーが犯した2つ目の大きな間違いは、患者のデータを利用して生み出された製品が、患者にもメリットをもたらすものであることを確認しなかったことである[75]。公的医療機関は大量の貴重な医療データを保有しており、対外的に大きな影響力を有しているのにそれを生かせていない。それらを十分に活用すべきである。例えば、自身が保有するデータベースへの企業からのアクセスに制限をかけたり、データ使用は許可しても保有は認めないなどの対応をとるべきであろう。そして、企業が開発した製品について、それらを公的医療機関や一般向けに手頃な価格で提供するなどの法的保証も盛り込むべきである。

公共の利益を優先しない企業に、個人データの保護、安全管理を保証するよう求めるには、大変な努力を要する。もし幸運であれば、AIが提供してくれる最も重要な医学分野の進歩は、個人データを一切使わない製品の開発になるかも知れない。

〈個人データを用いない医療・医学の進歩〉

前述した通り、AIのイメージキャラクターの代表格とも言えるアルファゼロは、特別な性能を備えているが、日常生活においては、（少なくとも今はまだ）実用的でない。AIが私たちの生活を変える（そして人命を救う）可能性があるとすれば、それは新薬の開発を通じてだろう。

医学分野における20世紀最大の進歩は、おそらく抗生物質だろう。抗生物質の登場前は、世界の死因の第一は、細菌による感染症だった。それが抗生物質の登場で発展途上国の平均寿命も延び、死因も主に心臓疾患やがんなどの非感染症となった。[*] 残念ながら、この夢の薬である抗生物質に対する耐性菌の出現で、その効果に陰りが見え始めている。進化の過程で、これら抗生物質に晒された細菌が変異を遂げて耐性を獲得しつつあり、多用すればする程、その耐性は増えることになる。抗生物質の効かなくなる未来は、益々現実味を帯び、怖い状況でもある。これまで低リスクと考えられてきた手術が高リスクになり得るし、出産後の女性の死亡率も上昇するだろう。歯医者での治療や一夜限り

---

[*] 本書執筆時点で、今回のコロナウィルスパンデミックの死亡率が、非感染症による死亡率を上回る例外となるかはまだ不透明である。

の行為からの感染で死に至ることもあろう。抗がん剤を使った化学療法や臓器移植は免疫力を下げる治療を行なうので、もっと危険性が高まることになる。抗生物質に対する耐性菌の出現が、平均寿命を下げる主因になるかも知れないのだ。

新しい抗生物質の登場が望まれるが、新薬の発見、開発は高額で遅々として進んでいないのが現状だ。しかし、ＭＩＴの研究者らは、新しい抗生物質を発見する方法を開発できたかも知れないと考えている。数千種もの薬や天然化合物の原子や分子及びその構造の特徴に関する情報をコンピュータプログラムに投入することによって、細菌を死滅させる様々な分子を特定するアルゴリズムを作り上げた。その後、そのアルゴリズムに６０００種類もの化合物のデータベースを投入し分析させた結果、そのアルゴリズムは細菌に対する強力な抗菌力を有すると思われるある一つの分子を候補に選んだ。その分子の特筆すべき性質は、現存する抗生物質とは異なる化学式を有していることだ。

このコンピュータモデルの優れたところは、通常の研究室では不可能な作業、例えば1億種類もの化合物を数日のうちにスクリーニング可能なことだ[76]。そして、この発見された新たな抗生物質ハリシンには、耐性をまだ獲得していない細菌に対して強い効果を発揮し、これまでとは異なる形の効用を発揮することが期待されている。似たような技術革新は、新たな抗ウィルス薬や抗真菌性薬やワクチンに対しても期待できるかも知れない。もしも、ＡＩがスーパー耐性菌（抗生物質に対して耐性を有する細菌）との所謂軍拡競争に似た際限のない競争に勝つ手助けをしてくれるなら、医学分野に必要とされる存在としての地位を得られるだろう。

ＡＩが関与した特筆すべき2つの革新的好例が、個人データを一切利用せずに実現したことは、偶然ではないだろう。個人データはしばしば不正確であり、比較的早期に役に立たなくなるものなのだ。

結論は、プライバシーを守ることがＡＩの進歩・進化を阻害しているわけではないということだ。適切な対応を取りながら個人データを利用しても構わないが、商品化する必要はないし、大抵の技術進歩に個人情報が必要とも言えないだろう。医学の真の進歩とは、市民の権利を守り、人々が健康に過ごせる環境を作ることである。しかし、そのいずれの場合においても、個人データの取引は、何の役にも立っていない。

〈危機に気をつけろ〉

この章を書いている間も、コロナウィルスのパンデミックの勢いはまだ収まらない。世界中のテック企業と通信会社は、各国政府にデータの収集およびその分析サービスの提供を持ちかけ、感染拡大を阻止しようとしている。グーグルやアップルも共同で自社のソフトウェアの修正を行ない、接触追跡アプリの開発を後押しすることで合意した。このような状況はプライバシーにとっては危険な時期だ。社会にパニックが蔓延すると、安全と引き換えに、市民が容易に自由を放棄断念することに同意しやすい雰囲気が漂う。しかし、コロナウィルスの接触アプリが私たちに安全をもたらすだろうか？そのようなことはあり得ないだろう。

イタリアで初めてコロナウィルスによる死亡が確認された町ヴォーでは、パドゥア大学の研究者がある実験を行なった。すべての住民を対象に検査を実施した結果、感染はしているものの、無症状者が感染拡大のカギを握っていることが分かった。そこで、まず検査で陽性となった66人を隔離の上、2週間後に再検査したところ、6人がまだウィルスに対して陽性反応を示しており、引き続き隔離された。その後、新しい症例は出なかった。感染は確実に封じ込められ、接触アプリは必要なかった[77]。

接触追跡アプリは、当然検査よりも精度が低く、（感染者の近くにいたと判定して）感染していない人にまで自宅待機を求める一方、本来なら隔離すべき感染者を野放しにしていることがある。接触アプリは、誰がウィルスに感染しているか、という検査とは対照的に、プロキシ経由で動いており、検査を代替することはできない。

私たちが必要としている情報は、コロナウィルスに感染しているかどうかであるが、アプリは感染の有無を推測する為の方法を見つけようとしている。しかし、これには問題も多い。アプリ上の「接触」は、ウィルスに感染したことと同じではない。アプリの定義では、多くの場合「接触」を（2メートル以内の）誰かと15分以上一緒にいた場合を指す。しかし、まず知っておくべきことは、アプリはスマホ上で機能するものなので、スマホを持っていなければ当然機能しない。では誰もがスマホを持ち歩いていると仮定しよう（法律で携行を義務付けられていれば、大変な人権侵害である）。接触履歴は位置情報（GPS）またはブルートゥース（近距離無線通信規格の一種）を通じて行なわれるが、いずれも精度は高くない。アプリ上では、同じビルの異なる階にいた人、もしくは、同じ階の至近距離にいたものの、薄い壁で仕切られていた場合でも2人が接触したとするかもしれない。もし接触対象者として連絡および警告が来ても、それは偽陽性に分類されるべきものである。しかし、アプリ上では同様に、偽陰性の数も多く出ることがある。例えば町で久し振りに友人とばったり会い、懐かしさのあまり深く考えずにハグとキスをしたとしよう。地中海地方やラテン系でなければ、握手をするだろう。何れにしても感染する可能性があるが、アプリ上では15分間一緒に過ごしていないので、感染の可能性があるとはカウントされない。しかし、汚染された表面への接触から感染したかもしれない。いずれにしても、アプリはあなたのことを感染した可能性のある人とは判定しない。

多くの国において、ウィルスに感染しているかどうかを入院させられた患者に対してのみ検査している場合、すべての人をアプリで追跡することにはあまり意味がない。アプリが、コロナウィルス陽性者と接触した人に警告を与えた時には、彼らはすでに他者に感染を広げているだろうし、さらに彼らのうちの多くも無症状のまま他の人に感染させていることになる。

大半の感染者は病院にすら行かず、本書執筆時点での世界の大半の国々の政策の下では、検査を受けることもないだろう。ウィルスの拡散を抑え込むためには、大規模な検査が必要となるが、大規模な検査をするのにアプリが有用であるかどうかはっきりしない。もしも安価で簡便なコロナウィルス検査キットが容易に手に入り、毎日自宅で簡単に検査できれば、アプリなど不要である。誰がウィルスに感染していて自宅隔離が必要なのか、誰が出歩いても大丈夫なのかが分かるからだ。大半の国ではパンデミックに突入して6ヶ月が経っても、感染者を特定して感染拡大を止める検査体制は確立できていなかった。

精度が低いだけでなく、アプリはプライバシーやセキュリティのリスクを高めることになる。ハッキングに遭う確率が最も高いのは、ブルートゥース設定をオンにすることだろう。技術に長けた人ならば、アプリを使って自分や大切な人が誰から感染したかも把握できる。これは命に関わる致命的な病気の場合、とても危険な情報である。もしくは、システムを改造してアプリの利用者を監視したり、感染者が出た周辺のヒートマップを作成することも可能だ。イヴ＝アレクサンドル・ド・モントイエと彼のチームは、ロンドンの人口の1％のスマホにインストールされた接触アプリを利用すれば、ハッカーは同市内の人口の半数以上をリアルタイムで追跡把握できると推測した[78]。忘れてはならないのは、プライバシーは皆が共有しており、全員に関係するということだ。

そうであるなら、なぜ国民を検査するのではなく、アプリの導入が優先されたのだろうか？ その方が安かったからか、それとも今の社会でＩＴ企業が主なビッグプレーヤーであることも影響しているかも知れない。危機が発生する度に、企業に協力を仰ぐ傾向がある。世界の大企業が製造業ならば、手指消毒剤やマスク、手袋や換気扇を提供するだろう。それとは対象的に、ビッグテックが提供できるものといえば、アプリや監視システムくらいである。本来、このような状況下ではアプリが必要とされてはおらず、たまたま監視経済時代であったから、ということなのかも知れない。むしろ、彼らは自分たちの力が発揮できる得意分野を探していただけだったのかも知れない。

アプリの導入が優先された背景には、ＩＴ技術が私たちの抱える問題を奇跡のようにすべて解決してくれる魔法の如く考えていた節がある。また、データを収集したいという経済的インセンティブが働いていたこともあるだろう。政府も危機対応に苦慮する中、企業からのアプリ導入のオファーを受けることで国民に対し何らかの対応（結果的にそれが助けにならず、害を及ぼす可能性のあることは別問題である）をとっていたことのアピール材料になると安易に考えたり、もしかするとそれらの組み合わせだったかも知れない。しかし、アプリが私たちの医療ニーズの代替になり得るかといえばそうではない。私たちが必要としているのは、診断を可能にする医療検査であり、予防のための装備や病気を防ぐワクチンであり、患者に処方する薬や医療資源である。アプリが魔法の杖ではないのは明らかで、大量のデータの収集とプライバシーの低下は、私たちの抱える問題に対する解決策では無いはずだ。

２０２０年のパンデミックは、プライバシーを危機に晒す最初の緊急事態ではなかったし、これが最後でもないだろう。このような状況により上手く対処する術を過去から学び、構築する必要がある。「深刻な危機を無駄にするな」とはバラク・オバマ政権の首席補佐官だったラーム・エマニュエルの言葉であり、「これまで成し得なかったことを実現する絶好の機会である」とも言っている[79]。ナオミ・クラインはその著書『ショック・ドクトリン』で、これまで国家がその権力を強化する目的で極端な政治的主導権を握る政策を通すために危機や災害を利用してきた事実を幅広く調査記録している[80]。危機が発生すると、一般市民は取り乱し、本来の思考を失い、恐怖に支配され、リーダーの言うままになる。これらの組み合わせは、結果として民主主義にとっては悪い結果をもたらす。平時ならば、市民に到底受け入れられない特殊なニューノーマルを、危機の時に強制的に導入するきっかけとして利用する。また、臨時導入とされていたいくつかの新政策は永続的なものに変更されてしまう。

どのような経路を辿って今の状況を招いてしまったか、振り返ってみよう。９・11が起きた直後から、特殊方針を受け入れることとなり、その方針が未だに続いているのだ。中国では、２００８年の北京オリンピックや２０１０年の世界万博が監視システム導入のきっかけとなり、これらのイベントが終わった後もそれが続いている[81]。コロナウィルスの感染爆発を抑え込むのに導入され、利用された監視システムの多くは極めて厳しい対策で、市民がその持続的運用を怖れるのは正しい反応である。私たちのデータが如何様に利用されているのかについて、特に警戒しなければならない。

ＩＴ巨人は、この度のことを機に、私たちの生活に更に深く入り込むきっかけを得たことに小躍りしている。接触追跡アプリだけが情報収集に使われただけでなく、ロックダウンまでもが、永続性および収益性も高い非接触型の未来を検証するための実験室に使われた[82]。デジタル監視は、娯楽のみならず、仕事、教育、健康にも食い込み、足場を築きつつある。エリック・シュミットなどのようなＩＴ億万長者連中は、「これまでにない程の緊密なパートナーシップを政府と企業の間に構築する」ことを推進している[83]。ＣＩＡが支援している企業、パランティールは、ＮＳＡが世界中を監視することに手を貸したが、今では英国の国民保健サービス[84]（ＮＨＳ）及び米国保健福祉だけでなく、米国疾病予防管理センター（ＣＤＣ）との関係構築に熱中している[85]。ＮＨＳはパランティールに、患者をはじめとして、従業員、そして一般国民なども含むあらゆる情報を提供していたが、それらには連絡先だけでなく、性別、人種、職業、肉体及び精神の健康状態、政治信条、宗教や犯罪歴などの詳細についてまで含まれていた[86]。

パンデミックが、第二次世界大戦後と同様の、新たな社会福祉及び結束を生み出すことを期待する人もいるだろう。しかし、今回の場合、今までと違って問題視されるべきなのは、福祉が民間企業や、デジタル監視のツールやプラットフォームに紐づけられていることだ[87]。データ収集と引き換えに福祉を人質に取ることは、社会的に恵まれない人々を犠牲にすることになる。２０２０年2月にオランダの裁判所は、福祉の監視システムは人権侵害であり、福祉詐欺を検知するプログラムを直ちに停止するよう命じた。[88] 他国もその司法判断に注目すべきである。まともな政府なら、市民の監視されない基本的権利としての自由が、組織的に侵害されることを黙認することはできないだろう。また、我々の他の権利、教育や健康福祉、そして特に重要な安全保障と引き換えにしてでもプライバシーを犠牲にすべきではない。

　コロナウィルスは9・11よりも多くのニューヨーク市民の命を奪った。私たちは、当時犯したのと同じ失敗を繰り返すのだろうか？　プライバシー侵害を正当化する為に、テロリズムや伝染病などの危機を煽ることの恐ろしさの一つは、〈**それらの危機は永遠になくならないことだ**〉。テロ攻撃や伝染病の脅威は永続的で、これまでの経緯から見ても、大量監視がテロ攻撃の脅威から私たちを守り、安全を保障することはできていないようだ。そして、伝染病については、まだ結論が出ていないが、極めて疑わしい。しかし、仮に私たちの安全が確保されたとして、如何なる犠牲を払わされることになるのだろうか？　テロにしろ、伝染病にしろ、自宅の地下室に永遠に閉じこもっていれば、かなり安全と言えるだろうが、果たしてそれだけの価値があるだろうか？　僅かな安全対策の改善と引き換えに、社会的自由の全てを失うことも致し方ないと言えるのだろうか？　プライバシーを侵害せずに安全性を高める方策はないものなのか？　工場式の畜産農場や生きた野生動物などを販売するウェットマーケット〔アジアやアフリカ諸国などで、生きた動物をはじめとする生鮮品を販売する市場のこと〕を禁止する方が、伝染病を防ぐにはより効果的かもしれないし、言うまでもなく動物保護にも資するだろう。

　危機の最中ならば、混乱を引き起こしている大惨事を何としても食い止めようと考えるのは当然だろう。しかし、目の前の大惨事克服に加えて考慮すべきは、嵐が去った後の世界のことである。[89]よくあることだが、危機は去っても、導入された政策はそのまま残ることの方が多い。今ある危機に対処するために、将来もっと深刻な問題を引き起こすような対策をとることは、解決策とは言えない。危機の最中に自らのプライバシーを放棄する前に、まずそれが本当に必要なことなのか、そして危機が去った後は、権利を取り戻す術があることの保障を再確認する必要があろう。そうでなければ、避けようとした危機よりも深刻な危機に陥る可能性が高い。

〈今こそ行動する時〉

巨大IT企業が如何にパワフルで、大きな権力を持ち、デジタル化の流れは変えられないように見えても、今こそ、データのビジネス環境（エコシステム）を改革する絶好の機会である。経済の複数の分野は、未だ十分にデジタル化されていない。例えば、コロナ前の西側諸国では、小売のオンライン取引は今の10分の1だったし、パソコン作業量については5分の1だけがクラウドを利用していた。[90]パンデミックは、私たちを否応無しにデジタルの世界へと追い込んだが、警戒しておかなければならない。IT巨人たちが収集するデータの内容及びそれらを利用する際の厳格なルールを設定できなければ、手遅れになるだろう。行動するのは今なのだ。

第6章　今のあなたにできること

我々人間社会がそれぞれの時代で経験した社会的、経済的、政治的および技術的な大変革は、進歩の功罪も含め、当時の大衆にとっては想像を超えたものであった。女性の権利、電気の発明、自由民主主義社会、飛行機、共産主義、ホロコースト、チェルノブイリ原発事故、インターネット、誰もそのようなことが起こるとは想像だにしていなかったが、全て現実となった。

世界の情勢は急速に、そして劇的に変わり得る。２０２０年3月初旬、普段通りの生活があった。人は行き交い、スーパーの棚は商品で溢れ、病院もいつも通りに機能していて、安定した日常があった。しかし、その数週間後、人類の3分の1は、コロナウィルスパンデミックによって完全なロックダウンに陥った。海外渡航の大半が止まり、食料品の買い出しもリスクが高まり、その為の外出も時には勇気を要し、患者の急増で医療サービスは悲鳴をあげた。

仏教哲学では、人生の変遷、荒波を「無常」と呼ぶ。変化に対しては誰しも潜在的な恐怖がある。何故なら、変化は世の中が今にも急速に悪化するのではないかと思わせるからだ。しかし、一方で、無常は世の中が改善される可能性も残す。言い換えれば、私たちは世の中を好転させることもできるのだ。世の中は変化するのが常であり、この現状が変化によって好転するよう上手く誘導することが私たちの役割なのだ。

人権獲得の歴史を紐解いていけば、人類は搾取の対象ではなく、尊敬されるべき存在で、互いに主張し合う権利を持っている個人である、ということをそれぞれの時代毎に漸次認めてきた歴史と言えよう。この中でも特に、経済的圧力によって無視されがちな労働者の権利は特に注視すべきであろう。まず、最初に認められたのが、全ての人類にとって自分の肉体と精神は自分のものである、というい わば自己決定権で、それゆえ自分の意思に反する行動は強制され得ない、とされた。そして次に、人間は基本的労働環境、例えば安全な環境下で常識的な範囲の労働時間、適切な賃金、休暇等々を享受することが認められた。

人権を無視して利益を上げることは論外である。中でも、労働者の権利は、超えてはならない一線を画す、何としても守らなければならない権利である。資本主義体制が万人にとって生活しやすく、そして民主主義と共存し、公正公平な環境を提供しない限り、資本主義が求めるものを制限しなければならない。同時に企業には、私たちが最も大切にする価値を破壊することなく利益を上げる方法を模索するよう仕向ける必要がある。

今までの社会運動は、人権を認め、社会を改善する法律を制定するために必要不可欠なものだった。搾取の行動は法律によって禁止された時に終わるが、これまでの文化を変え、そのような法律が制定、施行されるように流れを変えていく主体はあなたや私たち民衆であることを忘れてはならない。プライバシーを取り巻く現状を変えるには、その必要性を周知するよう積極的に取り上げ、自分のみならず他の人のプライバシーも守るよう周りを説得し、組織的に動く体制を作り、監視社会の中核を成す搾取的なシステムの内幕を炙り出し、代替手法を支援し、他の可能性を検討し、自分が監視されることへの協力は拒否しなければならない。

どんな社会システムも人々の協力なしには成り立たない。協力を得られなくなれば、社会は空中分解する。社会、組織にとって協力が不可欠であるという事実は、一連の流れのすべてが止まって初めて明らかになる。個人データの売買は私たちの協力なしには成り立たず、私たちが監視資本主義に協力することとさえ止めれば社会を変えることができる。プライバシーを大切にする社会を作る為の行動をとれば、その行動は結果を伴うものに育つだろう。

本章では、自身のみならず、他の人のプライバシーをより良く守る為の簡便な方法から、多少混み入った方法まで提案してみよう。全ての人がプライバシー保護のために出来ること全てを実行したいとは思わないだろう。このデジタル時代に今更自分の個人データを保護することに不便を感じる人もいるだろう。どこまでプライバシー保護に積極的に取り組めるかは、自身の置かれた環境とプライバシー保護に対する意識の高さが関係してくる。非民主的な国で活動家として行動している人ならば、自身のプライバシーを最大限守ろうとするだろうし、安全な国で安定した職に就き、直ちにローンを組む必要性がないならば、もっと緩く考えるだろう。考え方はあなた次第だが、プライバシーを緩く捉える前に次の3つについて考慮することをお勧めする。

まず、その利便性については、魅力的ではあるものの、過大評価されている。快楽と同様、利便性は豊かな生活を送る為の重要な要素である。利便性を犠牲にすれば、人生も時にはとてつもなく不愉快で不便、非効率なものとなるだろう。が、利便性は危険性もはらんでいる。それは怠惰で単調な生活に浸る、例えばジャンクフードを食べ、社会を害する企業を支え、退屈で不満だらけの日々を送りながら満足な教育も受けず、政治に無関心な大衆を生み出すことになる。運動、読書、学び、新しい生活スタイルや人との関わり方を発見し、理想のためだけに闘うことは、利便性はないが、意義はある。人生における最も満足できる達成感は、容易に達成できるものから得られることは滅多にない。充実した人生を送るには、ある程度の摩擦や努力も必要で、利便性の持つ簡便さと意義深い努力の最適なバランスが求められる。快楽と同様、利便性もそれを享受するために支払う対価およびその結果も考慮しなければならない[1]。

2つ目は、今日の選択が未来において享受できるプライバシーのあり方を決定づけるということだ。今、特に秘密にすべきものはないかも知れないが、数年後にはあるかも知れず、一度表に出た情報は回収できず、その時には既に手遅れとなるかも知れない。あなたの国では、今は人権を尊重しているかも知れないが、5年後、10年後も同じ状況であるとの確信は持てるだろうか?

3つ目に、自分のプライバシーをどの程度まで守れるかが、あなたの愛する人々、友人、同胞市民やあなたのような人々のプライバシーに影響を及ぼす。プライバシーはあなた一人に関するデータではなく、社会的かつ政治的な問題でもある。

これらの警鐘を念頭に、プライバシーをより上手く保護する手法を次に挙げていこう。

〈「共有」する前にもう一度考えよう〉

あなた自身のプライバシーが悪用される最大のリスクの一つは、あなた自身の行動である。人間は社会的な存在であり、フェイスブックなどのオンラインプラットフォームの多くは、心地よい自宅の応接間にいるかのような感覚を持たせるよう意図的に作られている。しかし、実際の（テクノロジーからは切り離された）自宅の応接間で寛いでいるのとは違って、オンライン上では数多の企業や政府が盗聴している。次回何かを投稿する時、それが自分にどのような形で不利に使われるかを自問してみると良いだろう。そして想像の輪を思い切り広げてみてはどうだろうか？　そうすれば、時々は個人的な情報や写真が悪い形でどのように使われるか、その可能性について考えを巡らすことができる。多くの人は手や指の一部が写った写真を投稿することに抵抗を感じない。しかし、写真からは指紋が読み取れる上、最悪の場合はクローンを作ることも可能なのだ。(2) 一般論として、オンライン上でシェアするものが少なければ少ない程、良いと言えるだろう。時にはシェアしたい情報がリスクに見合うほど重要な価値を持つケースもあるだろう。しかし、常に注意を払い、軽率にシェアはしないで欲しい。

〈他の人のプライバシーも尊重しよう〉

プライバシーにおけるエチケットも重要だ。他人の権利も尊重する必要がある。誰かの写真をネットに投稿する前に、まずはその人の同意を得よう。そうすれば次回、彼らがあなたについて投稿する時には、あなたの同意を得ようとする可能性が高くなる。また多くの人は、他人がアップロードした写真から自分を「アンタグ（タグの削除）」できるのであれば、プライバシーを十分に守れると思っていた、もっと未熟で脇の甘い時代もあった。今は、タグがあろうとなかろうと、顔認証技術の発達により、あなたのことを特定できる時代であることは誰しもが分かっている。

もしも誰かがあなたの同意なく写真を撮ったり録画したりしたならば、躊躇なく、それをオンライン上に投稿しないよう要請することをお勧めする。私がプライバシーに対して懸念し始めた当時、このような要請を行なうことを遠慮していた。しかし、その後多くの人たちが、現状のプライバシーを取り巻く環境に対し懸念を強めている状況を見て、私自身自信を深めている。驚くべきことに、私のプライバシー保護の要請に対して殆どの人が煩がるわけでもなく、無視することもない。いや、それ以上にその理由に興味を持ち、他の人の写真を投稿する前にその人の同意を得ずに行なうことが失礼で配慮を欠いていたことにすら気づかなかったことにショックを受けていた。オンライン上で情報を共有することのリスクについて理解が深まってきたことで、今ではソーシャルメディア上に投稿する前に、同意を得ることが一般的になりつつある。

友人を家に招待するなら、自宅にあるスマートデバイスのことを前以て説明しておいた方がいい。グーグルのハードウェア担当トップのリック・オステーローですら、あるイベントで問われた際に、「いやぁ、そんなことを前以て言った方がいいなんて考えたことすらなかった」と述べている。この発言一つとっても、ＩＴ技術者のプライバシーや公共の福祉全般に対する認識の甘さが分かるだろう。しかし、少なくとも彼がこの点については正直に認め、スマートスピーカーの存在を招待客に開示すべき、と認めた態度は評価に値する。[3] このような認識の甘さは多くのＩＴ経営者に当てはまる話だろう。

プライバシーを享受すべき対象は、何もあなたの招待客だけではない。忘れてはいけないのは、子どもにもプライバシーがあるということだ。他人の子どもの写真を、その親の同意なしにソーシャルメディアに投稿すべきではない。仮令それが家族や親類であっても、である。[4] 勿論、自分の子どものプライバシーも当然尊重すべきである。ソニア・ボカリの両親は、彼女が13歳になるまでソーシャルメディアを使わせなかった。ツイッターやフェイスブックを使える年齢になった時、母親と姉が、彼女の写真やプライベートな出来事を何年にも亘って周りとシェアしていたことを知り、「非常に恥かしく裏切られた気持ちになった」[5] と報告している。（思春期の子も含めて）子どもも人間であり、人間ならばプライバシーが保障されるべきなのだ。

面白半分に遺伝子検査を受けてはいけない。非常に不正確であるばかりでなく、自分のプライバシーは勿論のこと、両親、兄弟姉妹、子どもや何世代にもわたる親類のプライバシーをも危険に晒すことになる。

人の信頼を裏切るなかれ。相手を自分の言いなりに行動させるために、相手のプライベートなメッセージや写真を投稿するなどして、バラすぞ、と脅すべきではない。これは脅迫、ゆすりというもので、いずれも違法であり、倫理性を欠く。また、他人のプライベートメッセージや写真を勝手に公開してはならない。他人の私生活を知り得たからといって、それを暴露することは、裏切り行為であり、不信感が渦巻く社会を生み出す。暴露を共謀し、煽ってはいけない。誰かに他人のプライバシーを暴露する情報を見せられた場合には、それを共有するのではなく、同意できない旨をはっきりと伝えよう。

〈プライバシーを育める空間づくりを〉

プライバシーを享受できる空間は格段に減った。創造性や自由が制約を受けずに羽ばたける環境を取り戻すためには、意識してプライバシーを確保できる空間を作り出すことが必要である。仲間うちの親密なパーティを企画しているなら、招待客には写真や動画を撮らないよう要請したり、オンライン上に投稿しないようお願いすることも必要だろう。生徒が授業中に自由に議論できる環境を確保するには、参加者に教室内の出来事の記録や撮影を禁じたり、それを投稿しない等のルール作りが必要だ。学術会議で議論を呼びそうな議題について徹底討論したい場合、カメラやマイクの使用は禁じた方が良い。また、家族とゆっくり過ごす際には、携帯電話は必要ないので、少なくとも時々は別の部屋に置いておこう。監視下にあっては盛り上がらない交流も必ずやあるし、交流の機会を逃さない為にもプライバシーを楽しめる場を確保することが重要である。

〈「ノー」と言おう〉

我々は社交的生き物ゆえか、ほとんど取るに足らない他人の要望にも「イエス」と答える習慣がついてしまっているようだ。誰かに名前を聞かれたなら、名前を明かすくらい大したことではないと思う人も多いだろうし、「いや、お断りする」と返答するのも社会性がなく失礼に感じてしまう。企業がオンライン上で個人情報を集める際に、我々の同意を求めて「イエス」と言わせるやり方にはイライラさせられる。何かを調べようとウェブサイトにアクセスした時に出てくる「同意しますか？」との表示にはイライラして腹が立つが、この腹立たしさを取り除く簡単な方法が「イエス」と答えることなのだ。この誘惑に抗うには、それなりの信念が必要だが、その信念を捨ててはいけない。プライバシーの喪失は、環境破壊や健康被害に似ている。ポイ捨てのゴミ一つで、またはタバコを一服吸ったからと言って、病気になるわけではないが、時間をかけてその積み重ねが病を誘発する恐れがある。同じように、あなたの提供するデータの一つ、またはそれを出さないように努力する行為のひとつひとつが、それ程大きな変化をすぐにはもたらさないように感じられるとしても、ひいては大きな違いを生むのだ。

ウェブサイトによっては、「ノー」を受け付け難く巧妙に作られたものもある。例えば、そのサイトに関連する全ての企業群に対し、個人データの収集をボタン一つで拒否できるようにするのではなく、その関連するパートナー企業のひとつひとつに「ノー」と押し続けなければならないように仕組まれているものもある。クッキーを拒否する設定にしたとしても、それらサイトはあなたのその答えを覚えてくれないので、毎回同じ作業を求められる。頭に来るし、腹も立つし、不公平だと思うが、イライラするようなら、そのサイトを閉じて別のものを探そう。

〈プライバシーを第一に考えよう〉

プライバシーの盗まれ方には種々ある。時にはプライバシーの喪失は仕方がないと感じるかもしれないが、いつもそうとは限らない。情報収集も場合によっては避けられないものもあるが、明らかにそれ以外の選択肢も多々存在する。そして、選択肢がある場合には、必ずプライバシーに配慮したものを選ぶことが大切である。何故なら、それが個人の情報を守ることになるだけでなく、政府や企業に対して、自分がプライバシーを重視していることを知らしめることができるからだ。次に、プライバシーに配慮しつつ、商品を買ったりサービスを受けたりするときの注意点や、独占的で侵害的な商品やサービスに代わり得るものを列挙しておこう。技術の進歩はあまりにも早いので最新の商品まで網羅できていないと思われるが、最新情報については是非ご自身で調べて頂きたい。最も重要なポイントは、ブランド名に囚われるのではなく、自分のプライバシーを上手く守る為に何に注意を払うかである。

〈電子機器類（デバイス）〉

電子機器は可能な限り「スマート」なものではなく「アナログ」なものを選択しよう。例えば、スマートなヤカンは、年代物のヤカンに比べて進化しているとも言えず、かえってプライバシー侵害のリスクを高める。インターネットに繋がる全てがハッキングされ得るのだ。盗聴や盗撮されたくなければ、カメラやマイクの付いていないものを選ぼう。

デジタルアシスタントのアレクサやグーグルホームを買う前に熟考しよう。マイク付きの機器類を家に導入することで、親密な家族関係を壊しかねない。もしもすでに購入済みなら、接続を切って、文鎮として活用することをお勧めする。それでもこのスパイをそばに置いておきたいなら、設定を徹底的に調べて、最も非公開（プライベート）なオプションで使うよう心がけて欲しい。

ノートパソコンやスマホを購入する際には、特に気をつけて欲しい。これらの機器は、ネットに接続するためのカメラやマイクが内蔵されていて、大切な個人情報も記憶する為、出来るだけ信頼の置ける製品を購入したい。名の通ったメーカーものを購入する際には、その原産国や商品メーカーの利害関係も考慮すべきだろう（例えば、携帯電話の製造会社が個人情報の搾取を基に利益を上げているのであれば、違う製品を購入しよう）。

また、最新のプライバシーに関する記事を読むことも大事だ。２０１８年にＣＩＡ、ＦＢＩおよびＮＳＡの長官が、ファーウェイやＺＴＥ等の中国製品に、中国政府の管理するバックドアが内蔵されている疑いがあるとして、米国民にこれら機器類を購入しないよう注意喚起した[6]。２０１９年には、２１４ものブランドが製造する１７００ものスマホにプレインストール（スマホなどの購入時にすでにインストールされているアプリのこと）された８万２０００ものアンドロイド用のアプリを調査したところ、これら機器が安全ではないことが判明した[7]。この分野に精通していない素人には、このようにプレインストールされた特別なアプリを削除することは難しく、それらアプリがあなたの同意もなく、知らぬ間に個人情報を収集しては第三者に送っている可能性が非常に高い。スマホのプライバシー環境を構築できる技術者かオタクでもない限り、アンドロイドは避けた方が良いだろう。そして、不要なアプリは削除すること。何故なら、スマホの安全性は、搭載されている最も脆弱なアプリと同じレベルでしかないのだから。

〈メッセージアプリ〉

メッセージアプリの最も重要な要素は、エンド・ツー・エンドの暗号化（利用者同士の通信を暗号化することでハッキングしにくくし、仮にハッキングされたとしても暗号化されているので内容が解読されにくい」を行なっていることに加えて、プロバイダーがあなたのメタデータを誤用しない、またはメッセージなどの通信内容を、セキュリティが不十分な状態でクラウド上に保存しないという方針を貫き、それを利用者が信頼していることだ。ワッツアップもこのような暗号化を行なっているが、フェイスブックに吸収されたことでプライバシーリスクの危険性が増す。フェイスブックに買収された後、このアプリの共同創業者の一人ブライアン・アクトンは、「利用者のプライバシーを売り渡した」ことを認めている[8]。

中でも外部からの脅威に対する最も安全な選択肢を提供してくれるのが、シグナルではなかろうか。私が個人的に気に入っている機能の一つに、メッセージに有効期限を設定できるというものがあり、相手がメッセージを見たら消えるよう設定できる。テレグラムも検討に値するアプリだ。テレグラムの利点は、アプリ上でメッセージを削除すると、どの時点であっても自分の電話のみならず、すべての電話器からも消せる為、仲間内のトラブルにも対応し得る素晴らしい機能だ。時にはあるメッセージを送るべきではなかったと気づくこともあるだろうし、あなたの信頼に値しない人物を信用していたと気付くかも知れない。自分の意志一つでメッセージをいつでも回収できる機能は、どのメッセージアプリにも搭載すべき機能だろう。しかし、テレグラムには2つのデメリットがある。1つ目は、暗号技術者がその暗号技術を信頼していないこと、すなわちシグナルに比べれば信頼度は落ちる[9]。さらに、初期（デフォルト）設定では、会話が暗号化されていないため、自分で「秘密チャット（secret chat）」オプションを選択しなければならない。シグナルもテレグラムも共に無料で使いやすく、連絡先の友人の多くが既にこれらを代替手段として使っていることに驚くだろう。使っていない友人には紹介して、このアプリを入れてもらうと良いだろう。誰しも安全なメッセージアプリを使いたいはずだ。

〈電子メール〉

電子メールが安全でないことは周知の事実だ。電子メールを私信のように思っている人もいるかも知れないが、封筒のない葉書のようなものだ。職場の電子メールを仕事以外の用途には（時には仕事用であっても）使わない方が良い。雇用主はあなたの職場の電子メールにアクセスできるし、公的機関で働いている場合は、情報公開法の請求に基づき、公開される可能性もある。電子メールのプロバイダーを選定する際には、例えば、プライバシーを取り戻すために必要な簡単な暗号化などを提供するプロバイダーを探したり、どこの国に本拠地があるかを考慮に入れると良いだろう。現状、米国の法律では、規制が緩いため、企業があなたのデータを使ってできる範囲が、他国よりも広くなっている。従って、プライバシーを守るために選択肢として検討に値するのが、スイスに本拠を置くプロトンメール、ドイツに本拠を置くトゥータノータやノルウェーにあるランボックスなどだ。忍耐強く、技術にも明るい人なら、ＰＧＰ（Pretty Good Privacy）を使って自分で電子メールを暗号化することもできるだろう。

問われる度に企業や個人に自分のメールアドレスを教えない方が良い。認識しておくべきは、電子メールにトラッカーが仕込まれている可能性があることだ。お店でメールアドレスを聞かれたら、丁重にお断りするのが良いだろう。もしも、店員が商品を売るためにメールが必要だと言うのなら、偽のアドレスを教えればいい――それで十分だろう（曖昧さ（obfuscation）については後述する）。物分かりの悪い人にでもわかるようにするために、私自身のメールアドレスは、noneofyourbusiness@privacy.com（アナタノシッタコトデハナイ@プライバシー・ドット・コム）と教えることも多い。

あるリンクをクリックするためだけにメールを受け取らなければならない等、どうしてもメールアドレスを教えなければならないような場合には、信頼できない第三者に対処する為に、できるだけ個人情報を含まない代替用のアドレスを使うと良いだろう。できるだけ多くのトラッカーを回避するためには、メールプロバイダーの設定の中にある、初期（デフォルト）設定ですべての画像をブロックする項目を探し出してそれを選択しよう。もう一つの賢いやり方は「電子メール・プラス・トリック（email plus trick）」である。例えば、広告中心のジャンクメールに対応するメールアドレスが、myemail@email.comだったとしよう。あなたのアドレスをしつこく聞き出そうとする企業には、自分のメールアドレスに加えてその企業を特定できる名前をつけたアドレスを伝えれば良い myemail+annoyingcompany@email.com。それでもメールが届いて、その企業があまりにもしつこく鬱陶しくなれば、そこからのメールをブロックできるし、万が一自分のこのアドレスが漏れた場合には、誰が責めを負うべきかは一目瞭然だ[10]。

〈検索エンジン〉

あなたのネット検索には、あなたの最もデリケートな情報が多く含まれている。検索内容は、知らないことや欲しいもの、心配事など、あなたの思考の中身なので、検索行動からそれが垣間見える。検索エンジンにグーグルを使うのはやめよう。ブラウザ〔ネット検索をする際に使うソフトウェア。主なものに、グーグルクロームやインターネットエクスプローラ、サファリなどがある。〕上でメインに使う検索エンジンには、不要な個人データを収集しないものを設定しよう。プライバシーに配慮したものに、ダックダックゴーやクォントがある。探し物がどうしても見つからない時には、その時だけグーグルに戻れば良いが、私の経験則上、その必要性はどんどん減ってきている。

〈ブラウザ〉

自分のプロフィールに紐付く情報を限定したいのであれば、ブラウザ同士でクッキーを共有しない特性を利用して、活動や目的ごとに異なるブラウザを用いれば良い（クッキーとは、訪れたウェブサイトからあなたのパソコンに送られ、ブラウザによって保存される小さなデータのことである）。ウェブサイトが、再訪したあなたを特定するために利用するのが認証クッキーである。トラッキングクッキーは、あなたの検索履歴を蓄積する為に使われ、それを基に広告主があなたに見せる広告を選定する。従って、サインインが必要なウェブサイト用のブラウザとウェブサイト閲覧〔ネットサーフィン〕用のものとを分けると良いだろう。プライバシーに配慮した設計になっているブラウザにブレイブがある。ブレイブの沢山ある利点の一つは、広告およびトラッカーをブロックする機能が内蔵されていることで、処理速度も他のブラウザに比べて早い。この他にもビバルディやオペラはもちろんのこと、ファイアーフォックスやサファリも適切な付加機能を加えれば、優れた代替製品である。

ファイアーフォックスには、拡張機能としてのマルチ・アカウント・コンテイナーがあり、作成したコンテイナー毎にクッキーを区別管理する。[11] あるコンテイナーで表示されたサイトは、別のコンテイナーのサイトを覗き見することはできない。但し、この機能を使うにはファイアーフォックスのアカウントにサインインしていなければならない。

〈プライバシーの拡張機能やツールを活用しよう〉

プライバシーの拡張機能を活用してブラウザを補完することも可能だ。使用しているブラウザが自動的にトラッカーや広告をブロックしないのならば、拡張機能を使って対応できる。

広告（アド）ブロッカーは、見つけるのもインストールするのも簡単で、およそ47%のネチズンがそれを用いて広告をブロックしている。[12] そのお陰で、穏やかで平和な時間を享受できれば、あれ程うるさく、迷惑で不快な動画広告をどうしてこれまで長い間我慢できたのだろうかと不思議になるだろう。また、広告ブロッカーを使用することは、企業や政府にこのような広告文化を受け入れるつもりはないことの明確なメッセージを送ることにもなる。企業努力を重ね、プライバシーに配慮し、不快にさせない節度あるコンテンツ連動型広告のみを提供しようと努力している企業に対し公平である為には、それらのサイトについてのみ広告ブロッカー機能を解除すれば良い。

エレクトロニック・フロンティア財団（Electronic Frontier Foundation）の開発したプライバシー・バジャーは、トラッキングやスパイ広告をブロックできる。ダックダックゴー・プライバシー・エッセンシャルも同様にトラッカーをブロックして暗号化機能により保護を拡大し、さらに訪れたウェブサイトのプライバシー評価をA～Fに格付けして安全性の度合いを教えてくれる。これはプライバシーを保護するだけでなく、このような侵害的な行為をブロックすることで、ブラウジングの速度を上げることにもなる。同じくエレクトロニック・フロンティア財団の開発した「HTTPS Everywhere」も、多くの主要なウェブサイトとの通信を暗号化するための拡張機能である。他にもタブを閉じた時や一定日数経過後に履歴が消去される設定にしている場合、自動的にクッキーを一緒に消去する拡張機能もある。

しかし、忘れてならないのは、信頼性のない拡張機能もあるということだ。ケンブリッジ・アナリティカは、無害に見える計算機やカレンダーなどの拡張機能を使って、フェイスブックの利用者のセッション・クッキーにアクセスし、それを利用して、あたかもフェイスブックの当該利用者のフリをしてログインしていた。[13]従って、拡張機能を使う前に、その安全性を調査する簡単なリサーチは行なった方が良い。

オンラインでの最もプライベートで滅多にしない活動を思い浮かべてみよう。その場合、オンラインで匿名で活動できる、無料でオープンソースのソフトウェア、トーアを使うことを検討してもいいかもしれない。トーアは、世界中の協力者のサーバーが提供する、幾重にも重なった数千もの中継点を持つネットワークを経由させる形で通信を管理、制御している。トーアを通じてあるウェブサイトにアクセスしようとすると、あなたのそのリクエストは、あなたのIPアドレスからではなく、出口ノード（誰か別の人がメッセージを引き継いで伝えるのに似ている）から発せられる。この迷路のような中継点（リレー）の数々が、ある特定のメッセージがどの利用者から発せられたのかを特定するのを難しくしている。メリットとしては、あなたの訪れたウェブサイトはあなたの位置情報を捕捉できないだけでなく、あなたのインターネット・サービス・プロバイダーもあなたの訪れたウェブサイトを特定できない。このソフトの最も簡便な使い方は、トーアブラウザを通じてであり、このブラウザがあなたの見る各ウェブサイトを切り離しているため、トラッカーや広告会社はネット上であなたを追いかけることができない。

トーアを使うことのデメリットも幾つかある。データが目的地に到達するまでにいくつもの中継点（リレー）を経由するので、ブラウジング速度が遅くなったり、ウェブサイトによってはいつも通り機能しないこともある。さらなるデメリットとしては、諜報機関の関心を引くかもしれない。しかし、この本を読んでいる時点で、もしくはオンライン上でプライバシーについての記事を読んだだけでも既に彼らの関心を引いてしまっているかもしれない。[14] もう私達は仲間です。諜報機関は、あなたがトーアを使ってオンライン上でどのような活動をしているかは見えないかもしれないが、トーアを使っていることは分かっている。楽観的に見れば、一般の人々の多くがトーアを使うようになれば、当局により不審な活動とみられる可能性は低くなるだろう。自分のプライバシーを守ることは何ら違法ではない。しかし、そのように感じさせる今の風潮が、異常なのだ。

ヴァーチャル・プライベート・ネットワーク（ＶＰＮ）も人気のあるプライバシー保護のツールである。上手に設計、構築されたＶＰＮは、暗号化された安全なプライベート・ネットワークを通じて情報をやり取りできる。ＶＰＮが特に重宝されるのが、空港や公共の場所が提供する公の Wi-Fi ネットワークを通じて、ネットにアクセスしたい時である。公共の Wi-Fi を使用する場合には、それを設置・設営した主体およびこれに接続している人に対してあなたを無防備にする。VPNを使用するということは、それを提供している企業にはあなたのほぼ全ての情報を握られることになるが、当該企業を除いた全ての人からは、自分のプライバシーを守れることになる。従って、VPNを使用する前にそれを提供している主体が信頼できるかどうかを見極めておく必要がある。信頼に値するかどうかを見極めることは簡単ではないが、信頼できない主体は比較的容易に見抜けるものだ。例えば、フェイスブックが自社のVPN、Onavo Protectを使って個人データを収集していたことは、周知の事実であり、驚くことではない。[15] 一般論として、VPNが無料であれば、あなたは商品扱いされている可能性が高いので、それを使わない方が賢明だ。

〈設定を変更しよう〉

前提として、全ての商品やサービスの初期設定は、プライバシーに配慮していないと考えておくべきだろう。従って、自分の目指すプライバシー保護のレベルまで設定環境を変更することを心掛けたい。それには例えば、ブラウザ上のクッキーをブロックすること、少なくとも幾つかのブラウザではそうすべきだろう。特に、複数サイトを横断的にトラッキングするクッキーをブロックすることが大切である。設定を安全でプライベートなものに変更すれば、サイトによっては上手く機能しない可能性もあるが、おそらくそれらは訪れる価値の無いものと見て差し支えないだろう。初めは厳格な設定環境にして、その都度必要に応じて変更していけば良い。ブラウザをプライベートモードで使うことも検討すると良いだろう（但し、注意すべきは、このような匿名モードは、オンライン上の活動の痕跡を自身のパソコン上でのみ削除するものでしかなく、外部からのトラッキングを防いではくれない、ということだ)。

企業側は規約や条件を常に見直し、変更しているので、更に安全性を高めたければ、一年に一度は設定を見直すのが良いだろう。適宜変更が必要となるプライバシー設定項目は常に同じ場所にまとめて書かれているわけではないので、見つけるのは一般的に言われている程簡単なことではないだろう。探し当てるのに苦労しているのなら、それは自分が間抜けだからではなく、彼らが権力を濫用しているのだということを念頭に置いておこう。プライバシーに配慮しない、いつもの輩であるフェイスブックやグーグルへの対処法としては、プライバシー保護設定の仕方をオンライン上で検索するのも一案だろう。[16] ラッキーなら、それを代行してくれるアプリを見つけられるかも知れない(ジャンボと呼ばれるアプリは、フェイスブックのアカウントについて、まさにそれを代行すると謳(うた)っているし、現在進行形で作られているアプリもあるかも知れない)。

〈デジタル情報を溜め込まない〉

不要になったデータを削除するのは、春の大掃除に似ている。[17] 蓄積したデータは少なければ少ない程、リスクも低減する。データを削除するのが難しいことは認める。仮令これまで十年以上も必要なかったデータなのに、いつか必要になるかも知れない、と心のどこかで感じる気持ちはわかる。私自身も数年前に携帯電話に保存していた大半のデータを失った悲しい経験がある。当時は大災害に見舞われたかに思えたが、今振り返れば、そのデータを失ったことを後悔もしていない。これほどの荒療治ではない方法に、暗号化したハードドライブに、オンライン上のデータのバックアップを作成して保存し、データをネット上から削除するのがお勧めだ。GDPRのおかげで、欧州在住でなくとも、プラットフォームからデータをダウンロードすることが容易になった。例えば、ツイッターのアカウント設定から自分の情報をダウンロードすることは簡単にできるので、その後、アプリを使って古いツイートを削除すればいい。

電子機器類からデジタル情報を完全に削除するのは、現状のパソコンの機能から判断してかなり大変なことである。パソコン上のファイルを削除した場合、視界からは消えてもまだそこに残っている。そのデータは手つかずのまま残り、一方で、パソコン上の表示場所が変わっただけなのだ。パソコンは、そのファイルが存在しないふりをして、空き容量として表示する。だからリカバリーソフトを使えば復元できるのだ。技術も意志もある者ならば、削除されたファイルを探し出すことができる。将来ノートパソコンを売るつもりなら、物理的にファイルを削除したことを確認したいところだ。最も優れた方法は、ハードドライブを暗号化し（当然すべき）、その暗号鍵を削除することだ。こうすることで暗号解読はできなくなり、暗号化されたデータは意味不明の文字列[18]でしかなくなる。

〈容易に推察されないパスワードを設定しよう〉

パスワードに絶対に使ってはいけないのが、「123456」、「パスワード」、大好きなスポーツチームの名前や個人情報たる氏名や生年月日などだ。また、一般的なパスワードも避けた方が無難だ。[19]パスワードの最も重要な特徴はその長さにあり、長いパスワードに大文字や小文字、特殊文字や数字も織り交ぜると良い。そして、同じパスワードを複数のサイトで使い回さないこと。理想は、異なるサイト毎に違うパスワードを設定することだ。信頼のおけるパスワードマネージャー（サイト毎のIDやパスワードを記録、管理してくれるソフトのこと）を使って、推測されにくいパスワードの発行・保存を検討してみるのも良いだろう。マルチ・ファクタ（複数）認証法の使用を検討するのも良いが、企業側にセキュリティ以外の目的で携帯番号を使われる恐れもあるので、安易に電話番号を提供するのは考えものだ。理想的な二段階認証法は、ユビキーのような物理的な鍵である。

〈曖昧さを利用しよう〉

もしも街中で見知らぬ人に呼び止められ、土足で踏み込まれるような質問をされたなら、拒否して立ち去れば済む。しかしインターネット上では、放っておいてもくれない。あなたが望むか否かに拘わらず、あなたを追跡し、個人情報を割り出そうとする。このような侵害の手口は、バーで初対面の人に電話番号を聞かれ、「結構」と断ることすら許されないのに似ている。その人がしつこく番号を聞き出そうとあなたを悩ますなら、偽の番号を教えてもいい。これこそが曖昧さの本質なのだ。

「曖昧さとは、監視やデータ収集を妨害するために敢えて不明瞭で、混乱させる、または誤解を招くような紛らわしい情報を熟考した上で追加的に流すこと」[20]である。沈黙や放置が許されない環境下では、自らのプライバシーを守り、抗議の意思を示すには、紛らわしい情報で誤った方向に導くことしかできないこともある。もちろん、税務当局などの政府機関は、個人情報を要求する正当な権限を有しているが、企業には常にあなたの個人情報を要求する権限はない。個人情報を提供する義務のない企業に対しては、偽名、別の生年月日やメールアドレス、居住地など違う情報を出すことを考えてはどうか。もしも曖昧な情報を通じて抗議の意志も表明したいのなら、プライバシーに関連した例えば、myemailisprivate@privacy.com（私のメールアドレスはプライベート@プライバシー・コム）などを選択すれば良い。

アカウントや機器類を共有にするのも、曖昧さを実践する方法の一つだ。米国では十代の若者グループが、IT巨人や学校の管理者、大学のリクルーターや将来の雇用主などが彼らのソーシャルメディアを覗き見るのを懸念して、インスタグラム上で自分たちのプライバシーを守る方法として、アカウントをシェアすることを思いついた。アカウントを数人で共有することで、詮索する側がどの活動が誰に属するのか見極めるのを難しくする。[21] データを収集する側はアカウントよりも機器に基づいて情報の所有者を推論するので、機器を共有する方が、アカウントの共有よりもプライバシー保護には向いている。

〈アナログに戻ろう〉

プライバシーを守るには、デジタルでの交流を最小限に止めることも考えてはどうだろうか。ノートパソコン上に保存された情報よりも、それを紙媒体で金庫に保管した方が安全だろう。可能ならばクレジットカードやスマホ決済よりも現金を使おう。紙媒体で本を読もう。書籍も書店で買おう。必要ないなら、スマホは家に置いておこう。商品を買う場合には、ネットに接続していないものを選ぼう。誰もハッキングされる恐れのあるヤカンや洗濯機などは欲しくないだろう。大抵は、スマートと呼ばれるものはスマートでない[22]。

〈新聞を買おう〉

自由な報道は、自由で開かれた社会を構成する主要な柱の一つである。従って、企業や政府が私たちに対して隠蔽すべきでない事実を隠蔽しようとする際に、それを調査して教えてくれる有能なジャーナリズムが私たちには必要だ。もし報道機関が存在していなければ、私たちは監視資本主義の存在について知る由もなかっただろう。しかし、報道機関がうまく機能するためには、その独立性が担保されていなければならない。彼らが権力者に支配されていれば、市民のためではなく、権力者に阿(おもね)ることになる。従って、私たちに有用な情報を提供してもらうためには、お金を支払って新聞を買い、そして読むことが重要となる。そして世の中の動きを注視しよう。

デジタル時代は世界中で新聞の存在を冷遇してきた。オンライン上の情報は実はタダではなかったという事実（一方、あなたの情報および興味には値段がついている）、およびその内容の信頼性が低いにも拘わらず、オンラインで「タダ」の情報を得ていた人は、新聞の定期購読に二の足を踏んでいた。ソーシャルメディアの隆盛は、新聞とそれを読む個人との関係を希薄にし、疎遠化させた。現代人はこれまで以上にソーシャルメディアからニュース、情報を得ている。ソーシャルメディア経由の情報にアクセスすることによって、個人向けに作られた記事やフェイクニュースに触れるリスクがより高まっている。紙媒体の新聞を買って読めば、誰もあなたがどの記事を読んでいるか追跡できない。もう一つ、次善の策は新聞社のページを直接訪れて、情報源から情報を得ることだ。

〈プライバシーを要求しよう〉

企業や政府に対して、個人情報に敬意を払うよう求めよう。それには、まずデータブローカーから手をつけよう。ここにそれらの全てを列挙するには多すぎるが、大手の幾つかを挙げれば、Acxiom、Experian、Equifax と Quantcast だろう。Privacy International〔ロンドンに本拠を置く非営利団体で、現代テクノロジーとプライバシーを両立させるべく、その境界・交差するところで活動している〕は、自身のプライバシーに対する懸念を企業側に伝えるための電子メールの雛形文（テンプレート）や各社のメールアドレスなどを一覧にして提供し[*]、個人でも簡単に要請文を作成、送信できるようにこのプロセスを大幅に簡素化した。

ただ、そうであっても、あなたの情報を保有している全ての企業にメールするのは結構大変である。企業側も（簡単には応じてくれない可能性が高く）、返信までに長い時間をかけたり、さらなる情報を要求したり（合理的な理由がないと感じるならば情報は渡さないこと）、曖昧で責任逃れの回答をする等、一筋縄ではいかない可能性が高い。辛抱強く環境の許す限り、行動し続けることが大事だ。例えば、バスを待つ間の隙間時間やスーパーの列で待つ間に、雛形の電子メールを各社宛に送るのも良いだろう。そして、必ずしも成功しないということを前提に行なう覚悟も必要だ。しかし、それ程簡単にやる気を失ってはいけない。まずプライバシーに関する要求をすることが一番重要なのである。それが彼等を考えさせることにもなるし、彼等の行動に大衆が納得、同意をしていないことを伝える

＊ https://privacyinternational.org/mydata

ことにもなる。この活動は行動記録として残り、ひいては政策決定者にデータのハゲタカたちの行動を規制し、罰金を科すための証拠にもなるのだ。

あなたの情報を要求するプロには必ずプライバシーの保護を要求しよう。そして、積極的に質問を投げかけよう。特にあなたの医療情報には注意を払おう。必要のない健康アプリは使わないこと——そのアプリはおそらくあなたの情報を売っていると思われる。医者、歯医者や他の医療従事者などのプロにも、プライバシーの取り扱い方を糺すと良い。自分の情報を如何なる形であれ、第三者と共有することには同意しないことをはっきりと伝えよう。

企業や政府に対してプライバシーの保護を要求するにあたっては、自身の権利について知っておくことが重要である。自国の法律を良く読んで調べよう。欧州の市民なら、数ある権利の中でも重要なものとして、あなたには事前に知らされる権利があり、自身の情報にアクセス、修正し、消去することを要求でき、自身のデータ分析を制限し、別の企業に移管することもできる権利があることを知っておく必要がある。もしもある企業との間にプライバシーに関する問題や苦情があり、解決できそうになければ、それらの内容にもよるが、自国のデータ保護機関もしくは欧州データ保護監督官に申し立てをすることができる。紙の上に書かれた権利に自ら命を吹き込まなければならない。

地元の議員にメールなり電話で連絡を取ろう。プライバシーに関するツイートに彼らも参加させ、巻き込もう。個人情報の扱われ方に懸念を有していることを伝えよう。あなたのプライバシーをどのように保護してくれるつもりなのか、聞いてみよう。そして、きちんと対応してくれる適性のある人に投票しよう。選挙期間中にプライバシーを蔑ろにする政治家には注意しよう——あなたの投票する相手としてはふさわしくない。
企業がプライバシーに対する配慮を欠き、あなたを失望させたなら、トラストパイロットなどのサイトのレビューで、プライバシーに関するものであることを明記の上、低評価を付ければ良い。

〈ＩＴ企業に依存しない〉

ＩＴ企業のいずれか一つに依存するのは危険である。それは既にあなたのアイデンティティの一部が彼らに握られていることを意味し、彼らの一存であなたのアカウントや電子メールが削除（実際に起きている）されれば、大きな痛手を被ることになる。ＩＴ企業はあなたに依存してもらいたいので、彼らに依存しないのは難しいか、時には不可能なこともある。しかし、注意すべきは依存の度合いであって、一つのプラットフォームもしくはアプリへの依存度が低ければ低い程、あなたに対する彼らのパワーや影響力は限定される。必ず友人の連絡先は複数箇所（可能であれば紙媒体）に保存し、個人的な交流の連絡手段は、複数チャネルを確保しておき、いざという時にはいつでも特定のプラットフォーム上のアカウントを大きな打撃なく閉じることができるようにしておこう。

〈ＩＴ企業で働いている？〉

あなたはこれまで見てきた大手ＩＴ企業に勤めている人かもしれないし、小さな起業したばかりのところで働いているかもしれない。また、自分でアプリを設計デザインしている人かもしれない。何れにしても現代の我々のデジタル社会の構築に携わっている一人ならば、設計段階からプライバシーに配慮した製品を作るのに大きな役割を担っている。

利益を上げることを考慮する他に、ＩＴ環境を設計構築する人ならば、どのような形で名を残したいのかを自問すべきであろう。例えば、企業や政府が人々の享受すべきプライバシー権を侵害する手助けをした一人として、そして、とてつもない大惨事が起きるまで利用者の情報を危機に晒した一人として歴史に名を刻むことになるのか、果ては、民主主義を破壊した一人として、それとも、利用者に自身のプライバシーを保護した上で、デジタル社会を楽しめるようなデータ環境の設計、改善に取り組んだ一人として記憶されたいか、考えてみてもらいたい。

歴史の間違った側にいた、ＩＴ企業による最も背筋の凍るような歴史の証言の一つが、エドウィン・ブラック著『ＩＢＭとホロコースト』に綴られている[23]。ＩＢＭが自社のパンチカードを通して、如何にナチスのジェノサイドに加担したか（第４章参照）を書いている。このパンチカードはパワフルな技術で、国家が分類と計測を通じて国民に対する支配を大幅に強化することに貢献したが、それさえも今日の日々進化する技術に比べれば比較すべくもない。顔認証技術やビッグデータによる推論は、過去に類を見ないほどの国民に対する強い支配をいとも簡単に実現し得る。この本を読んで、私たちの孫やその次の世代が、現代のＩＴ企業や将来起こるかもしれない残忍な政府の悪事に関する似たような歴史本を読むことがないよう望む気持ちが更に膨らんだ[24]。ＩＴ企業が正しくその名を歴史に刻みたいなら、人々のプライバシーを保護することである。プライバシーの問題は、単にビジネスチャンスを広げるだけでなく、倫理的な行動規範を示す絶好の機会ともなる。

企業や政府であっても、それを構成する最小単位は個人であり、その組織の管理運営権限が数人の個人に集中していたとしても、個々人全員が、各々組織の方向性に倫理的な責任を負っている。デジタル時代においては、特にプログラマーやＩＴの設計に携わるデザイナーは重要な役割を担っている。彼らは、私たちが機械に求める機能を生み出す専門性を有しており、不可能を可能に変えることもできる。企業はコンピュータ科学者、エンジニアやデータ分析の専門家をむやみに欲しがるが、それが故に彼等は倫理的責任の必要性を主張できる好位置にいる。ＩＴ企業で働いているあなたの従事しているプロジェクトが、最終的に人々に害を及ぼす可能性を感じたならば、雇用主により倫理的なプロジェクトに転換するよう促す何らかの行動を起こしたり、（経済的に余裕があるなら）転職することを考えるのも一案かも知れない。

ＩＴ企業に勤めている者たちが、抗議の意志を同時に表明したならば、大きな変化を起こし得る。２０１８年にグーグルの社員は、セクシュアル・ハラスメントの訴えを強制的に調停にかける社の方針を覆し、またペンタゴンとの共同作業、プロジェクト・メイヴェン[25]の契約更新をさせないことに成功した。異議を唱えることで流れを変えることも可能なのだ。自分の良心に素直に従おう。

アルフレッド・ノーベルはダイナマイトを発明したことを後悔したし、ミハイル・カラシニコフは、自動小銃ＡＫ-47を発明したことを悔やんだ。ロバート・プロプストは自身がデザインし、オフィスで採用されるようになった個人用の間仕切り空間が彼の意図したものとは反する使われ方に嫌気がさし、イーサン・ザッカーマンは、ポップアップ形式の広告を作ったことを悔やんでいる。自らの発明を拒否するようになった発明家は数多くいる。その列には加わらないでもらいたい。後悔している殆どの発明家は、善意で発明に取り組んだ。しかし、善意だけでは不十分である。それ故、あなたが発明家として覚悟すべきは、どれほど立派な製品を開発したとしても、必ずそれを悪用、濫用する人が出てくるので、設計デザイン段階から対策を講じておかなければならない、ということだ。

ＩＴ企業で働く人は、プライバシーに関する懸念を抱いている学術界や非営利団体にアドバイスを乞うと良い。ブルース・シュナイアー、キャシー・オニール（彼女の著書『あなたを支配し、社会を破壊する、ＡＩ・ビッグデータの罠』を読むことをお勧めする）や、イヴ＝アレクサンドル・ド・モントイエなどの活動は、参考になるだろう。Electronic Frontier Foundation、Privacy International、European Digital Rights や noyb（「あなたの知ったことではない」の略語）も参考になる情報源である。また倫理コンサルタントからアドバイスを受けることも考えられるが、評判の良いところを選ぶだけでなく、必要な分野の倫理について専門のトレーニングを受けた人が常駐していることも確認したい（基本的なことだが、実施されていない場合も多い）。また、スタートアップを支援する組織が、そのプログラムの一環として倫理委員会による評価（アセスメント）を実施していることもある。[26]

あなたがスタートアップを資金面で支援しているなら、彼らの創り出す商品が倫理面の評価を受けていることを確認した方が良いだろう。スタートアップ企業は、生き残ること、そして成功することに手一杯なため、何らかのインセンティブがなければ、倫理面に配慮する余裕はない。プライバシーや倫理は、会社として生き残った暁に、最終製品に付け足せば良いものくらいに考えている。ＩＴ業界では、誰も最悪の事態が発生するかもしれないと立ち止まって考えなかった為に多くの問題が噴出している。ＩＴ分野のプロジェクトは、最初からプライバシーと倫理の問題を必須事項として考えておかなければならない。

〈最大限の努力を〉

友人や家族とプライバシーについて議論しよう。ツイートしても良い。読書愛好会などに入っていればプライバシーに関する本を読もう。フィクションでお勧めなのは、ジョアナ・カヴェンナの『Ｚｅｄ』、デイヴ・エガーズの『ザ・サークル』、そして勿論ジョージ・オーウェルの『１９８４年』である。

出かけるときは、スマホのWi-Fiとブルートゥースの設定をオフにしよう。カメラやマイクにはシールを貼ろう。そして、特にプライバシーに配慮しないことで有名な国の入国管理を通過するときは、事前の対策を講じよう[27]。自身のプライバシーを守れる機会を探そう。そして、完璧は望まないこと。

あなたの取るこれら対策、行動のひとつひとつが、やがて大きな差を生むことになる。これら全てがあなたをプライバシー侵害から守ってくれるが、絶対に確実であると断言はできない。全てにおいてプライバシーを完璧に守ることは難しい。プライバシーの専門家ですら、しばしば小さな失敗をする。疲れていたり、急いでいたり、注意散漫だったりすると、必要以上に情報を提供してしまうこともある。さらに言えば、あなたのプライバシーを侵害する意図を持つ人がいれば、おそらく彼等は、最終的にはそれを成し遂げるだろう。

自身のプライバシーを完璧に保護できなくても、最善を尽くすべきである。まず、自身の個人情報の一部からでも安全に保護するよう心がけよう。それだけでも個人情報を盗まれてなりすましに遭ったり、暴露されたりするリスクは減らせるだろう。２つ目に、プライバシーは集団に関係する問題でもあるので、あなたの努力で他人の個人情報を守ることに成功すれば上出来である。3つ目に、自身のプライバシー保護に成功しなかったとしても、これまで行なった努力は、外部に対して重要な意志表明の役割を正しく果たせている。企業にプライバシー保護を求める動きは、政治家に伝わり、政策決定責任者に、プライバシーを保護する法整備を働きかけることになろう。また、プライバシーに配慮した製品を選ぶことは、業界にとってプライバシー保護をビジネスチャンスと捉え、規制に抵抗するのではなく、私たちにとって有意義な商品開発への意欲に繋がっていく。政府や企業はあなたが想像する以上にあなたのプライバシーに対する考え方に敏感になっている可能性がある。無防備な個人情報の取り扱い方に対する私たちの懸念をはっきりと示す必要がある。

本来ならば、これらいずれの手段もとる必要などないはずだし、子ども達がこれら予防策を講じなくても済むことを願っている。消費者として、食品中の原材料の全てが食用に適するかどうかを判断するのが不可能であることと同様——だからこそ、それを規制監督する公の機関があるのだが——私たちが今、直面しているプライバシーの問題も個人だけで解決できるものではない。しかし、企業や政府に私たちのプライバシーを保護するよう働きかけることはできるし、それを実現することも可能だ。そして、プライバシーに配慮する文化を再び取り戻す為には、完璧を求めずともよい。但し、自分のできる最大限の努力は行なおう。

〈受け入れ難きは拒否しよう〉

この表現は、ステファン・エセルの『The Power of Indignation』[28]から借りた。エセルは仏レジスタンス運動出身の強制収容所の生き残りで、後に世界人権宣言の起草者として活躍した。では、世界を住み良い場所にする為に努力を重ねた偉人たち、ステファン・エセルの他、禁欲主義者のマハトマ・ガンジー、マーティン・ルーサー・キング（キング牧師）、ローザ・パークス、ネルソン・マンデラ、ルース・ベイダー・ギンズバーグや他のヒーロー達に共通していた行動とは何だったか？　それは、彼等が受け入れられないものは拒否したことだ。私たちが英雄視している人々は、不法がはびこる世界で安楽に過ごすことを受け入れられなかった面々だ。彼らは、与えられた世界が受け入れられないものならば、受け入れないし、必要なら異議を申し立てる人々なのだ。

アリストテレスは、高潔であることの一つの証明は、状況に応じて強い感情を持つことである、と言った。あなたのプライバシー権が侵害されたなら、倫理的に憤慨を感じるのが妥当な反応である。無関心を装ったり、忍従などすべきではない。

不正義を甘受してはならない。あなたは無力ではないのだ。シアトル近郊のレドモンドにあるマイクロソフトの敷地内に、同社のクラウド・コンピューティング・サービスを提供するアジュールを管理する1室がある。そこには2台の大型スクリーンがあり、一つにはシステムの動作状況が映し出され、もう1つにはソーシャルメディア上に表現された人々のシステムに対する「感情」が表示される。[29]なぜマイクロソフトのような企業が、システムの運営状況と同じ位、自社システムに対する人々の感情に敏感にならざるを得ないのだろうか？　その理由は、前者の運営状況が後者の人々の感情に依存しているからである。デジタル経済の全てがあなたに依存している。あなたの協力および同意なしには機能しない。だからこそ、自身のプライバシーが侵害されることを甘んじて受け入れてはいけないのだ。

世界人権宣言は、あたかも先祖からの手紙のようで、超えてはならない一線を超えないように警告する。戦争とジェノサイドの戦慄の中から生まれ、過去の轍を再び踏まないよう懇願している。そして、人々は、人としての権利が尊重されなければ、「追い詰められて最終的には反乱を起こす」ことになると警鐘を鳴らす。プライバシー保護は正当な理由のためであるから、何としても守りぬかねばならない。

終章

あなたはどのような社会に住みたいだろうか？　2つの世界のいずれかをあなたは選べる。1つは、今の監視社会よりももっと厳しい監視下に置かれる社会で、あなたの一挙手一投足、発する言葉、ネット上の検索履歴や購買行動、スマホを操作する指の動きまで、全てが記録、分析され、政府機関や企業間で共有される。上空からはドローンや衛星で監視され、どこへ行こうとも顔認証で判別される為、隠れることもできない。監視当局はあなたが何を読んでいるか、いつ抗議しているかも把握している。これら情報は、警察、保険医療機関、諜報機関や監視企業と共有されている。当局は、これらの情報は主にパンデミックやテロを未然に防ぐ為に使われる、とあなたを安心させ、あなたを納得させようとする。しかし、あなたはその情報が、それら以外の数多の目的の為に利用されていることを知っている。

監視は、単にあなたの行動（*do*）だけでなく、あなたの思考（*think*）や感情（*feel*）にまで及び、丸裸にされたような監視行為は本当にカンに触る[1]。あなたの身体は、健康状態のみならず、感情までも推測し、読み取る為に丹念に調べられている。心拍数、体温、肌の電気伝導率（汗をかいているかどうか）などは、もしかすると法律でその装着を強制された腕時計を通して査定、評価されている。

感情や情緒を監視する企業は、あなたがニュースを見た時にどのような内容に対して怒りを覚えるのか、あなたが恐怖を感じるネットの内容はどのようなものなのか等を分析し、そのデータを当局と共有する。

彼らは監視が民主主義を支えている、と主張し、政府がデータ分析を通じてあなたの政治的意見をも推論できるので、今後は投票の必要はない、と言い張る。あなたのデータは、今の社会でのあなたのステータスを基にして下される決定に従って権力者があなたの未来までも予測し、方向付けることを許してしまう。職につけるか、ローンを組めるか、臓器提供が必要なあなたにそれが提供されるのか、などは監視および予測アルゴリズムによって判断が下される。

これは機械があなたを管理している世界なのだ。機械はあなたが労働力としての生産性を維持できるよう、冷蔵庫が空になりかけると必要な食料を注文してくれる。そして、あなたは機械にトイレ休憩も含めた仕事の効率性を計測され、ストレスレベルが上がれば瞑想しろと指示される。また、あなたの健康管理の為の運動と称して、一日の歩数までも指示されるのだ。

この世界では、子ども達のプライバシーも心配だ。子ども達がオンラインゲームで遊ぶことで、その得点がデータブローカーに売り渡されて認知能力の査定に使われたり、彼らの将来に悪影響を及ぼさないか、懸念される。未成年にも拘らず飲みすぎてその写真を撮られるなどの過ちを犯したら、就職できなくなるかもしれない。社会で成功する為には、どの程度従順でなければならないのか？　自由を一生謳歌できない可能性もある等、懸念材料は多い。これは、独裁者が乗っ取ろうとしている寸前の社会だ。

しかし、このような社会が唯一の選択肢ではない。もっとバラ色の世界も待ち受けている。あなたのものが政府や企業に搾取されず、あなたのスマホの情報が抜き取られず、あなたにしかアクセスできない世界だ。そこでは家族も含む誰しもが、あなたの情報を共有または売ることもできないし、医者にかかって病状を打ち明けたとしても、それがいつか自分を傷つける形で返ってくる心配をしなくてもすむ世界なのだ。個人的な会話が公になる心配もないし、いっときの過ちがあなたの将来を決定づけることもない。ネット上で心配事や興味惹かれるものを検索しても、その興味の対象が巡り巡ってあなたにつきまとうこともない。弁護士に相談すれば、政府が聞き耳を立てて自己負罪を探っている可能性を心配しなくても良い。そして、例えばあなたの人となり、何をどのように経験したか、希望や恐れ、これまでの行為などがあなたに不利な形で利用されることはない、と安心できる。この社会では、政府の権力は国民のデータではなく、国民の同意に基づく。そして、千年以上続いてきた民主主義の伝統を継続的に改善していく社会なのだ。

プライバシーの尊重される世界では、抗議運動に参加しても特定される心配はない。投票の秘密が守られ、1人でいるときも家庭でも安心して考えを巡らすことができる。そして、恋人や配偶者との愛の営みの時間や心拍数を、デジタル機器を通じて第三者にトラッキングされたり、盗聴される心配もなく過ごせる。2人だけの大切なひとときを、そして親密な関係を誰にも監視されることなく、安心して構築できる。

全てのIT技術が悪いわけではない。プライバシーを享受できる世界は、IT技術が不要な世界だ、ということではなく、適切な規制のもとで適切な技術を必要としている。良いIT技術は、あなたに強要はしない。あなたの自主性を重んじ、企業側の目的ではなく、あなたの目的達成を助けてくれる。また、表現も正直で、細かい字の規約もなければ、隠れてあなたの情報を盗み取ったり、言い訳したり、弁明もしない。良いIT技術は、あなたの役に立つ。あなたこそが彼らの顧客なのであり、広告主でもデータブローカーでも政府でもない。あなたはIT技術の家来ではなく、利用者であり、加えて市民であり顧客なのである。有用な技術は私たちの権利や自由な民主主義を尊重し、プライバシーも守ってくれる。

デジタル時代の到来は必然的にプライバシーの終焉を招く、とされた初期の頃の主張に反して、今やプライバシーは息を吹き返しつつある。プライバシーの終焉ではなく、監視資本主義の終わりの始まりなのだ。熾烈な戦いになることは明らかで、たとえ今回は勝ったとしても満足してはならない。権利は常に守り続けなければならないし、超えてはならない一線は情勢の変化に応じて塗り替えていかなければならない。個人情報を自身の手に取り戻すまでには、しばらく時間はかかるだろう。皆で一緒に行動することが必要で、そうすれば達成できる。行動が早ければ早いほど、不要なリスクや損害を被らずに済む。

6年前にプライバシーを研究していると周りに伝え始めた頃の反応は、厳しく冷淡だった。「ああ、そう？　哲学ではなく、歴史を研究しているんだね」、「プライバシーは死んだ。それに慣れろ。考えることでもない」。これらより同情的な反応は、私を現実世界に引き戻そうとしたり、より明るい展望の見える研究分野を選ぶよう諭（さと）すものだった。ある意味、当時の私は、プライバシーに関しては人並みに悲観していて、データ経済の止まることを知らぬ凶暴さを見るにつけ、ほとんど希望を持つことができなかった。しかし、同時に楽観的でもあった。何故なら、盗まれている個人情報の特性と規模があまりにも大きく、杜撰（ずさん）で危険なため、このままの状態が続くことはあり得ないと思ったからだ。そして、これから良くなることはあっても、これ以上悪くはならない、と。私の見立ては正しかった。そして、今ではもっと楽観視している。最近では人々も興味と懸念を持ってプライバシーの問題を考え始めている。

流れは変わった。ＩＴの勃興に目が眩んだ私たちは、プライバシーの価値を一時とはいえ忘れていたが、今やそれを再認識しつつある。ケンブリッジ・アナリティカ社のスキャンダルや、個人的に公に侮辱される経験や個人情報の盗用、なりすましを受けて、今さらながら現代社会の呈するプライバシーの欠如がもたらす結果が、ネットが登場する前の時代にも匹敵する過酷な状態であることを思い知らされた。

あなたの個人データが盗まれると、財布が盗まれたと同じ高額な金銭的被害をもたらす。今まで企業が採用面接で直接、子供が欲しいか、と聞くことができた時代に比べれば、会ったこともないデータブローカーが、あなたの全てを知っている現状は恐ろしい時代だ。少なくとも今までは面接官と目を見て話し、何をし、考えているかが見えていたのに。

プライバシーが妥協を強いられる現状は、これまで以上に政治的な危機である。市民に関する個人情報がこれ程まで大量に収集されたことは史上初めてである。我々は、サイバーセキュリティの規制が未だ不十分で、民主主義が弱体化しつつあり、ハッキングを巧妙に仕掛ける独裁政権が勃興する時代に、監視がどんどん強化されることを許容してきた。デジタル企業は、私たちのプライバシーを侵食すべく、データを見えない衣で包み込む戦略をとった。しかし、彼らの騙しの手口に気づいた今だからこそ、私たちは個人情報を自分たちの手に取り戻せるのだ。

世界的に蔓延したコロナウィルスの残した課題は、私たちのプライバシーにとって大きな試練となったが、数年前と比べれば、今の方がマシな状況だ。今では自身のプライバシーについてより良く知っているし、それがどのように利用されているのかも分かっている。企業の個人情報の利用に多くの法規制がかけられるようになり、更なる規制も検討されている。またＩＴ企業には、これまで以上にプライバシー保護に真剣に取り組むよう圧力がかかっている。数年前には、ＧＤＰＲが現実のものになろうとは誰が思っただろうか？　色々な抜け穴があるとはいえ、正しい方向への大きな一歩と言える。

私たちが今、目にしているのは、これまで私たちが馴染んできたオフラインでの生活をより住み心地良く、生活し易く近代化してきた経緯に似ている。販売される食品が食用適格であることを保証し、欠陥品は返品でき、車にはシートベルトが装備され、雇用主になる可能性のある人は法的に、採用面接で子どもを産む計画があるかを聞くことはできない、などの保障が法規制により実現した。もし西部開拓時代に似たインターネットの勃興、開発、発展を取り込み、共存する為には、今がまさに歴史的に重要な時である。今、設定する個人情報に関する基本原則が、今後数十年に亘るプライバシーのあり方を決めることになろう。従って、私たちのみならず、子ども達のためにも、ここで正しい判断を下すことが肝要だ。

プライバシーは重要な問題であり、この議論をしぼませてはならない。あなたが誰で、何をする人かは、他人にとやかく言われる筋合いのない、あなた自身の問題だ。あなたはデータに変換される商品ではないし、値付けされ肉食獣に与えられる商品でもない。あなたは商品棚に並んだセール品ではない。あなたは一市民であり、プライバシーを保障された存在である。プライバシーはあなたの権利なのだ。プライバシーとは、社会システムが私たちを分け隔てなく公平に扱うための目隠しの役割を果たしている。これを通じて、集合体としての市民に力を与え、外部的な圧力や攻撃的な非難から個人や組織、そして社会をも守ることができる。また、自分だけの寛げる空間を作り出し、他の人と交流したり、新たな発想を得たり、決断を下すこともできる。

広範囲に及ぶ監視は、人権の尊重される自由で民主的で寛大な社会とは相容れない。監視社会は私たちには不要だ。そして、いい加減な妥協は禁物だ。データのハゲタカは必ず戻ってくる。悪どいＩＴ企業は、謝罪しながら次回はもっとちゃんとやると言いつつ、これまで以上にあなたの個人情報を狙って要求してくる。政府も悪どいＩＴ企業と協働して、あなたの個人情報と引き換えに更なる安全を保障すると言うだろう。そして技術推進論者は、進歩が妨げられると主張するだろうが、今や私たちはそうではないことを知っている。受け入れ難きは拒否しよう。自分の個人情報を取り戻せれば、プライバシーは必ずや勝利する。

訳者あとがき

ここ数年の我が国を襲った大きなデジタル化の波に、期待よりも不安と怖さを感じる人はどれほどいるだろうか？

最近の過熱した報道の中で特に大きな話題となっている生成ＡＩ、チャットＧＰＴの登場は、世界的な規制の必要性の議論を呼び、ハリウッドにおいては大規模なストライキにまで発展し、脚本家などを中心とした娯楽産業全体に激震が走っている。また、米連邦取引委員会（ＦＴＣ）とアマゾンとの間では、同社のスマートスピーカー「アレクサ」や防犯カメラ「リング」によるプライバシー侵害に対する訴訟で、アマゾンが巨額の和解金を支払うことで合意した。一方、わが国で法案審議の始まった医療データの活用法について、個人を特定できない形に加工すれば、患者本人の同意なしにその医療データを第三者が活用できるようにしようとするなど、デジタルトランスフォーメーション（ＤＸ）に関する動きが一段と慌ただしくなってきている。本書を読んで頂けた読者なら、これらデジタル化の動きを素直に歓迎できないかもしれない。チャットＧＰＴは原書の出版後である２０２２年11月に登場したものなので、本文での言及はないものの、著者はＡＩの倫理面に関する研究も行なっており、彼女の視点は今、まさに起こっている現象にも当てはまっている。

振り返れば、日本でデジタル化が意識され始めた発端は、おそらく旧社会保険庁の年金に関する不祥事であろう。旧社会保険庁は、消えた年金問題や情報漏洩などの不祥事の末に、２００９年に解体されたが、その問題が十分に検証されぬまま、２０１５年10月からマイナンバーが全国民に付与された。世界に比して割高だった携帯電話料金の値下げを主張した当時の菅官房長官は、２０１９年に予期せぬ形で訪米した後、デジタル庁発足をぶち上げた。その予想外の唐突な動きに、やっと世界に追いつけるとの安堵感よりも、違和感と新たな情報漏洩、ハッキングのリスクを感じた人もいることだろう。そうこうしている間にも世界各国の名だたる企業は言うに及ばず、日本政府、そして数多の企業がハッキング等による情報漏洩で紙面を賑わせた。しかし、それらですら氷山の一角に過ぎないと思われる。ＩＴ技術の進歩で、様々な方面で利便性が高まっている一方、世界中からハッキングされる確率も格段に増え、２０２２年9月には日本政府のサイトが、親ロシアのハッカー集団からサイバー攻撃を受け、障害が起きた。国家の安全保障を確保するためには、もはや軍事、そしてそれを支える経済にとどまらず、サイバーセキュリティにも重点を置かなければならない時代に突入した。十分な対策を講じないまま、政府はさらに国民の全ての情報をマイナンバーに一元化しようとしている。

老人にまでスマホを持たせれば、国民全てにＧＰＳをつけたも同然である。電子政府（e-gov）を目指して印鑑も廃止の方向へ、そして最近は納税（e-tax）までマイナンバーを使ってスマホでできるようになったが、マイナンバーカードに別人の口座情報が紐づけられていたなど、制度そのものへの信頼を損なうミスも相次いでいる。便利になった、と喜んでばかりはいられない。国民にデジタル化に対するリスクを周知せず、自前のネットインフラも持たず、十分な技術者の教育と要員の準備ができていない現状で、安全安心なデジタル環境が整備されると言えるのだろうか？

エストニアは1997年から電子政府を導入しているし、スウェーデンでは、かなり前からオンラインで個人情報を見ることが可能だ。イギリスにおいても40年以上も前から国民一人一人に個人番号が付されているし、アメリカも各個人に社会保障番号がある。しかし、いずれの国も情報漏洩やハッキングの被害を免れてはいない。アメリカの社会保障番号に至っては、なりすましが横行し、裁判沙汰になったケースもある。人間が作るものである以上、セキュリティの完璧なソフトウェアなど存在せず、情報の安全管理・確保を民間会社の開発するソフトのセキュリティに依存せざるを得ない現状では、ある程度の個人情報の漏洩は覚悟しなければならないことになる。果たしてそのリスクを冒してまで、喧伝される利便性を追い求める必要があるのだろうか？　と日々考えさせられていた。そのような中で出会った本書は、デジタル化の流れを否定するのではなく、プライバシーを取り巻く環境および現実に起こっていることを踏まえて、デジタル化の問題点を分かりやすく読者に伝えながら、それらに対応する為に個々人が実践し得る小さな一歩としての具体的行動を教示してくれている良書である。

本書は、オックスフォード大学准教授でAIと哲学・倫理について研究を行なう著者が、今のデジタル時代におけるプライバシーについて考察している。目に見えないデジタル化の波は、我々に自覚させないまま忍び寄り、これまでの社会常識を根本から変えてしまった。利便性を享受するあまり、日々使いこなしているスマホなどの電子機器を通じて、知らぬ間に個人の大切な情報が抜き取られ、様々な形で（時には自らに不利に）活用されている。生身の人間が行なうプログラミングに基づいて機械的に算出されるアルゴリズムの結果、仮にそれが間違っていたとしても、それを基に人生が決められてしまうこともあるという。情報が今ほど広範、大量に収集・分析されたことはなく、これまでの社会では起こり得なかったことが、計り知れない影響を及ぼしながら、我々に自覚させることなく進行している。

情報こそがパワー・権力を生むこの時代に、我々が目の前の便利さと引き換えに、知らされぬまま失ったものとはどのようなもので、どれほどあるのだろうか？　プライバシーが保護されなければ、情報を握るものに支配される。それが将来、果たしてどのような社会を形作ることになるのだろうか？

本書を読めば、水面下で実際にどのようなことが起きているのかが見え始め、我が身に降りかかってからでは対処が遅きに失する事例がいくつも紹介されている。これまで馴染んできた社会常識による対処法が通用せず、トラブルに見舞われてからそれを既存の社会システムや法制度で解決しようにも限界があることや、オンライン化で世界中が繋がり、デジタル化で便利になった日常の陰に隠れて進行している大きな懸念を浮き彫りにしている。

巨大企業に成長したグーグルやフェイスブックをはじめとするＩＴ業界は、硬軟織り交ぜながら個人情報を蓄積して我々に対する支配を強めている。ソフトパワーという形で、個人情報を巧みに自ら友人らとシェアさせるよう仕向け、それを網羅的に分析してＶＩＰ待遇のような個別化作戦を展開したり、個人向け広告を打つ為に最大限利用している。また、ハードパワーという形で、利用者の同意を得ないまま情報を収集していること（グーグルの位置情報の保存など）もしばしばで、それら情報を今やＩＴ企業の顧客となった広告主やアプリ開発企業に売り、大きな利益を上げている。それ以外にも、個人の検索内容やＳＮＳなどの情報分析から、消費者の思考や行動までも推測し、今や企業の意向に沿った誘導まで可能にし始めている。このような手法が政治に用いられれば、選挙結果すら左右できる可能性が高く、自らの頭で考え、決断し、行動に移すという自律的な人間が減り、民主主義自体が危機に晒されることになる。大量監視を民間企業に許せば金持ちに支配され、政府が行なえば、例えば中国のような独裁政治をもたらし、ソーシャルクレジットなどの政策がまかり通ることになる、と警鐘を鳴らす。

プライバシーを個別にではなく、総体で捉えることの必要性を認識させてくれたケンブリッジ・アナリティカ社のスキャンダルに代表される社会の分断をこれ以上生まない為にも、そして民主主義がしっかりと機能する為にも、これまで野放しにされてきた巨大化したＩＴ企業を規制する法律が必要である。その為に個人でできる具体的で分かりやすい対策を第６章で教示してくれている。その中には、自由な民主主義社会を守る為にプライバシーに配慮した政策の推進を政治家に働きかけたり、サイバーセキュリティの強化、個人向け広告の禁止や法整備などが急務となっていることを指摘している。自由な意志で考え、国民の間で建設的な議論を可能にし、健全な民主主義社会を育む為にも、プライバシーを確保することが何よりも大切であると指摘、デジタルの利便性を享受しながらアナログの良さと併用させつつ個人としてできることを具体的に列挙してくれており、誰しもが実践しやすいアドバイスとなっている。

スノーデンが２０１３年に米国家安全保障局（ＮＳＡ）による大量監視の実態を暴露して以降、その実像が明らかになってきたが、これまでの漠然とした不安が現実に起きているということにショックを受けた人も多いだろう。プライバシーなんて自分には関係ない、別に悪いことをしていないし隠し事もないので心配していない、という人も、自分のことを曝け出して済む話ではなくなっている。プライバシーは自分個人のもので時代遅れ、という認識自体が、巨大ＩＴ企業が都合良く我々に植え付けた物語であり、それを鵜呑みにすることは今後の社会におけるプライバシーを取り巻く環境に悪影響を及ぼすとして、慎重な対応を求めている。個人情報の収集を規制すればイノベーションを妨げ、敵対勢力を利することになる、との主張に対しては、それが過大評価されすぎているとする一方、対するリスクが過小評価されていると一刀両断する。「技術が進歩を意味し、必然」との論法はまやかしであり、歴史を振り返れば普及しなかった技術は数多ある。あくまで何をもって技術の進歩とするのか、それをどのように規制するかは国民にかかっている、と。

著者は、スペイン内戦でメキシコに逃れた家族の歴史を公の資料を基に紐解くうちに、これまで知らされてこなかった家族の秘密に接して、プライバシーの研究に傾倒していった。一般にプライバシーと聞けば、まず自分の個人情報を思い浮かべるだろうが、それにとどまらず、家族や友人と過ごす大切な時間をも含むと考えて良いだろう。しかし、それさえも各人固有のものではなく、もっと広く一般市民、国民、という総体で捉えている。何故ならば、個人のものだと思っていても、実際には遺伝情報なら家族・親類、位置情報なら隣近所や友人にも影響を及ぼすからである。

欧米とは異なる文化を育んできた我が国であるだけに、欧米各国の後追いをせず、又同じ轍を踏まない為にも彼らの失敗から学び、日本らしさを模索しながら、著者の警鐘を胸に刻み、ひとりひとりが実践できることを一歩からでも進められれば、着実に新しい景色が見えてくるのではないか。多くの方々と少しからでも共に実践していければと願っている。

　本書の出版を真摯に力強く支えてくださった編集者の家入祐輔様、花伝社および関係者の皆様に心より感謝申し上げます。

索引

原注

＜序章＞

1　本書では、「データ経済」、「監視経済」、「監視資本主義」、「監視社会」という言葉を頻繁にほぼ同義で使っている。理論上は「個人」データを除外したデータ経済というものも成り立ち得る。個人を特定しないデータだけを取引することも可能なはずだ。しかし、本書執筆時点で一般論として「データ経済」をテーマに扱う場合、大抵は特定された個人データの取引を指している。従って、本書では「個人情報に関するデータ経済」を略して「データ経済」と呼ぶことにする。

2　Brittany Kaiser, *Targeted. My Inside Story of Cambridge Analytica and How Trump, Brexit and Facebook Broke Democracy* (Harper Collins, 2019), 81.

3　映画「マトリックス」の初編で、登場人物のトリニティとモーフィアスが、主人公ネオをマトリックスの外の世界へ引っ張り出すために、マトリックスに入って彼と連絡をとらなければならなかったことを思い出して欲しい。

＜第１章＞

1　セルフトラッキングの更なる詳細については、Gina Neff and Dawn Nafus, *Self-Tracking* (MIT Press, 2016) 参照。

2　Aliya Ram and Emma Boyde, 'People Love Fitness Trackers, But Should Employers Give Them Out?', *Financial Times*, 16 April 2018.

3　Ifeoma Ajunwa, Kate Crawford and Jason Schultz,'Limitless Worker Surveillance', *California Law Review* 105, 2017, 766-767.

4　Sam Biddle, 'For Owners of Amazon's Ring Security Cameras, Strangers May Have Been Watching Too', *Intercept*, 10 January 2019.

5　Geoffrey Fowler, 'The Doorbells Have Eyes: The Privacy Battle Brewing Over Home Security Cameras', *Washington Post*, 31 January 2019.

6　Alex Hern, 'Smart Electricity Meters Can Be Dangerously Insecure, Warns Expert', *Guardian*, 29 December 2016.

7　Carissa Véliz and Philipp Grunewald, 'Protecting Data Privacy Is Key to a Smart Energy Future', *Nature Energy* 3, 2018.

8　L. Stanokvic, V. Stanokvic, J. Liao and C. Wilson, 'Measuring the Energy Intensity of Domestic Activities From Smart Meter Data', *Applied Energy* 183, 2016.

9　Alex Hern, 'UK Homes Vulnerable to "Staggering" Level of Corporate Surveillance', *Guardian*, 1 June 2018.

10　https://www.samsung.com/hk_en/info/privacy/smarttv/. Accessed 7 May 2020.

11　Nicole Nguyen, 'If You Have a Smart TV, Take a Closer Look at Your Privacy Settings', CNBC, 9 March 2017.

12　Matt Burgess, 'More Than 1,000 UK Schools Found To Be Monitoring Children With Surveillance Software', *Wired*, 8 November 2016.

13　Lily Hay Newman, 'How to Block the Ultrasonic Signals You Didn't Know Were Tracking You', *Wired*, 3 November 2016.

14　これと似た事案について、アマゾンの広報担当者は、アマゾンのアレクサが、プライベートな会話を勝手に録音し、その内容を不特定の連絡先に送信していたと釈明した。Sam Wolfson, 'Amazon's Alexa Recorded Private Conversation and Sent it to Random Contact', *Guardian*, 24 May 2018.

15　Daniel J. Dubois, Roman Kolcun, Anna Maria Mandalari, Muhammad Talha Paracha, David Choffnes and Hamed Haddadi, 'When Speakers Are All Ears', *Proceedings on 20th Privacy*

Enhancing Technologies Symposium, 2020.

16 Sam Wolfson, 'Amazon's Alexa Recorded Private Conversation and Sent it to Random Contact'.

17 Michael Baxter, 'Do Connected Cars Pose a Privacy Threat?', *GDPR: Report*, 1 August 2018.

18 Erin Biba, 'How Connected Car Tech Is Eroding Personal Privacy', BBC News, 9 August 2016; John R. Quain, 'Cars Suck Up Data About You. Where Does It All Go?', *New York Times*, 27 July 2017.

19 Bruce Schneier, *Data and Goliath* (London: W. W. Norton & Company, 2015), 68. IMSI は、「international mobile subscriber identity」の略（訳注：全世界におけるほぼすべての携帯電話に付された個別の識別番号）。

20 Ben Bryant, 'VICE News Investigation Finds Signs of Secret Phone Surveillance Across London', *VICE*, 15 January 2016.

21 電子機器類の画面や電子メールを見ているだけで息が切れたり、呼吸が止まる症状のことを「電子メール無呼吸」、または「スクリーン無呼吸」と呼ぶ。Linda Stone, 'The Connected Life: From Email Apnea to Conscious Computing', *Huffington Post*, 7 May 2012.

22 Steven Englehardt, Jeffrey Han and Arvind Narayanan, 'I Never Signed Up For This! Privacy Implications of Email Tracking', *Proceedings on Privacy Enhancing Technologies* 1, 2018; Brian Merchant, 'How Email Open Tracking Quietly Took Over the Web', *Wired*, 11 December 2017.

23 Radhika Sanghani, 'Your Boss Can Read Your Personal Emails. Here's What You Need To Know', *Telegraph*, 14 January 2016.

24 Kristen V. Brown, 'What DNA Testing Companies' Terrifying Privacy Policies Actually Mean', *Gizmodo*, 18 October 2017.

25 Bradley Malin and Latanya Sweeney, 'Determining the Identifiability of DNA Database Entries', *Proceedings, Journal of the American Medical Informatics Association*, 2000.

26 S. Tandy-Connor, J. Guiltinan, K. Krempely, H. LaDuca, P. Reineke, S. Gutierrez, P. Gray and B. Tippin Davis, 'False-Positive Results Released by Direct-to-Consumer Genetic Tests Highlight the Importance of Clinical Confirmation Testing for Appropriate Patient Care', *Genetics in Medicine* 20, 2018.

27 Chris Stokel-Walker, 'Zoom Security: Take Care With Your Privacy on the Video App', *The Times*, 12 April 2020.

28 通信がエンド・ツー・エンドで暗号化されていれば、サービス提供会社はその内容にアクセスできないが、ズーム（Zoom）の場合は、デスクトップのアプリ上でエンド・ツー・エンドの暗号化を採用していると謳いながら、ミーティングのビデオやオーディオ内容にアクセスできた。Micah Lee and Yael Grauer, 'Zoom Meetings Aren't End-to-End Encrypted, Despite Misleading Marketing', *Intercept*, 31 March 2020.

その数ヶ月後、ズーム（Zoom）はプライバシー設定の問題箇所の一部を改定・変更したが、引き続き無料通話についてはエンド・ツー・エンドの暗号化を採用しないと発表した。それに伴って発生したプライバシーに関する猛烈な反発を受けて、すべての利用者にエンド・ツー・エンドの暗号化を採用することを約束した。Kari Paul, 'Zoom to Exclude Free Calls from End-to-End Encryption to Allow FBI Cooperation', *Guardian*, 4 June 2020. Kari Paul, 'Zoom Will Provide End-to-End Encryption to All

Users After Privacy Backlash', *Guardian*, 17 June 2020.
29 Michael Grothaus, 'Forget the New iPhones: Apple's Best Product Is Now Privacy', *Fast Company*, 13 September 2018.
30 Casey Johnston, 'Facebook Is Tracking Your "Self-Censorship" ', *Wired*, 17 December 2013.
31 Kashmir Hill, 'How Facebook Outs Sex Workers', *Gizmodo*, 10 November 2017.
32 Kashmir Hill, 'Facebook Recommended That This Psychiatrist's Patients Friend Each Other', *Splinter News*, 29 August 2016.
33 Kashmir Hill, ' "People You May Know" : A Controversial Facebook Feature's 10-Year History', *Gizmodo*, 8 August 2018.
34 'Facebook Fined £500,000 for Cambridge Analytica scandal', BBC, 25 October 2018.
35 Dan Tynan, 'Facebook Says 14m Accounts Had Personal Data Stolen in Recent Breach', *Guardian*, 12 October 2018.
36 Gabriel J. X. Dance, Michael LaForgia and Nicholas Confessore, 'As Facebook Raised a Privacy Wall, It Carved an Opening for Tech Giants', *New York Times*, 18 December 2018.
37 Kashmir Hill, 'Facebook Was Fully Aware That Tracking Who People Call and Text Is Creepy But Did It Anyway', *Gizmodo*, 12 May 2018.
38 Natasha Singer, 'Facebook's Push For Facial Recognition Prompts Privacy Alarms', *New York Times*, 9 July 2018.
39 Alex Hern, 'Facebook Faces Backlash Over Users' Safety Phone Numbers', *Guardian*, 4 March 2019.
40 Zack Whittaker, 'A Huge Database of Facebook Users' Phone Numbers Found Online', *TechCrunch*, 4 September 2019.
41 2006年から2018年までの間にフェイスブックが起こしたプライバシー侵害に関する事件の数々の一覧について、Natasha Lomas, 'A Brief History of Facebook's Privacy Hostility Ahead of Zuckerberg's Testimony', *TechCrunch*, 10 April 2018を参照。
42 Len Sherman, 'Zuckerberg's Broken Promises Show Facebook Is Not Your Friend', *Forbes*, 23 May 2018. 連邦取引委員会（Federal Trade Commission）委員長Joe Simonsジョー・サイモンズは、FTCのプレスリリースで、「フェイスブックは、世界中の数十億人のユーザーに対して、彼らの個人情報がどのようにシェアされるべきかを自分で管理できるようにしている、と繰り返し約束してきたにもかかわらず、彼らの選択の機会を密かに奪い、期待を裏切った」と述べた。FTC Press Release, 'FTC imposes $5 billion penalty and sweeping new privacy restrictions on Facebook', 24 July 2019.
43 Allen St John, 'How Facebook Tracks You, Even When You're Not on Facebook', *Consumer Reports*, 11 April 2018.
44 Digital, Culture, Media and Sport Committee, 'Disinformation and "Fake News": Final Report' (House of Commons, 2019).
45 Brian Fung, 'How Stores Use Your Phone's WiFi to Track Your Shopping Habits', *Washington Post*, 19 October 2013.
46 Stephanie Clifford and Quentin Hardy, 'Attention, Shoppers: Store is Tracking Your Cell', *New York Times*, 14 July 2013.
47 Chris Frey, 'Revealed: How Facial Recognition Has Invaded Shops - and Your Privacy', *Guardian*, 3 March 2016.

48 Kashmir Hill and Aaron Krolik, 'How Photos of Your Kids Are Powering Surveillance Technology', *New York Times*, 11 October 2019.
49 Yael Grauer, 'What Are "Data Brokers," and Why Are They Scooping Up Information About You?', *Motherboard*, 27 May 2018.
50 Adam Tanner, *Our Bodies, Our Data. How Companies Make Billions Selling Our Medical Records* (Beacon Press, 2017), 78, 95, 147-148.
51 Julia Powles and Hal Hodson, 'Google DeepMind and Healthcare in an Age of Algorithms', *Health and Technology* 7, 2017.
52 Dan Munro, 'Data Breaches In Healthcare Totaled Over 112 Million Records in 2015', *Forbes,* 31 December 2015.
53 Alex Hern, 'Hackers Publish Private Photos From Cosmetic Surgery Clinic', *Guardian*, 31 May 2017.
54 Jennifer Valentino-DeVries, Natasha Singer, Michael H. Keller and Aaron Krolik, 'Your Apps Know Where You Were Last Night, and They're Not Keeping It Secret', *New York Times*, 10 December 2018.
55 Nick Statt, 'How AT&T's Plan to Become the New Facebook Could Be a Privacy Nightmare', *Verge*, 16 July 2018.
56 Joseph Cox, 'I Gave a Bounty Hunter $300. Then He Located Our Phone', *Motherboard*, 8 January 2019.
57 Olivia Solon, ' "Data Is a Fingerprint": Why You Aren't as Anonymous as You Think Online', *Guardian*, 13 July 2018.
58 Y. A. de Montjoye, C. A. Hidalgo, M. Verleysen and V. D. Blondel, 'Unique in the Crowd: The Privacy Bounds of Human Mobility', *Scientific Reports* 3, 2013.
59 Y. A. de Montjoye, L. Radaelli, V. K. Singh and A. S. Pentland, 'Identity and privacy. Unique in the Shopping Mall: On the Reidentifiability of Credit Card Metadata', *Science* 347, 2015.
60 Ryan Singel, 'Netflix Spilled Your Brokeback Mountain Secret, Lawsuit Claims', *Wired*, 17 December 2009.
61 Aliya Ram and Madhumita Murgia, 'Data Brokers: Regulators Try To Rein In The "Privacy Deathstars" ', *Financial Times*, 8 January 2019.
62 Natasha Singer, 'Data Broker Is Charged With Selling Consumers' Financial Details to "Fraudsters" ', *New York Times*, 23 December 2014.
63 Melanie Hicken, 'Data Brokers Selling Lists of Rape Victims, AIDS Patients', CNN, 19 December 2013.
64 Nitasha Tiku, 'Privacy Groups Claim Online Ads Can Target Abuse Victims', *Wired*, 27 January 2019.
65 Nicole Kobie, 'Heathrow's Facial Recognition Tech Could Make Airports More Bearable', *Wired*, 18 October 2018; Gregory Wallace, 'Instead of the Boarding Pass, Bring Your Smile to the Airport', CNN, 18 September 2018.
66 Kaveh Waddell, 'A NASA Engineer Was Required To Unlock His Phone At The Border', *Atlantic*, 13 February 2017.
67 Daniel Victor, 'What Are Your Rights if Border Agents Want to Search Your Phone?', *New York Times*, 14 February 2017.
68 Gemma Galdon Clavell, 'Protect Rights at Automated Borders', *Nature* 543, 2017.
69 Olivia Solon, ' "Surveillance Society": Has Technology at the US-Mexico Border Gone Too Far?', *Guardian*, 13 June 2018.
70 Douglas Heaven, 'An AI Lie Detector

Will Interrogate Travellers at Some EU Borders', *New Scientist*, 31 October 2018.

71 Dylan Curran, 'Are You Ready? Here Is All The Data Facebook And Google Have On You', *Guardian*, 30 March 2018.

72 John Naughton, 'More Choice on Privacy Just Means More Chances to Do What's Best for Big Tech', *Guardian*, 8 July 2018.

73 Alex Hern, 'Privacy Policies of Tech Giants "Still Not GDPR-Compliant" ', *Guardian*, 5 July 2018.

74 Logan Koepke, ' "We Can Change These Terms at Anytime": The Detritus of Terms of Service Agreements', *Medium*, 18 January 2015.

75 John Naughton, 'More Choice on Privacy Just Means More Chances to Do What's Best for Big Tech'.

76 Arwa Mahdawi, 'Spotify Can Tell If You're Sad. Here's Why That Should Scare You', *Guardian*, 16 September 2018.

77 Alfred Ng, 'With Smart Sneakers, Privacy Risks Take a Great Leap', CNET, 13 February 2019.

78 Christopher Mims, 'Here Comes "Smart Dust," The Tiny Computers That Pull Power From The Air', *Wall Street Journal*, 8 November 2018.

＜第2章＞

1 Shoshana Zuboff, *The Age of Surveillance Capitalism* (London: Profile Books, 2019), Ch 3.

2 Samuel Gibbs and Alex Hern, 'Google at 20: How Two "Obnoxious" Students Changed the Internet', *Guardian*, 24 September 2018.

3 John Battelle, 'The Birth of Google', *Wired*, 1 August 2005.

4 Samuel Gibbs and Alex Hern, 'Google at 20: How Two "Obnoxious" Students Changed the Internet'.

5 Steven Levy, *In the Plex. How Google Thinks, Works, and Shapes Our Lives* (New York: Simon & Schuster, 2011), 77-78.

6 Google's 2004 Annual Report to the United States Securities and Exchange Commission (https://www.sec.gov/Archives/edgar/data/1288776/000119312505065298/d10k.htm)

7 Sergey Brin and Lawrence Page, 'The Anatomy of a Large-Scale Hypertextual Web Search Engine', *Computer Networks and ISDN Systems* 30, 1998.

8 Steven Levy, *In the Plex. How Google Thinks, Works, and Shapes Our Lives*, 82.

9 Samuel Gibbs and Alex Hern, 'Google at 20: How Two "Obnoxious" Students Changed the Internet'.

10 Alphabet Inc. 2019 Annual Report to the United States Securities and Exchange Commission (https://abc.xyz/investor/static/pdf/20200204_alphabet_10K.pdf?cache=cdd6dbf)

11 Richard Graham, 'Google and Advertising: Digital Capitalism in the Context of Post-Fordism, the Reification of Language, and the Rise of Fake News', *Palgrave Communications* 3, 2017, 2.

12 Jennifer Lee, 'Postcards From Planet Google', *New York Times*, 28 November 2002.

13 Jennifer Lee, 'Postcards From Planet Google'.

14 Krishna Bharat, Stephen Lawrence and Meham Sahami, 'Generating User Information for Use in Targeted Advertising' (2003).

15 Steven Levy, *In the Plex. How*

Google Thinks, Works, and Shapes Our Lives, 330-336.
16 Shoshana Zuboff, *The Age of Surveillance Capitalism*, 87-92.
17 Steven Levy, *In the Plex. How Google Thinks, Works, and Shapes Our Lives*, 68.
18 Douglas Edwards, *I'm Feeling Lucky: The Confessions of Google Employee Number 59* (Houghton Mifflin Harcourt, 2011), 340.
19 Shoshana Zuboff, *The Age of Surveillance Capitalism*, 89.
20 Louise Matsakis, 'The WIRED Guide to Your Personal Data (and Who Is Using It)', *Wired*, 15 February 2019.
21 'Privacy Online: Fair Information Practices in the Electronic Marketplace. A Report to Congress' (Federal Trade Commission, 2000).
22 Shoshana Zuboff, *The Age of Surveillance Capitalism*, 112-121.
23 Bruce Schneier, *Click Here to Kill Everybody. Security and Survival in a Hyper-Connected World* (New York: W. W. Norton & Company, 2018), 65.
24 Babu Kurra, 'How 9/11 Completely Changed Surveillance in U.S.', *Wired*, 11 September 2011.
25 Edward Snowden, *Permanent Record* (Macmillan, 2019).
26 Edward Snowden, *Permanent Record*, 223-224.
27 Edward Snowden, *Permanent Record*, 278-279.
28 Edward Snowden, *Permanent Record*, 163.
29 Edward Snowden, *Permanent Record*, 225.
30 Edward Snowden, *Permanent Record*, 167-168.
31 Michael Isikoff, 'NSA Program Stopped No Terror Attacks, Says White House Panel Member', NBC News, 19 December 2013.
32 Charlie Savage, 'Declassified Report Shows Doubts About Value of N.S.A.'s Warrantless Spying', *New York Times*, 25 April 2015.
33 Charlie Savage, *Power Wars. Inside Obama's Post-9/11 Presidency* (New York: Little, Brown and Company, 2015), 162-223.
34 'Report on the President's Surveillance Program' (2009), 637.
35 テロ防止の為に大量監視が不適切なアプローチであることの更なる詳細な理由については、Bruce Schneier, *Data and Goliath*, 135-139 参照。
36 James Glanz and Andrew W. Lehren, 'NSA Spied on Allies, Aid Groups and Businesses', *New York Times*, 21 December 2013.
37 Julia Angwin, Jeff Larson, Charlie Savage, James Risen, Henrik Moltke and Laura Poitras, 'NSA Spying Relies on AT&T's "Extreme Willingness to Help" ', *ProPublica*, 15 August 2015.
38 Jedediah Purdy, 'The Anti-Democratic Worldview of Steve Bannon and Peter Thiel', *Politico*, 30 November 2016.
39 Sam Biddle, 'How Peter Thiel's Palantir Helped the NSA Spy on the Whole World', *Intercept*, 22 February 2017.
40 Bruce Schneier, *Click Here to Kill Everybody. Security and Survival in a Hyper-Connected World*, 65.
41 Sam Levin, 'Tech Firms Make Millions from Trump's Anti-Immigrant Agenda, Report Finds', *Guardian*, 23 October 2018.
42 Amanda Holpuch, 'Trump's Separation of Families Constitutes Torture, Doctors Find', *Guardian*, 25 February 2020.
43 'The Government Uses "Near

Perfect Surveillance" Data on Americans', *New York Times*, 7 February 2020.
44 Toby Helm, 'Patient Data from GP Surgeries Sold to US Companies', *Observer*, 7 December 2019.
45 Juliette Kayyem, 'Never Say "Never Again" ', *Foreign Policy*, 11 September 2012.
46 Bobbie Johnson, 'Privacy No Longer a Social Norm, Says Facebook Founder', *Guardian*, 10 January 2010.
47 Alyson Shontell, 'Mark Zuckerberg Just Spent More Than $30 Million Buying 4 Neighboring Houses So He Could Have Privacy', *Business Insider*, 11 October 2013.
48 Bobbie Johnson, 'Facebook Privacy Change Angers Campaigners', *Guardian*, 10 December 2009.
49 この情報については、ジューディス・カートイズに感謝したい。エレン・ジャドソンが指摘したのは、ケンブリッジ大学の学長も、禁止されていた犬を「とても大きな猫」として飼っていたということだ。(https://www.bbc.co.uk/news/uk-england-cambridgeshire-28966001).
50 Harry Cockburn, 'The UK's Strangest Laws That Are Still Enforced', *Independent*, 8 September 2016.
51 Nick Statt, 'Facebook CEO Mark Zuckerberg Says the "Future is Private" ', *Verge*, 30 April 2019.
52 Sam Biddle, 'In Court, Facebook Blames Users for Destroying Their Own Right to Privacy', *Intercept*, 14 June 2014.
53 Roxanne Bamford, Benedict Macon-Cooney, Hermione Dace and Chris Yiu, 'A Price Worth Paying: Tech, Privacy and the Fight Against Covid-19' (Tony Blair Institute for Global Change, 2020).
54 Barrington Moore, *Privacy. Studies in Social and Cultural History* (Armonk, New York: M. E. Sharpe, 1984).

＜第3章＞

1 Tim Wu, *The Attention Merchants* (Atlantic Books, 2017); James Williams, *Stand Out of Our Light. Freedom and Resistance in the Attention Economy* (Cambridge: Cambridge University Press, 2018).
2 Alex Hern, 'Netflix's Biggest Competitor? Sleep', *Guardian*, 18 April 2017.
3 本書では、セキュリティシステムに侵入する者を、一般的に用いられる名称の「ハッカー」と呼んでいるが、より正確には「クラッカー」と呼ばれ、悪意を持ったハッカーを指す。ハッキングについては、Richard Stallman, 'On Hacking' (https://stallman.org/articles/on-hacking.html) 参照。
4 Oliver Ralph, 'Insurance and the Big Data Technology Revolution', *Financial Times*, 24 February 2017.
5 Dave Smith and Phil Chamberlain, 'On the Blacklist: How Did the UK's Top Building Firms Get Secret Information on Their Workers?', *Guardian*, 27 February 2015.
6 Rupert Jones, 'Identity Fraud Reaching Epidemic Levels, New Figures Show', *Guardian*, 23 August 2017.
7 Kaleigh Rogers, 'Let's Talk About Mark Zuckerberg's Claim That Facebook "Doesn't Sell Data" ', *Motherboard*, 11 April 2018.
8 Charlie Warzel and Ash Ngu, 'Google's 4,000-Word Privacy Policy Is a Secret History of the Internet', *New York Times*, 10 July 2019.
9 Rainer Forst, 'Noumenal Power', *Journal of Political Philosophy* 23, 2015.
10 M. Weber, *Economy and Society*

(Berkeley: University of California Press, 1978), 53.

11 Bertrand Russell, *Power. A New Social Analysis* (Routledge, 2004), 4.

12 Michel Foucault, *Discipline and Punish* (London: Penguin Books, 1977); Nico Stehr and Marian T. Adolf, 'Knowledge/Power/Resistance', *Society* 55, 2018.

13 Hubert Dreyfus and Paul Rabinow, *Michel Foucault. Beyond Structuralism and Hermeneutics* (University of Chicago Press, 1982), 212.

14 Steven Lukes, *Power. A Radical View* (Red Globe Press, 2005).

15 Simon Parkin, 'Has Dopamine Got Us Hooked on Tech?', *Guardian*, 4 March 2018.

16 https://www.britannica.com/topic/Stasi

17 Andrea Peterson, 'Snowden Filmmaker Laura Poitras: "Facebook is a Gift to Intelligence Agencies" ', *Washington Post*, 23 October 2014.

18 Robert Booth, Sandra Laville and Shiv Malik, 'Royal Wedding: Police Criticised for Pre-Emptive Strikes Against Protestors', *Guardian*, 29 April 2011.

19 Tae Kim, 'Warren Buffett Believes This Is "the Most Important Thing" to Find in a Business', CNBC, 7 May 2018.

20 Associated Press, 'Google Records Your Location Even When You Tell It Not To', *Guardian*, 13 August 2018.

21 Frank Tang, 'China Names 169 People Banned From Taking Flights or Trains Under Social Credit System', *South China Morning Post*, 2 June 2018.

22 Simina Mistreanu, 'Life Inside China's Social Credit Laboratory', *Foreign Policy*, 3 April 2018.

23 Orange Wang, 'China's Social Credit System Will Not Lead to Citizens Losing Access to Public Services, Beijing Says', *South China Morning Post*, 19 July 2019.

24 Nectar Gan, 'China Is Installing Surveillance Cameras Outside People's Front Doors … and Sometimes Inside Their Homes', *CNN Business*, 28 April 2020.

25 ヒル記者の記事には、消費者に評価点をつける他の企業のリストに加え、それら企業に自分の個人情報についてる問い合わせる方法も記載されている。Kashmir Hill, 'I Got Access to My Secret Consumer Score. Now You Can Get Yours, Too', *New York Times*, 4 November 2019.

26 Edward Snowden, *Permanent Record*, 196-197.

27 Jamie Susskind, *Future Politics. Living Together in a World Transformed by Tech* (Oxford University Press, 2018), 103-107.

28 Jamie Susskind, *Future Politics. Living Together in a World Transformed by Tech*, 172.

29 哲学者のロバート・ノグルからヒントを得たのが、人心操作（マニピュレーション）は、被害者の被害者意識に働きかける、というものだ。Workshop on Behavioural Prediction and Influence, 'The Moral Status of "Other Behavioral Influences" ', University of Oxford (27 September 2019).

30 Richard Esguerra, 'Google CEO Eric Schmidt Dismisses the Importance of Privacy', *Electronic Frontier Foundation*, 10 December 2009.

31 Steven Levy, *In the Plex. How Google Thinks, Works, and Shapes Our Lives*, 175.

32 軽微な犯罪については、隠蔽が許されるべきであるという主張・見解もあるが、これはプライバシーの重要な一要素ではない。

33 Carissa Véliz, 'Inteligencia artificial: ¿progreso o retroceso?', *El País*, 14 June 2019.
34 Shoshana Zuboff, *The Age of Surveillance Capitalism*, 221-225.
35 Bent Flyvbjerg, *Rationality and Power. Democracy in Practice* (Chicago University Press, 1998), 36.
36 Safiya Noble, *Algorithms of Oppression. How Search Engines Reinforce Racism* (NYU Press, 2018); Caroline Criado Perez, *Invisible Women. Exposing Data Bias in a World Designed for Men* (Vintage, 2019).
37 James Zou and Londa Schiebinger, 'AI Can Be Sexist and Racist – It's Time to Make It Fair', *Nature* 559, 2018.
38 Danny Yadron, 'Silicon Valley Tech Firms Exacerbating Income Inequality, World Bank Warns', *Guardian*, 15 January 2016.
39 https://www.energy.gov/articles/history-electric-car
40 Nick Bilton, 'Why Google Glass Broke', *New York Times*, 4 February 2015.
41 Nick Bilton, 'Why Google Glass Broke'.
42 Steven Poole, 'Drones the Size of Bees – Good or Evil?', *Guardian*, 14 June 2013.
43 Rose Eveleth, 'The Biggest Lie Tech People Tell Themselves – and the Rest of Us', *Vox*, 8 October 2019.
44 James Williams, *Stand Out of Our Light. Freedom and Resistance in the Attention Economy*.
45 現在、gmailは個人向け広告のために我々の電子メールをスキャンして内容を精査することはしなくなったが、2017年まではそれをしていた。そして、今でも他のアプリはそれを実施している（しかし、設定を変更してアクセスを拒否することは可能である）。Christopher Wylie, *Mindf*ck. Inside Cambridge Analytica's Plot to Break the World* (Profile Books, 2019), 15. Alex Hern, 'Google Will Stop Scanning Content of Personal Emails', *Guardian*, 26 June 2017. Kaya Yurieff, 'Google Still Lets Third-Party Apps Scan Your Gmail Data', *CNN Business*, 20 September 2018.
46 Christopher Wylie, *Mindf*ck. Inside Cambridge Analytica's Plot to Break the World* (Profile Books, 2019), 15.
47 Christopher Wylie, *Mindf*ck. Inside Cambridge Analytica's Plot to Break the World*, 16.
48 George Orwell, *Politics and the English Language* (Penguin Books, 2013).
49 'Nature's Language Is Being Hijacked By Technology', BBC News, 1 August 2019.
50 Christopher Wylie, *Mindf*ck. Inside Cambridge Analytica's Plot to Break the World*, 101-102.
51 フェイスブックは、あるアプリの使用に同意した人の友人で、そのことを知らない友人の情報のダウンロードを、数千ものアプリ開発業者に許可していた。業者の中には、ゲーム開発会社のFarmVilleやTinder、そしてバラク・オバマの大統領選挙対策本部なども含まれていた。2015年になって、フェイスブックはこの規約を変更した。Elizabeth Dwoskin and Tony Romm, 'Facebook's Rules for Accessing User Data Lured More Than Just Cambridge Analytica', *Washington Post*, 20 March 2018.
52 Christopher Wylie, *Mindf*ck. Inside Cambridge Analytica's Plot to Break the World*, 110-111.
53 Brittany Kaiser, *Targeted. My Inside Story of Cambridge Analytica and How Trump, Brexit and Facebook Broke Democracy*, Ch 9, Ch 13.

54 Christopher Wylie, *Mindf*ck. Inside Cambridge Analytica's Plot to Break the World*, Ch 7.

55 https://www.channel4.com/news/cambridge-analytica-revealed-trumps-election-consultants-filmed-saying-they-use-bribes-and-sex-workers-to-entrap-politicians-investigation

56 ケンブリッジ・アナリティカ社は、ニックスが自社の活動について発言を修正する羽目に陥ったことについて、チャンネル４の囮捜査のせいであるとしてチャンネル４を訴えた。Emma Graham-Harrison, Carole Cadwalladr and Hilary Osborne, 'Cambridge Analytica Boasts of Dirty Tricks to Swing Elections', *Guardian*, 19 March 2018: https://www.theguardian.com/uk-news/2018/mar/19/cambridge-analytica-execs-boast-dirty-tricks-honey-traps-elections

57 Christopher Wylie, *Mindf*ck. Inside Cambridge Analytica's Plot to Break the World*, Ch 8.

58 Christopher Wylie, *Mindf*ck. Inside Cambridge Analytica's Plot to Break the World*, 244.

59 Amber Macintyre, 'Who's Working for Your Vote?', *Tactical Tech*, 29 November 2018.

60 Lorenzo Franceschi-Bicchierai, 'Russian Facebook Trolls Got Two Groups of People to Protest Each Other in Texas', *Motherboard*, 1 November 2017.

61 Gary Watson, 'Moral Agency', *The International Encyclopedia of Ethics* (2013); John Christman, 'Autonomy in Moral and Political Philosophy', in Edward N. Zalta (ed.), *The Stanford Encyclopedia of Philosophy* (2015).

62 MyrnaOliver, 'Legends Nureyev, Gillespie Die: Defector Was One of Century's Great Dancers', *Los Angeles Times*, 7 January 1993.

63 Jonathon W. Penney, 'Chilling Effects: Online Surveillance and Wikipedia Use', *Berkeley Technology Law Journal* 31, 2016.

64 Karina Vold and Jess Whittlestone, 'Privacy, Autonomy, and Personalised Targeting: Rethinking How Personal Data Is Used', in Carissa Véliz (ed.), *Data, Privacy, and the Individual* (Center for the Governance of Change, IE University, 2019).

65 Hamza Shaban, 'Google for the First Time Outspent Every Other Company to Influence Washington in 2017', *Washington Post*, 23 January 2018.

66 Caroline Daniel and Maija Palmer, 'Google's Goal: To Organise Your Daily Life', *Financial Times*, 22 May 2007.

67 Holman W. Jenkins, 'Google and the Search for the Future', *Wall Street Journal*, 14 August 2010.

68 Carissa Véliz, 'Privacy is a Collective Concern', *New Statesman*, 22 October 2019.

69 Carissa Véliz, 'Data, Privacy & the Individual' (Madrid: Center for the Governance of Change, IE University, 2020).

70 Kristen V. Brown, 'What DNA Testing Companies' Terrifying Privacy Policies Actually Mean'.

71 Jody Allard, 'How Gene Testing Forced Me to Reveal My Private Health Information', *Vice*, 27 May 2016.

72 https://blog.23andme.com/health-traits/sneezing-on-summer-solstice/

73 S. L. Schilit and A. Schilit Nitenson, 'My Identical Twin Sequenced our Genome', *Journal of Genetic Counseling* 26, 2017.

74 Lydia Ramsey and Samantha Lee, 'Our DNA is 99.9% the Same as the Person Next to Us – and We're Surprisingly Similar to a Lot of Other

Living Things', *Business Insider*, 3 April 2018.

75 Jocelyn Kaiser, 'We Will Find You: DNA Search Used to Nab Golden State Killer Can Home In On About 60% of White Americans', *Science Magazine*, 11 October 2018.

76 Tamara Khandaker, 'Canada Is Using Ancestry DNA Websites To Help It Deport People', *Vice*, 26 July 2018.

77 Jocelyn Kaiser, 'We Will Find You: DNA Search Used to Nab Golden State Killer Can Home In On About 60% of White Americans'.

78 Matthew Shaer, 'The False Promise of DNA Testing', *Atlantic*, June 2016.

79 Brendan I. Koerner, 'Your Relative's DNA Could Turn You Into a Suspect', *Wired*, 13 October 2015.

80 Erin E. Murphy, *Inside the Cell. The Dark Side of Forensic DNA* (Nation Books, 2015).

81 https://www.innocenceproject.org/overturning-wrongful-convictions-involving-flawed-forensics/

82 弁護士 Javier de la Cueva との個人的な情報交換から。

83 Kieron O'Hara and Nigel Shadbolt, 'Privacy on the Data Web', *Communications of the ACM* 53, 2010.

84 Robert B. Talisse, 'Democracy: What's It Good For?', *Philosophers' Magazine* 89, 2020.

85 'A Manifesto for Renewing Liberalism', *The Economist*, 15 September 2018.

86 Michael J. Abramowitz, 'Democracy in Crisis', *Freedom in the World* (2018).

87 *The Economist* Intelligence Unit, 'Democracy Index 2019. A Year of Democratic Setbacks and Popular Protest' (2019).

88 https://api.parliament.uk/historic-hansard/commons/1947/nov/11/parliament-bill

89 John Stuart Mill, *On Liberty* (Indianapolis: Hackett Publishing Company, 1978), Ch 3.

90 民主的平和論を思い出させてくれたマウリシオ・スアーレズに、そしてカール・ポパーの主張を思い出させてくれたアントニオ・ディグエに謝意を表する。

91 Karl Popper, *The Open Society and Its Enemies* (Routledge, 2002), 368.

92 George Orwell, *Fascism and Democracy* (Penguin, 2020), 6.

93 Steven Levitsky and Daniel Ziblatt, *How Democracies Die* (Penguin, 2018), 3.

94 Jonathan Wolff, 'The Lure of Fascism', *Aeon*, 14 April 2020.

95 ヒダルゴ（Hidalgo）は政治制度の改革として政治家に代表権を与えるのではなく、代わりに私たちのデジタルアシスタントに投票してもらえば良いという。そして、これをある種の「直接民主制」であると彼は主張するが、これには賛同できない。この主張は、単に人間が選ぶ代表をデジタルに置き換えるだけとも言えよう。（私個人は、直接民主制の方が間接民主制よりも優れていると考えているわけではない。）https://www.ted.com/talks/cesar_hidalgo_a_bold_idea_to_replace_politicians

96 Sam Wolfson, 'For My Next Trick: Dynamo's Mission to Bring Back Magic', *Guardian*, 26 April 2020.

97 Cecilia Kang and Kenneth P. Vogel, 'Tech Giants Amass a Lobbying Army for an Epic Washington Battle', *New York Times*, 5 June 2019; Tony Romm, 'Tech Giants Led by Amazon, Facebook and Google Spent Nearly Half a Billion on Lobbying Over the Last Decade', *Washington Post*, 22 January 2020.

98 Rana Foroohar, 'Year in a Word: Techlash', *Financial Times*, 16 December 2018.

＜第４章＞

1　Tom Douglas, 'Why the Health Threat From Asbestos Is Not a Thing of the Past', *The Conversation*, 21 December 2015.

2　Bruce Schneier, 'Data is a Toxic Asset, So Why Not Throw it Out?', CNN, 1 March 2016.

3　Tom Lamont, 'Life After the Ashley Madison Affair', *Observer*, 27 February 2016.

4　Rob Price, 'An Ashley Madison User Received a Terrifying Blackmail Letter', *Business Insider*, 22 January 2016.

5　Chris Baraniuk, 'Ashley Madison: "Suicides" Over Website Hack', BBC News, 24 August 2015; 'Pastor Outed on Ashley Madison Commits Suicide', Laurie Segall, CNN, 8 September 2015.

6　José Antonio Hernández, 'Me han robado la identidad y estoy a base de lexatín; yo no soy una delincuente', *El País*, 24 August 2016.

7　Siân Brooke and Carissa Véliz, 'Views on Privacy. A Survery', *Data, Privacy & the Individual* (Center for the Governance of Change, IE University, 2020).

8　Alex Hern, 'Hackers Publish Private Photos From Cosmetic Surgery Clinic'.

9　Siân Brooke and Carissa Véliz, 'Views on Privacy. A Survery'.

10　Olivia Solon, 'Ashamed to Work in Silicon Valley: How Techies Became the New Bankers', *Guardian*, 8 November 2017.

11　'FTC Imposes $5 Billion Penalty and Sweeping New Privacy Restrictions on Facebook', FTC Press Release, 24 July 2019.

12　'Facebook Fined £500,000 for Cambridge Analytica Scandal', BBC News, 25 October 2018.

13　'British Airways Faces Record £183m Fine for Data Breach', BBC News, 8 July 2019.

14　David E. Sanger, 'Hackers Took Fingerprints of 5.6 Million U.S. Workers, Government Says', *New York Times*, 23 September 2015.

15　Edward Wong, 'How China Uses LinkedIn to Recruit Spies Abroad', *New York Times*, 27 August 2019.

16　Jordi Pérez Colomé, 'Por qué China roba datos privados de decenas de millones de estadounidenses', *El País*, 17 February 2020.

17　エクィファックス社（Equifax）は、そのウェブサイト上に米連邦取引委員会（FTC）との調停に関する和解文書を掲載した専用のページの中で、「エクィファックスは何らの違法行為もしていないし、違法行為を行なったとの判決も認定も受けなかった」と記載している。https://www.equifaxbreachsettlement.com.

エクィファックス社は、米連邦取引委員会（FTC）に対する和解の一部として７億ドルを支払うことで合意した。FTC の委員ジョー・サイモンズは、「エクィファックス社が、基本的な対策をとっていれば、データ漏洩を防げたかも知れない」と述べた。'Equifax to pay up to $700m to Settle Data Breach', BBC News, 22 July 2019. エクィファックス社に対する集団訴訟の件については、http://securities.stanford.edu/filings-documents/1063/EI00_15/2019128_r01x_17CV03463.pdf 参照。

18　Charlie Warzel, 'Chinese Hacking Is Alarming. So Are Data Brokers', *New York Times*, 10 February 2020.

19　Stuart A. Thompson and Charlie Warzel, 'Twelve Million Phones, One Dataset, Zero Privacy', *New York Times*, 19 December 2019.

20　Devin Coldewey, 'Grindr Sends HIV Status to Third Parties, and Some

Personal Data Unencrypted', *TechCrunch*, 2 April 2018. ノルウェー消費者庁調査委員会 Norwegian Consumer Council Investigation は、グラインダー（Grindr）の顧客の同意を得る手法について調査を実施する中で、グラインダーが報告書のいくつかの提案を拒否しながらも、ベストプラクティスの議論を行なうことについては歓迎していると結論づけた。'Grindr and Twitter Face "Out of Control" Complaint', BBC News, 14 January 2020.

21 Echo Wang and Carl O'Donnell, 'Behind Grindr's Doomed Hookup in China, a Data Misstep and Scramble to Make Up', Reuters, 22 May 2019.

22 Casey Newton, 'How Grindr Became a National Security Issue', *Verge*, 28 March 2019.

23 Jeremy Hsu, 'The Strava Heat Map and the End of Secrets', *Wired*, 29 January 2018.

24 Colin Lecher, 'Strava Fitness App Quietly Added a New Opt-Out for Controversial Heat Map', *Verge*, 1 March 2018.

25 Pablo Guimón, ' "Brexit Wouldn't Have Happened Without Cambridge Analytica" ', *El País*, 27 March 2018.

26 Alex Hern, 'Facebook "Dark Ads" Can Swing Political Opinions, Research Shows', *Guardian*, 31 July 2017; Timothy Revell, 'How to Turn Facebook Into a Weaponised AI Propaganda Machine', *New Scientist*, 28 July 2017; Sue Halpern, 'Cambridge Analytica and the Perils of Psychographics', *New Yorker*, 30 March 2018.

27 Angela Chen and Alessandra Potenza, 'Cambridge Analytica's Facebook Data Abuse Shouldn't Get Credit for Trump', *Verge*, 20 March 2018; Kris-Stella Trump, 'Four and a Half Reasons Not to Worry That Cambridge Analytica Skewed the 2016 Election', *Washington Post*, 23 March 2018.

28 報告書によると、「2010 年 11 月 2 日にフェイスブックのウェブサイトにアクセスした、米国在住の少なくとも 18 歳以上のすべてのユーザー」に対して、無作為比較対照試験を実施したとある。おそらくフェイスブックは、本件のような研究が自社の規約に基づき認められていると思っているのだろうが、甚だ疑問である。これに続いて 2014 年にも、フェイスブックが感情の伝播・連鎖 emotional contagion についての研究を発表した際、似たような論争が起きた。カシミール・ヒル記者は、この研究が実施された 4 ヶ月後になって、フェイスブックがユーザー規約に、研究目的でデータが使用される可能性のあることに関する条項を追加していた、と指摘した。しかし、そうであったとしても、ほとんどの人が読まない規約に利用者が同意したとみなすことはインフォームド・コンセントには該当せず、同意を得たことにはならないだろう。Kashmir Hill, 'Facebook Added "Research" To User Agreement 4 Months After Emotion Manipulation Study', *Forbes*, 30 June 2014.

29 M. Bond, C. J. Fariss, J. J. Jones, A. D. Kramer, C. Marlow, J. E. Settle and J. H. Fowler, 'A 61-Million-Person Experiment in Social Influence and Political Mobilization', *Nature* 489, 2012.

30 Jay Caruso, 'The Latest Battleground Poll Tells Us Democrats Are Over-Correcting for 2020 – and They Can't Beat Trump That Way', *Independent*, 5 November 2019.

31 Hannes Grassegger, 'Facebook Says Its "Voter Button" Is Good for Turnout. But Should the Tech Giant Be Nudging Us at All?', *Observer*, 15 April 2018.

32 John Gramlich, '10 Facts About

Americans and Facebook', Pew Research Center, 16 May 2019.

33　*Wired* によれば、フェイスブックは、2018年だけで21ものスキャンダルがあったと報じた。Issie Lapowsky, 'The 21 (and Counting) Biggest Facebook Scandals of 2018', *Wired*, 20 December 2018.

34　Cecilia Kang and Mike Isaac, 'Defiant Zuckerberg Says Facebook Won't Police Political Speech', *New York Times*, 17 October 2019. 本書が印刷に回される直前に、フェイスブックは、自社のヘイトスピーチに関する方針に対して反撃を受ける中、100社以上が同プラットフォーム上での広告掲載を撤回したことで、すぐに方針の変更を発表した。同社は暴力を扇動したり、投票行動を抑圧するような投稿を削除するとともに、ツイッター同様、その他のポリシーを侵害し得る、しかしニュース性のあるものについては、印をつけることにした。Kari Paul, 'Facebook Policy Changes Fail to Quell Advertiser Revolt as Coca-Cola Pulls Ads', *Guardian*, 27 June 2020.

35　Tim Wu, 'Facebook Isn't Just Allowing Lies, It's Prioritizing Them', *New York Times*, 4 November 2019.

36　David Smith, 'How Key Republicans Inside Facebook Are Shifting Its Politics to the Right', *Guardian*, 3 November 2019.

37　Jonathan Zittrain, 'Facebook Could Decide an Election Without Anyone Ever Finding Out', *New Statesman*, 3 June 2014.

38　内部通報者クリス・ワイリーとブリタニー・カイザーの二人は、ケンブリッジ・アナリティカ社が投票行動を抑圧する活動に関与していたと主張している。Donie O'Sullivan and Drew Griffin, 'Cambridge Analytica Ran Voter Suppression Campaigns, Whistleblower Claims', CNN, 17 May 2018; Brittany Kaiser, *Targeted. My Inside Story of Cambridge Analytica and How Trump, Brexit and Facebook Broke Democracy*, 231.

39　John Stuart Mill, *Collected Works of John Stuart Mill* (University of Toronto Press, 1963), vol. 21, 262.

40　Thomas Nagel, 'Concealment and Exposure', *Philosophy and Public Affairs* 27, 1998.

41　Anna Lauren Hoffman, 'Facebook is Worried About Users Sharing Less – But it Only Has Itself to Blame', *Guardian*, 19 April 2016.

42　Thomas Nagel, 'Concealment and Exposure'.

43　Edwin Black, *IBM and the Holocaust* (Washington, DC: Dialog Press, 2012), Ch 11.

44　William Seltzer and Margo Anderson, 'The Dark Side of Numbers: The Role of Population Data Systems in Human Rights Abuses', *Social Research* 68, 2001.

45　William Seltzer and Margo Anderson, 'The Dark Side of Numbers: The Role of Population Data Systems in Human Rights Abuses'.

46　Hans de Zwart, 'During World War II, We Did Have Something to Hide', *Medium*, 30 April 2015.

47　Thomas Douglas and Lauren Van den Borre, 'Asbestos Neglect: Why Asbestos Exposure Deserves Greater Policy Attention', *Health Policy* 123, 2019.

<第５章>

1　Fiona Harvey, 'Ozone Layer Finally Healing After Damage Caused by Aerosols, UN Says', *Guardian*, 5 November 2018.

2　'Update Report Into Adtech and Real Time Bidding' (United Kingdom:

Information Commissioner's Office, 2019).

3 Jesse Frederik and Maurits Martijn, 'The New Dot Com Bubble Is Here: It's Called Online Advertising', *Correspondent*, 6 November 2019.

4 Keach Hagey, 'Behavioral Ad Targeting Not Paying Off for Publishers, Study Suggests', *Wall Street Journal*, 29 May 2019.

5 Laura Bassett, 'Digital Media Is Suffocating – and It's Facebook and Google's Fault', *American Prospect*, 6 May 2019.

6 Natasha Lomas, 'The Case Against Behavioral Advertising Is Stacking Up', *TechCrunch*, 20 January 2019.

7 Mark Weiss, 'Digiday Research: Most Publishers Don't Benefit From Behavioral Ad Targeting', *Digiday*, 5 June 2019.

8 Jessica Davies, 'After GDPR, The New York Times Cut Off Ad Exchanges in Europe – and Kept Growing Ad Revenue', *Digiday*, 16 January 2019.

9 Tiffany Hsu, 'The Advertising Industry Has a Problem: People Hate Ads', *New York Times*, 28 October 2019.

10 David Ogilvy, *Confessions of an Advertising Man* (Harpenden: Southbank Publishing, 2013), 17, 114.

11 Louise Matsakis, 'Online Ad Targeting Does Work – As Long As It's Not Creepy', *Wired*, 11 May 2018; Tami Kim, Kate Barasz and Leslie K. John, 'Why Am I Seeing This Ad? The Effect of Ad Transparency on Ad Effectiveness', *Journal of Consumer Research* 45, 2019.

12 Rani Molla, 'These Publications Have the Most to Lose From Facebook's New Algorithm Changes', *Vox*, 25 January 2018.

13 Emily Bell, 'Why Facebook's News Feed Changes Are Bad News For Democracy', *Guardian*, 21 January 2018; Dom Phillips, 'Brazil's Biggest Newspaper Pulls Content From Facebook After Algorithm Change', *Guardian*, 8 February 2018.

14 Gabriel Weinberg, 'What If We All Just Sold Non-Creepy Advertising?', *New York Times,* 19 June 2019.

15 David Ogilvy, *Confessions of an Advertising Man,* 168, 112, 127.

16 Chloé Michel, Michelle Sovinsky, Eugenio Proto and Andrew Oswald, 'Advertising as a Major Source of Human Dissatisfaction: Cross-National Evidence on One Million Europeans', in M. Rojas (ed.), *The Economics of Happiness* (Springer, 2019).

17 'Economic Impact of Advertising in the United States' (IHS Economics and Country Risk, 2015).

18 'United States of America – Contribution of Travel and Tourism to GDP as a Share of GDP' (Knoema, 2018).

19 'Something Doesn't Ad Up About America's Advertising Market', *The Economist*, 18 January 2018.

20 Eli Rosenberg, 'Quote: The Ad Generation', *The Atlantic*, 15 April 2011.

21 'Something Doesn't Ad Up About America's Advertising Market'.

22 Robert O'Harrow Jr., 'Online Firm Gave Victim's Data to Killer', *Chicago Tribune*, 6 January 2006.

23 Natasha Singer, 'Data Broker Is Charged With Selling Consumers' Financial Details to "Fraudsters" '.

24 David A. Hoffman, 'Intel Executive: Rein In Data Brokers', *New York Times*, 15 July 2019.

25 Elizabeth Dwoskin, 'FTC: Data Brokers Can Buy Your Bank Account

Number for 50 Cents', *Wall Street Journal*, 24 December 2014; Julia Angwin, *Dragnet Nation* (New York: Times Books, 2014), 7.

26　Joana Moll, 'The Dating Brokers: An Autopsy of Online Love', October 2018.

27　Alex Hern, 'Apple Contractors "Regularly Hear Confidential Details" on Siri Recordings', *Guardian*, 26 July 2019; Alex Hern, 'Facebook Admits Contractors Listened to Users' Recordings Without Their Knowledge', *Guardian*, 14 August 2019; Joseph Cox, 'Revealed: Microsoft Contractors Are Listening to Some Skype Calls', *Motherboard*, 7 August 2019; Austin Carr, Matt Day, Sarah Frier and Mark Gurman, 'Silicon Valley Is Listening to Your Most Intimate Moments', *Bloomberg Businessweek*, 11 December 2019; Alex Hern, 'Apple Whistleblower Goes Public Over "Lack of Action" ', *Guardian*, 20 May 2020.

28　Nigel Shadbolt and Roger Hampson, *The Digital Ape. How to Live (in Peace) with Smart Machines* (Oxford University Press, 2019), 318.

29　Gabriel J. X. Dance, Michael LaForgia and Nicholas Confessore, 'As Facebook Raised a Privacy Wall, It Carved an Opening for Tech Giants'.

30　Shoshana Zuboff, *The Age of Surveillance Capitalism*, 138-155.

31　この事例は、アーロン・ロスとのインタビューから引用した（彼はこの手法を説明するにあたり、トランプの選挙運動を例に挙げた）：https://twimlai.com/twiml-talk-132-differential-privacy-theory-practice-with-aaron-roth/

32　Rachel Metz, 'The Smartphone App That Can Tell You're Depressed Before You Know it Yourself', *MIT Technology Review*, 15 October 2018.

33　Michal Kosinski, David Stillwell and Thore Graepel, 'Private Traits and Attributes Are Predictable From Digital Records of Human Behavior', *PNAS* 110, 2013.

34　Christopher Burr and Nello Cristianini, 'Can Machines Read our Minds?', *Minds and Machines* 29, 2019.

35　Michal Kosinski, David Stillwell and Thore Graepel, 'Private Traits and Attributes Are Predictable From Digital Records of Human Behavior'.

36　Alexis Kramer, 'Forced Phone Fingerprint Swipes Raise Fifth Amendment Questions', *Bloomberg Law*, 7 October 2019.

37　Jack M. Balkin, 'Information Fiduciaries and the First Amendment', *UC Davis Law Review* 49, 2016; Jonathan Zittrain, 'How to Exercise the Power You Didn't Ask For', *Harvard Business Review*, 19 September 2018.

38　Alice MacLachlan, 'Fiduciary Duties and the Ethics of Public Apology', *Journal of Applied Philosophy* 35, 2018.

39　Lina Khan and David E. Pozen, 'A Skeptical View of Information Fiduciaries', *Harvard Law Review* 133, 2019.

40　Bruce Schneier, *Click Here to Kill Everybody. Security and Survival in a Hyper-Connected World*, 134.

41　Andy Greenberg, 'How Hacked Water Heaters Could Trigger Mass Blackouts', *Wired*, 13 August 2018. 2016年にロシアは、サイバー攻撃によってウクライナでブラックアウト（大停電）を引き起こした。Andy Greenberg, 'New Clues Show How Russia's Grid Hackers Aimed for Physical Destruction', *Wired*, 12 September 2019.

42　Sean Lyngaas, 'Hacking Nuclear Systems Is the Ultimate Cyber Threat. Are We Prepared?', *Verge*, 23 January 2018.

43 Will Dunn, 'Can Nuclear Weapons Be Hacked?', *New Statesman*, 7 May 2018. 米国とイスラエルは、サイバー攻撃（Stuxnet）でイランの核開発計画を妨害した。Ellen Nakashima and Joby Warrick, 'Stuxnet Was Work of US and Israeli Experts, Officials Say', *Washington Post*, 2 June 2012. もっと懸念すべきは、核爆弾を爆発させようとするサイバー攻撃だろう。
44 Matthew Wall, '5G: "A Cyber-Attack Could Stop the Country" ', BBC News, 25 October 2018.
45 Jillian Ambrose, 'Lights Stay On Despite Cyber-Attack on UK's Electricity System', *Guardian*, 14 May 2020.
46 'WHO Reports Fivefold Increase in Cyber Attacks, Urges Vigilance' (https://www.who.int/news-room/detail/23-04-2020-who-reports-fivefold-increase-in-cyber-attacks-urges-vigilance).
47 Bruce Schneier, *Click Here to Kill Everybody. Security and Survival in a Hyper-Connected World*, 118-119.
48 Bruce Schneier, *Click Here to Kill Everybody. Security and Survival in a Hyper-Connected World*, 32-33, 168.
49 Gary Marcus, 'Total Recall: The Woman Who Can't Forget', *Wired*, 23 March 2009.
50 Viktor Mayer-Schönberger, *Delete. The Virtue of Forgetting in the Digital Age* (Princeton University Press, 2009), 39-45.
51 Viktor Mayer-Schönberger, *Delete. The Virtue of Forgetting in the Digital Age*, Ch 4.
52 この事例は、Carl Bergstrom および Jevin West の研究で、顔の表情から犯罪者であるか否かをアルゴリズムが判定できると主張する研究論文より引用した。'Criminal Machine Learning': https://callingbullshit.org/case_studies/case_study_criminal_machine_learning.html
53 Julia Powles and Enrique Chaparro, 'How Google Determined Our Right to be Forgotten', *Guardian*, 18 February 2015.
54 これらの他にも有用な対策が、Bruce Schneier, *Data and Goliath* の第 13 章に記載されているので参照。
55 David Cole, ' "We Kill People Based on Metadata" ', *New York Review of Books*, 10 May 2014.
56 Evan Selinger and Woodrow Hartzog, 'What Happens When Employers Can Read Your Facial Expressions?', *New York Times*, 17 October 2019; Woodrow Hartzog and Evan Selinger, 'Facial Recognition Is the Perfect Tool for Oppression', *Medium*, 2 August 2018.
57 Tom Miles, 'UN Surveillance Expert Urges Global Moratorium on Sale of Spyware', Reuters, 18 June 2019.
58 Sarah Parcak, 'Are We Ready for Satellites That See Our Every Move?', *New York Times*, 15 October 2019.
59 Amy Maxmen, 'Surveillance Science', *Nature* 569, 2019.
60 The Mission to Create a Searchable Database of Earth's Surface (https://www.ted.com/talks/will_marshall_the_mission_to_create_a_searchable_database_of_earth_s_surface).
61 Adam Satariano, 'Europe's Privacy Law Hasn't Shown Its Teeth, Frustrating Advocates', *New York Times*, 27 April 2020.
62 Lois Beckett, 'Under Digital Surveillance: How American Schools Spy on Millions of Kids', *Guardian*, 22 October 2019.
63 Tristan Louis, 'How Much Is a User Worth?', *Forbes*, 31 August 2013.
64 James H. Wilson, Paul R. Daugherty

and Chase Davenport, 'The Future of AI Will Be About Less Data, Not More', *Harvard Business Review*, 14 January 2019.

65 Bruce Schneier and James Waldo, 'AI Can Thrive in Open Societies', *Foreign Policy*, 13 June 2019.

66 Eliza Strickland, 'How IBM Watson Overpromised and Underdelivered on AI Health Care', *IEEE Spectrum*, 2 April 2019.

67 Martin U. Müller, 'Medical Applications Expose Current Limits of AI', *Spiegel*, 3 August 2018.

68 Angela Chen, 'IBM's Watson Gave Unsafe Recommendations For Treating Cancer', *Verge*, 26 July 2018.

69 Hal Hodson, 'Revealed: Google AI Has Access to Huge Haul of NHS Patient Data', *New Scientist*, 29 April 2016.

70 英国個人情報保護監督機関（ICO）は、調査の結果、ロイヤル・フリー・ディープマインド Royal Free-DeepMind の行った実験が、同国のデータ保護法を遵守していないと指摘した。https://ico.org.uk/about-the-ico/news-and-events/news-and-blogs/2017/07/royal-free-google-deepmind-trial-failed-to-comply-with-data-protection-law/

71 Julia Powles, 'DeepMind's Latest AI Health Breakthrough Has Some Problems', *Medium*, 6 August 2019.

72 Xiaoxuan Liu, Livia Faes, Aditya U. Kale, Siegfried K. Wagner, Dun Jack Fu, Alice Bruynseels, Thushika Mahendiran, Gabriella Moraes, Mohith Shamdas, Christoph Kern, Joseph R. Ledsam, Martin K. Schmid, Konstantinos Balaskas, Eric J. Topol, Lucas M. Machmann, Pearse A. Keane and Alastair K. Denniston, 'A Comparison of Deep Learning Performance Against Health-Care Professionals in Detecting Diseases From Medical Imaging: A Systematic Review and Meta-Analysis', *Lancet Digital Health* 1, 2019.

73 L. Wang, L. Ding, Z. Liu, L. Sun, L. Chen, R. Jia, X. Dai, J. Cao and J. Ye, 'Automated Identification of Malignancy in Whole-Slide Pathological Images: Identification of Eyelid Malignant Melanoma in Gigapixel Pathological Slides Using Deep Learning', *British Journal of Ophthalmology* 104, 2020.

74 Margi Murphy, 'Privacy Concerns as Google Absorbs Deepmind's Health Division', *Telegraph*, 13 November 2018.

75 Julia Powles and Hal Hodson, 'Google DeepMind and Healthcare in an Age of Algorithms'.

76 Anne Trafton, 'Artificial Intelligence Yields New Antibiotic', MIT News Office, 20 February 2020.

77 Lorenzo Tondo, 'Scientists Say Mass Tests in Italian Town Have Halted Covid-19 There', *Guardian*, 18 March 2020.

78 モントイエ（Yves-Alexandre de Montjoye）と彼の率いるチームは、コロナウィルスのアプリがもたらす最も大きいと考えるリスクの数々をブログに掲載している。Yves-Alexandre de Montjoye, Florimond Houssiau, Andrea Gadotti and Florent Guepin, 'Evaluating COVID-19 Contact Tracing Apps? Here Are 8 Privacy Questions We Think You Should Ask', Computational Privacy Group, 2 April 2020 (https://cpg.doc.ic.ac.uk/blog/evaluating-contact-tracing-apps-here-are-8-privacy-questions-we-think-you-should-ask/).

79 https://www.youtube.com/watch?v=_mzcbXi1Tkk

80 Naomi Klein, *The Shock Doctrine* (Random House, 2007).

81 Paul Mozur, Raymond Zhong and

Aaron Krolik, 'In Coronavirus Fight, China Gives Citizens a Color Code, With Red Flags', *New York Times*, 1 March 2020.
82 Naomi Klein, 'Screen New Deal', *Intercept*, 8 May 2020.
83 Naomi Klein, 'Screen New Deal'.
84 Oscar Williams, 'Palantir's NHS Data Project "may outlive coronavirus crisis" ', *New Statesman*, 30 April 2020.
85 Nick Statt, 'Peter Thiel's Controversial Palantir Is Helping Build a Coronavirus Tracking Tool for the Trump Admin', *Verge*, 21 April 2020.
86 Amy Thomson and Jonathan Browning, 'Peter Thiel's Palantir Is Given Access to U.K. Health Data on Covid-19 Patients', *Bloomberg*, 5 June 2020.
87 João Carlos Magalhães and Nick Couldry, 'Tech Giants Are Using This Crisis to Colonize the Welfare System', *Jacobin*, 27 April 2020.
88 Jon Henley and Robert Booth, 'Welfare Surveillance System Violates Human Rights, Dutch Court Rules', *Guardian*, 5 February 2020.
89 Yuval Harari, 'The World After Coronavirus', *Financial Times*, 20 March 2020.
90 'Big Tech's $2trn Bull Run', *The Economist*, 22 February 2020.

＜第６章＞

1 Carissa Véliz, 'Why You Might Want to Think Twice About Surrendering Online Privacy for the Sake of Convenience', *The Conversation*, 11 January 2017.
2 Chris Wood, 'WhatsApp Photo Drug Dealer Caught By "Groundbreaking" Work', BBC News, 15 April 2018; Zoe Kleinman, 'Politician's Fingerprint "Cloned From Photos" By Hacker', BBC News, 29 December 2014.
3 Leo Kelion, 'Google Chief: I'd Disclose Smart Speakers Before Guests Enter My Home', BBC News, 15 October 2019.
4 オランダでは、祖母がフェイスブック上に投稿した孫の写真全てを、その両親の許可を得ていないとの理由から、削除するよう裁判所が命令した。'Grandmother Ordered to Delete Facebook Photos Under GDPR', BBC News, 21 May 2020.
5 Sonia Bokhari, 'I'm 14, and I Quit Social Media After Discovering What Was Posted About Me', *Fast Company*, 18 March 2019.
6 Sara Salinas, 'Six Top US Intelligence Chiefs Caution Against Buying Huawei Phones', CNBC, 13 February 2018.
7 Julien Gamba, Mohammed Rashed, Abbas Razaghpanah, Juan Tapiador and Narseo Vallina-Rodriguez, 'An Analysis of Pre-Installed Android Software', 41st IEEE Symposium on Security and Privacy, 2019.
8 Parmy Olson, 'Exclusive: WhatsApp Cofounder Brian Acton Gives the Inside Story On #DeleteFacebook and Why He Left $850 Million Behind', *Forbes*, 26 September 2018.
9 William Turton, 'Why You Should Stop Using Telegram Right Now', *Gizmodo*, 24 June 2016.
10 この裏技を教えてくれたイアン・プレストンに感謝。
11 https://blog.mozilla.org/security/2020/02/06/multi-account-containers-sync/
12 TJ McCue, '47 Percent of Consumers Are Blocking Ads', *Forbes*, 19 March 2019.
13 Christopher Wylie, *Mindf*ck, Inside Cambridge Analytica's Plot to Break the World*, 114.
14 Kim Zetter, 'The NSA Is Targeting Users of Privacy Services, Leaked Code

Shows', *Wired*, 3 July 2014.

15 Kate O'Flaherty, 'Facebook Shuts Its Onavo Snooping App – But It Will Continue to Abuse User Privacy', *Forbes*, 22 February 2019.

16 ここで提案している初期設定の変更方法は入門編であり、の最新のものについては、オンライン上でチェックすると良いだろう。'The Default Privacy Settings You Should Change and How to Do It', *Medium*, 18 July 2018; J. R. Raphael, '7 Google Privacy Settings You Should Revisit Right Now', *Fast Company*, 17 May 2019; Preston Gralla, 'How to Protect Your Privacy on Facebook', *Verge*, 7 June 2019.

17 Alex Hern, 'Are You A "Cyberhoarder" ? Five Ways to Declutter Your Digital Life – From Emails to Photos', *Guardian*, 10 October 2018.

18 K. G. Orphanides, 'How to Securely Wipe Anything From Your Android, iPhone or PC', *Wired*, 26 January 2020.

19 簡単に推測されやすい、避けるべきパスワードのリスト1万個については、以下のサイトを参照。
https://en.wikipedia.org/wiki/Wikipedia:10,000_most_common_passwords.

20 Finn Brunton and Helen Nissenbaum, *Obfuscation. A User's Guide for Privacy and Protest* (Cambridge MA: MIT Press, 2015), 1.

21 Alfred Ng, 'Teens Have Figured Out How to Mess With Instagram's Tracking Algorithm', CNET, 4 February 2020.

22 Hilary Osborne, 'Smart Appliances May Not be Worth Money in the Long Run, Warns Which?', *Guardian*, 8 June 2020.

23 Edwin Black, *IBM and the Holocaust*.

24 ロヒンギャの迫害に関しては、フェイスブックはすでに「分断の助長、暴動の煽動のために使われてきた」プラットフォームを「規制する十分な努力ができていなかった」ことを認めている。Hannah Ellis-Petersen, 'Facebook Admits Failings Over Incitement to Violence in Myanmar', *Guardian*, 6 November 2018.

25 Jack Poulson, 'I Used to Work for Google: I Am a Conscientious Objector', *New York Times*, 23 April 2019.

26 イギリスでは、このような先進のデジタルサービスを Digital Catapult が提供している。ここで明らかにしておくが、現在、私はここの倫理委員会の委員を務めている。

27 Andy Greenberg, 'A Guide to Getting Past Customs With Your Digital Privacy Intact', *Wired*, 12 February 2017.

28 Stéphane Hessel, *The Power of Indignation* (Skyhorse Publishing, 2012).

29 'The Data Economy. Special Report', *The Economist, 20 February 2020*.

<終章>

1 Yuval Harari, 'The World After Coronavirus'.

著者略歴
カリッサ・ヴェリツ（Carissa Véliz）
オックスフォード大学哲学科およびAI倫理研究所准教授、ハートフォード・カレッジチュートリアルフェロー。「オックスフォード・ハンドブック・オブ・デジタル・エシックス」編集者。

訳者略歴
平田光美（ひらた・てるみ）
慶應義塾大学法学部卒。同志社大学大学院でMBA取得。幼少期から中学時代をロンドンで過ごす。大学では独占禁止法を中心とした国際経済法を専攻。バイリンガルとして大学在学中から翻訳に加え英会話を教え、国際会議や企業の会議通訳も務める。

平田完一郎（ひらた・かんいちろう）
慶應義塾大学経済学部卒。1970～80年代にシティにある住友銀行ロンドン支店および同行現地法人に14年間勤務。国際金融、為替ディーリング、証券各業務に携わる。大和証券SMBC取締役を経て、スウェーデンの大手銀行スウェッドバンクおよびスウェーデン地方金融公社の日本代表、福島学院大学副理事長を務め、現在、スウェーデンの商社ガデリウスの監査役。

プライバシーこそ力
――なぜ、どのように、あなたは自分のデータを巨大企業から取り戻すべきか

2023年7月25日　初版第1刷発行

著者 ――カリッサ・ヴェリツ
訳者 ――平田光美／平田完一郎
発行者 ―平田　勝
発行 ――花伝社
発売 ――共栄書房
〒101-0065　東京都千代田区西神田2-5-11出版輸送ビル2F
電話　03-3263-3813
FAX　03-3239-8272
E-mail　info@kadensha.net
URL　https://www.kadensha.net
振替 ――00140-6-59661
装幀 ――北田雄一郎
印刷・製本―中央精版印刷株式会社

ISBN978-4-7634-2074-9 C0036